福岡藩
無足組

安見家三代記

福岡地方史研究会
古文書を読む会編

海鳥社

口絵写真撮影　安見一彦

安見家三代記と「あたし野の露」原本（安見家蔵）

安見家の墓所・金龍禅寺の山門（福岡市中央区）

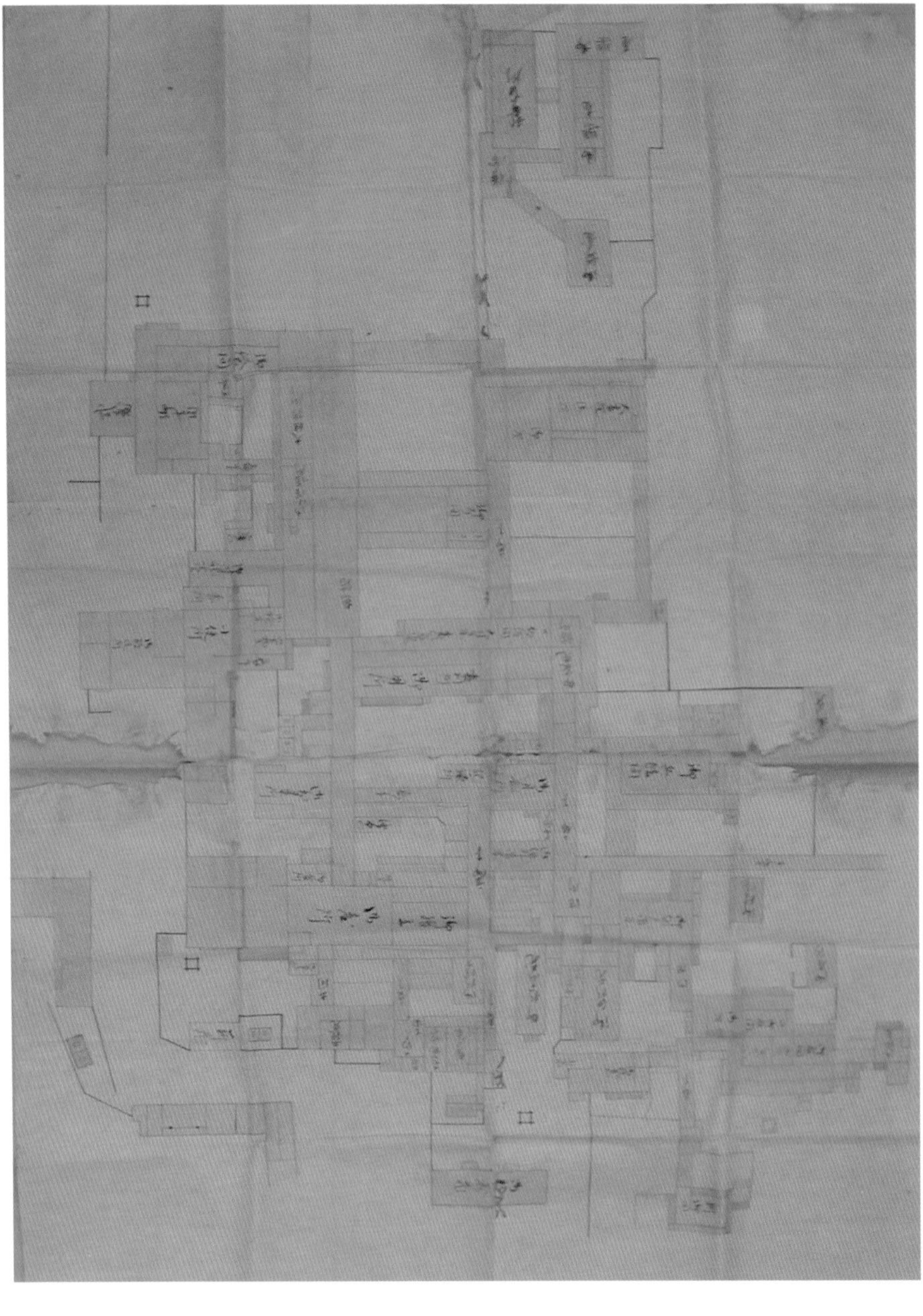

福岡藩御館図（寛政期か。林〔美〕家文書，福岡県地域史研究所蔵）

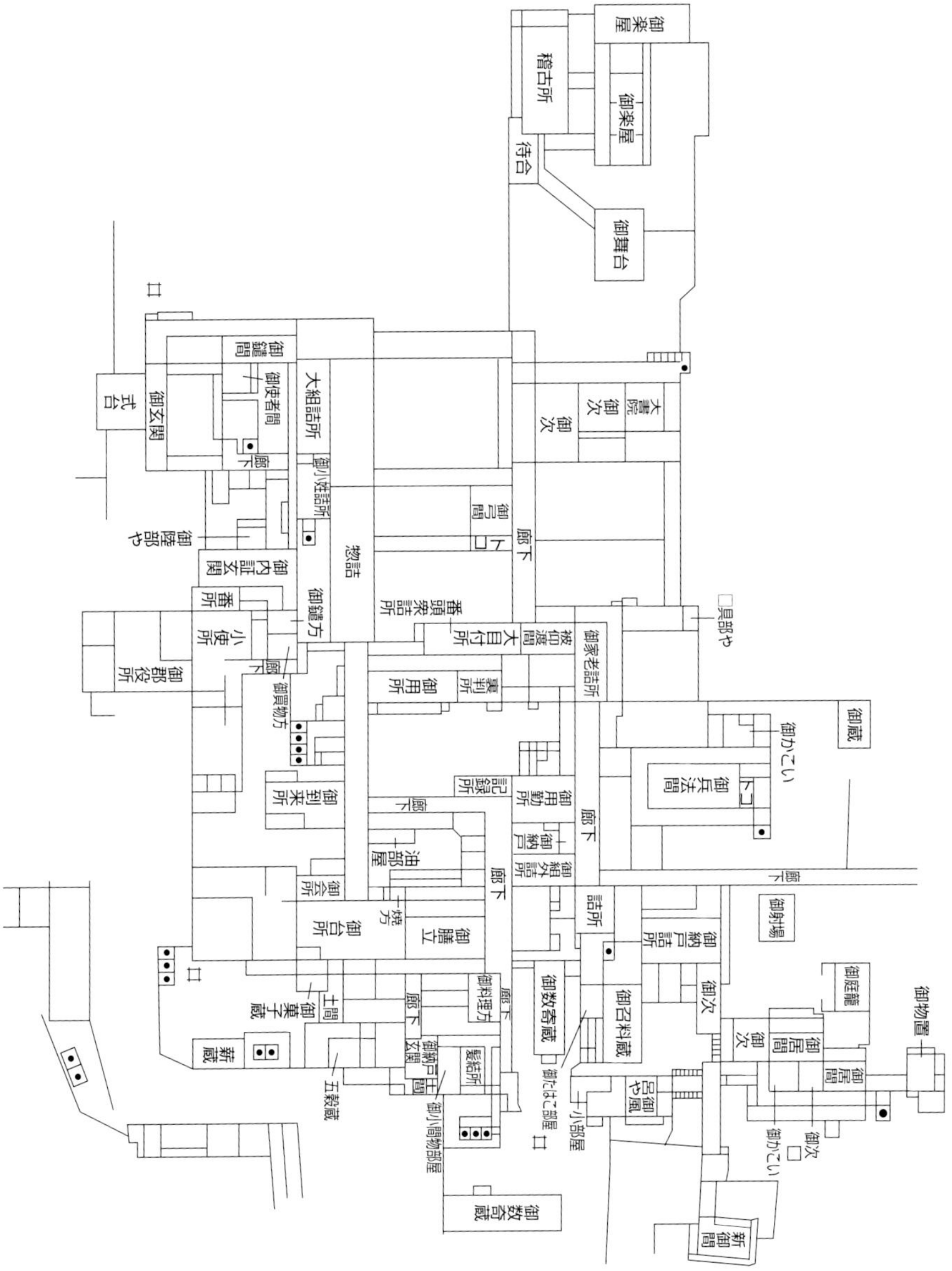
御楽屋
稽古所
御楽屋
待合
御舞台
口
式台
御玄関
御鑓間
御使者間
大組詰所
廊下
御小姓詰所
御陸部や
御内証玄関
惣詰
番所
御鎗方
小使所
御部役所
御買物方
御弓間
廊下
番頭衆詰所
大目付所
被仰渡間
御家老詰所
具部や
御用所
裏判所
御到来所
記録所
御用勤所
御兵法間
御かこい
御蔵
廊下
御納戸
御細工部所
御台所
油部屋
焼方
御膳立
詰所
御納戸詰所
御射場
御料理方
御数寄蔵
御召料蔵
御次
御庭籠
御物置
御菓子蔵
土間
新蔵
五穀蔵
髪結所
御納戸玄関
御小間物部屋
御たばこ部屋
小部屋
御呂や
御居間
御次
御かこい
新御間
御数寄蔵
大書院
御次

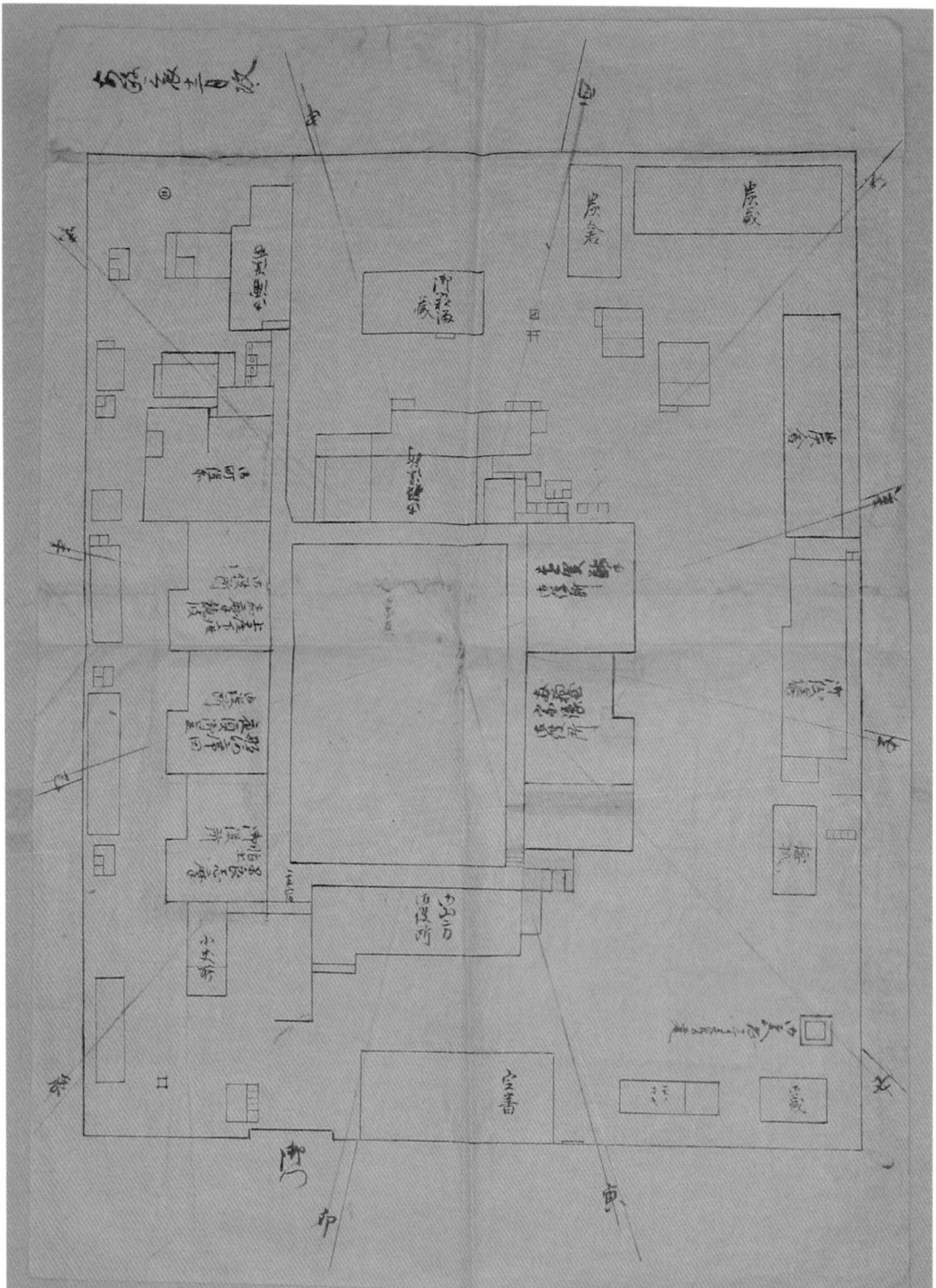

福岡藩奉行所配置図（大名町。林〔美〕家文書，福岡県地域史研究所蔵）

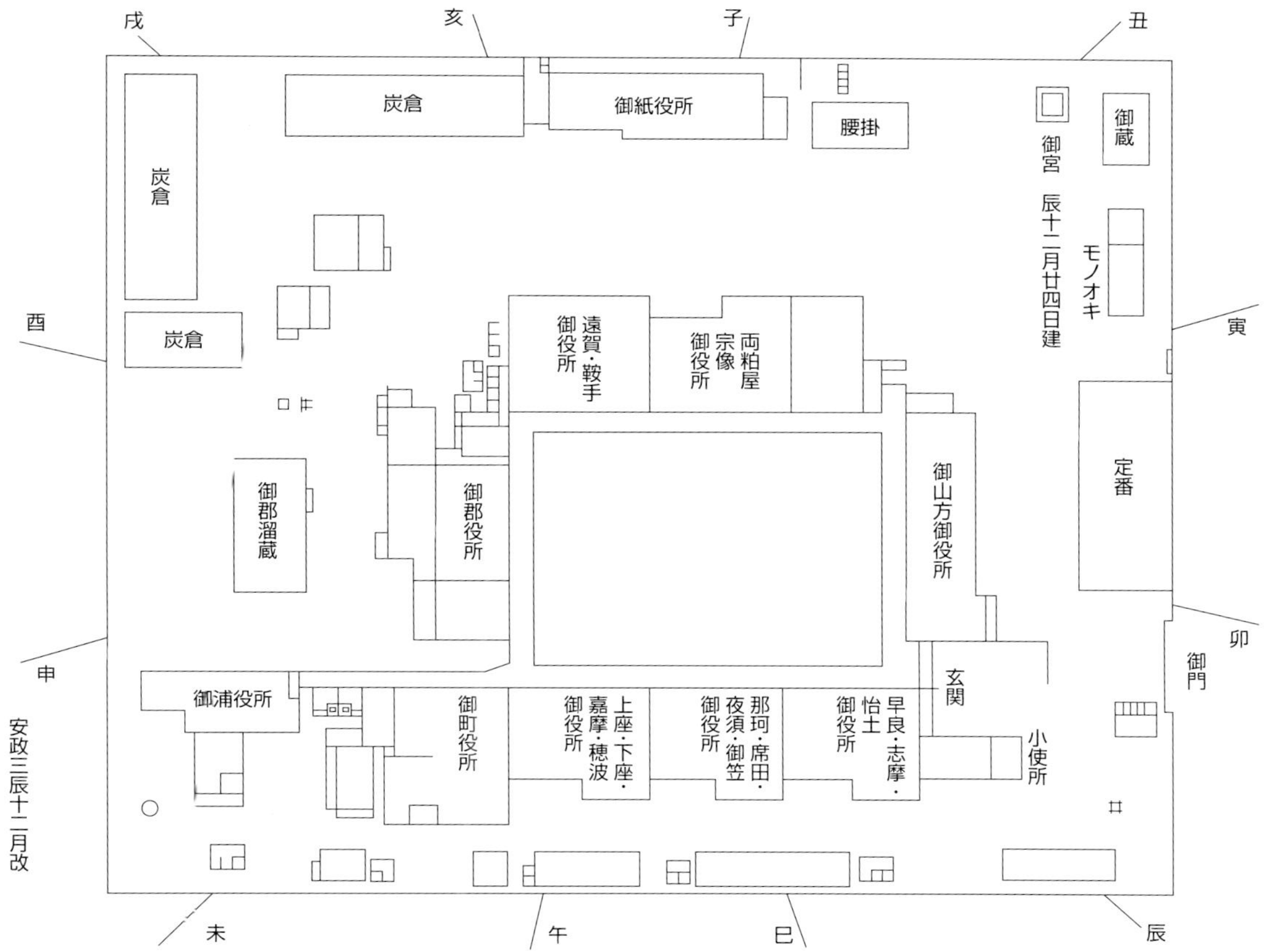
戌
亥
子
丑
炭倉
御紙役所
腰掛
御蔵
御宮
辰十二月廿四日建
モノオキ
炭倉
炭倉
酉
寅
遠賀・鞍手御役所
両粕屋宗像御役所
御郡溜蔵
御郡役所
御山方御役所
定番
卯
御門
申
御浦役所
御町役所
上座・下座・嘉摩・穂波御役所
那珂・席田・夜須・御笠御役所
早良・志摩・怡土御役所
玄関
小使所
安政三辰十二月改
未
午
巳
辰

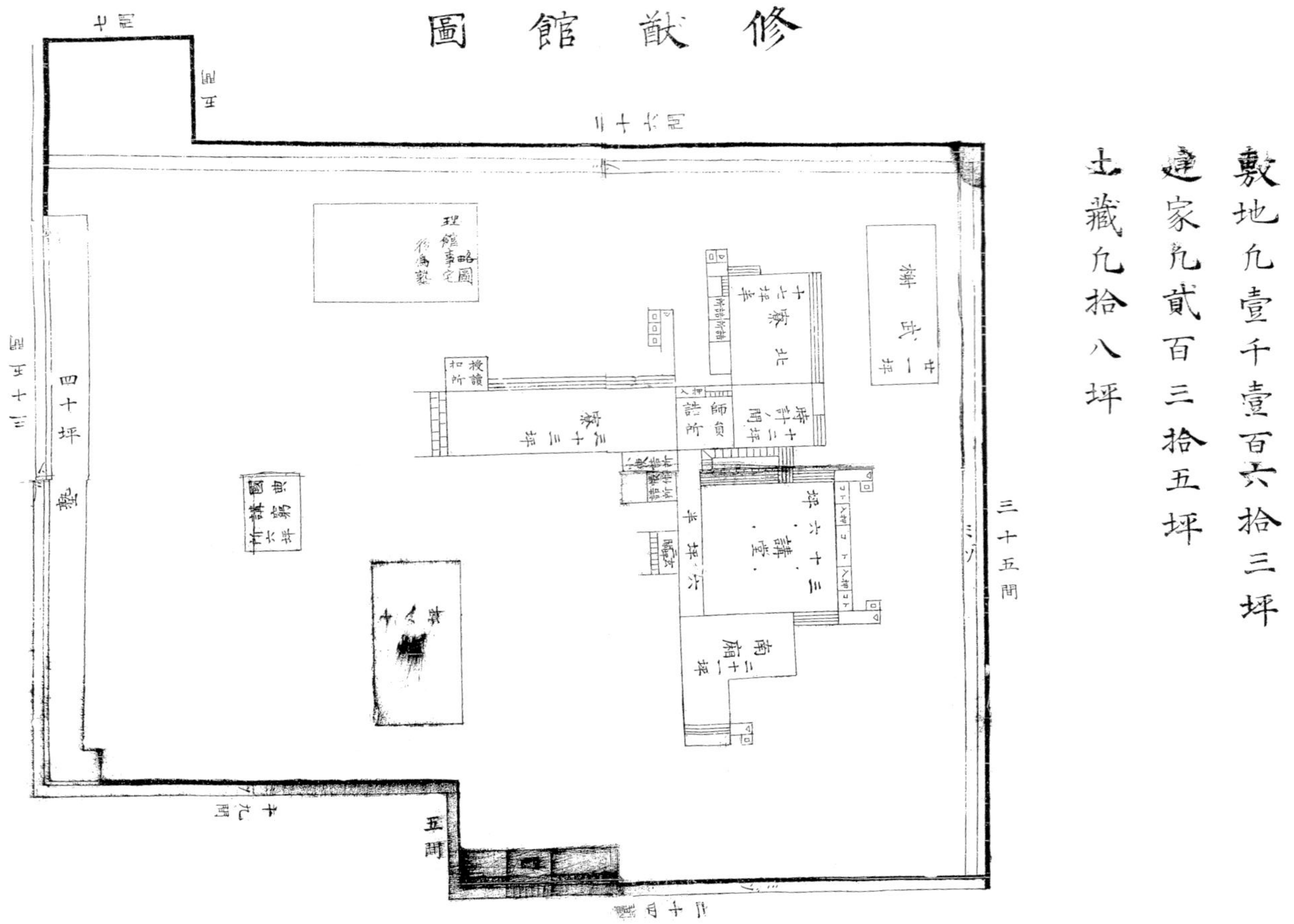

修猷館図（大田資料，福岡県立図書館蔵）

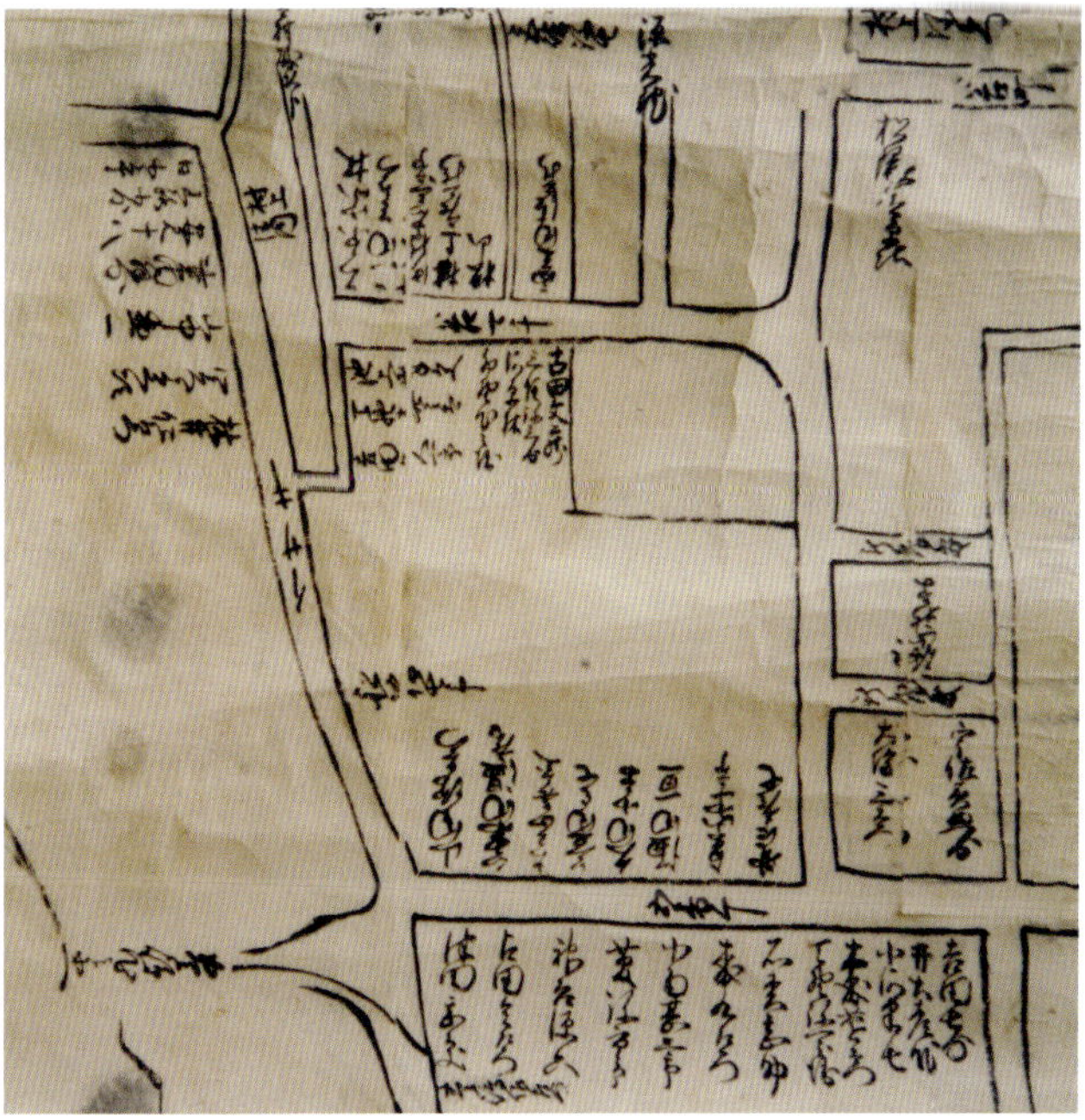

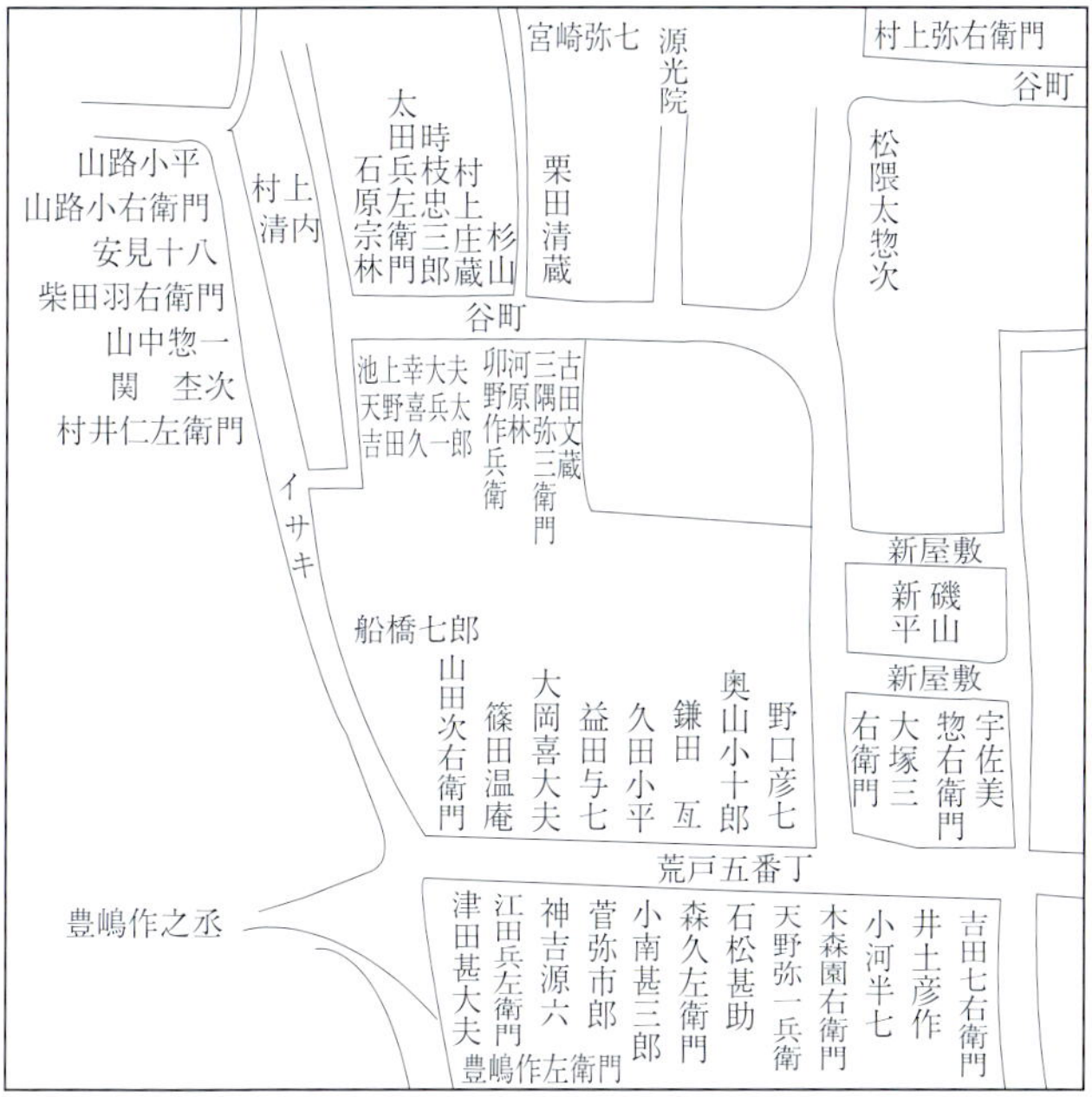

福岡藩屋敷図・荒戸辺（大田資料333，福岡県立図書館蔵）

円寂　中山有定居士位　（有定）

月峯妙桂信女　（栄）
珠月恵玉信女　（お騂）

鶴仙院至寶永弥禅尼　（勝）
正室妙因信女　（登身）
扣角斉鼎臣居士　（鼎臣弼）
観節了性信士　（徳宗）
秋園芳月大姉　（家誉）
安休野叟居士　（徳泰）

序

本書は、「安見家文書」（安見年子氏旧蔵、福岡県立図書館寄託史料）の内、安見鼎臣弼《ていしんたすく》（通称市郎大夫、一七一四～九三年）・徳宗（養子、一七六三～一八一二年）・徳泰《とくしげ》（一七八五～一八五四年）の三代が、一七一四～一八四六年、合わせて百三十数年間のことを綴った記録および市郎大夫の娘お騂《せい》の遺稿作品集「あたし野の露」（一七六二年編）を校注・翻刻するものである。

市郎大夫の祖父・安見正左衛門親氏（有定、～一七二五）は上人《しょうにん》町（現在の福岡市今泉付近）に住み、筑前の地誌として著名な「筑陽記」（一七〇五年）を述作、貝原益軒・竹田春庵とも親交があった。安見家は、市郎大夫の父善大夫の時代に分家し無足組（知行地を持たずに扶持を受けた家臣たちの組織）に所属、市郎大夫は「黒田家譜早鑑《はやかがみ》」、「黒田古老物語」などを述作、弟二人は医家に、孫の徳泰は東学問所（修猷館）の指南加勢役になるなど、武家としては上級ではなかったが文化的素養の深い家系である。

三代の日記と言っても、藩主や家臣の動静、藩内組織の変遷から長崎警備関係、台風・地震・火事などの災害、自家の細々《まごま》とした記事まで、内容は実に多岐にわたる。文章は、実直な能吏そのままに、出来事をありのままに記して、一片の個人的感想も差し挟まれない。とりわけ、実質八十年間分を書き留めた市郎大夫は、六代藩主継高の側室の傍近くに勤め、藩主の居間などの建て替えを受け持ち、側室が死去した時などは使者として京にも上るなど行動範囲も広いことから、その記述の史料的価値は高い。

巻尾に収めた「あたし野の露」には、和歌のみならず古川柳・連句も含まれていて、二十歳で逝った女性の感性の瑞々しさには瞠目するしかない。その序文で父・市郎大夫は、三代記本編とは全く違う面を露にしており、我々は「公私」を峻別する武家の在り方を垣間見せられるが、何を取捨したのかということから却ってその記述への信頼を深くすることになる。

本書は、老年に及ぶまで忠誠を尽くした一武家の家記として、福岡藩政史を補う重要な史料であるばかりでなく、地誌研究の先駆者でもあった安見家の人々の貴重な生活史である。

二〇〇八（平成二十）年二月

福岡地方史研究会 古文書を読む会 会長

高田茂廣

凡例

一、本書は、安見年子氏旧蔵・現福岡県立図書館寄託史料の「安見鼎臣弼記」、「安見重八徳宗一代記」、「徳泰紀」、「あたし野の露」を校注・翻刻した。
一、校訂にあたり、本文中に読点（、）と並列点（・）を加えた。
一、漢字の旧字・俗字・略字は、原則として常用漢字もしくは正字に改めた。
一、合字・変体仮名・片仮名は平仮名に改めた。
一、当時慣用の表記については原史料の記載を生かし、誤字・当て字・誤用についても原史料のままとした。即束（早速）／出情（出精）／小性（小姓）／表（俵）／葬連・葬蓮（葬斂）／非事（非時）／沙法（作法）／苦身（苦心）／下利（下痢）など。
一、虫食いにより判読不能の文字は□で示した。
一、異筆については、内容を「」で括り、〔異筆〕と傍注を施した。
一、闕字・平出は前の文字、行へ続けた。
一、適宜にふりがなを付した。ただし、「あたし野の露」に付されたものは原史料通りとし、片仮名を平仮名に改めた。
一、支配関係を明らかにするため、適宜傍注〔〕で役職名を付した。
一、系図三点（三〜五、九九、一八二ページ）は原史料の体裁に従った。

福岡藩無足組　安見家三代記◉目次

安見鼎臣弼記

230×160㎜

起正徳四年甲午
至天明三年癸卯　凡七十年

家誉

明和二年乙酉六月七日出生　時父弼五十二歳

天保九年戊戌九月十日死去　行年七十四歳　時男徳泰五十四歳

安見止左衛門親氏三男

寛文十一年辛亥六月十三日丙申日未刻出生　幼名大三郎

安見善大夫徳直

貞享五年戊辰八月廿八日従光之公新に賜

六人扶持弐拾石　于時十八歳

享保十八年癸丑五月八日卒　行年六十三

葬金龍寺　法名大徹道悟信士

関岡弥市右衛門女

室

宝永六己丑六月五日引越

天明三年癸卯十月廿五日辰刻卒

行年九十四　葬金龍寺

寒松院積雪妙善信女

女子　**幾**　早世

善大夫徳直嫡子　幼名三十郎

安見市郎大夫弼

正徳四年甲午三月廿七日亥時出生

享保十八年癸巳七月八日遺跡

家続　于時歳二十

寛政五年癸丑四月三日申下刻卒

行年八十歳　法名扣角斉鼎臣居士

寛保二年壬戌願済　同十二月廿一日引越
宝暦四年甲戌八月六日卒　行年〔空白〕
葬金龍寺

初　正室妙因信女

室　吉留玄庵女　登身

後　中村六兵衛女　勝

宝暦五年乙亥九月引越
文政十二年己丑二月十六日卒
行年九十三
葬金龍寺　法名鶴千院至宝永珍禅尼

女子　お騂《セイ》

寛保三癸亥十一月廿六日出
宝暦十二年壬午九月五日卒
行年二十
葬金龍寺　法名珠月恵玉信女

某

延享三年丙寅十一月十九日出生
大三郎　後転と改
寛政三年辛亥三月廿四日　於遠賀郡
手野村卒　行年四十六　葬金龍寺
転法宗輪信士

女子　家誉

継家　明和二年壬寅六月七日出生
徳宗妻

徳宗

実早川忠七男養以為嗣
幼名十次郎　後重八
与六郎

木牧道益　幼名亀次郎　後道達

素仲

享保三戊戌二月廿日生る
学医術を木牧済庵養子となる
後済庵と改　又後道益

西川養叔妻

女子虎　後栄と改

享保五庚子三月十七日子刻生　後西川氏に嫁一女信出生
延享三年丙寅三月廿六日卒　行年二十五歳
葬金龍寺　法名月峰妙桂信女

三木梅庵　幼名豊之助　後縄正と号

匡

享保十年乙巳十一月十一日出生　木牧済庵にて学医術
三木道琢養子となる　遠賀郡手野村住居す

吉富玄庵妻

女子　春

享保十四年己酉十二月廿九日出生　後吉富氏へ嫁す
明和六年己丑二月十九日卒
葬金龍寺　法名花心貞香信女

安見鼎臣弼記

性　壬生　氏　安見
名　鼎臣《ていしん》　諱　弼《たすく》
屋　厳省堂　又号　扣角斎
一名字　市郎大夫　隠名　是習軒似蚯
幼名　三十郎

正徳四甲午三月廿七日亥時、生那珂郡春吉邑
同四月朔日三十郎と名附〔後筆〕「寛政五年癸丑四月三日八十歳に卒」
同五乙未　改元享保元年　弼二歳
享保十三年申三月朔日より痘瘡病、兄弟四人同し　弼十五歳
享保十六年辛亥十一月、半元服　弼十八歳
享保十七年壬子凶年人民多死　弼十九歳
享保十八年癸丑五月八日、父善大夫死去
同七月七日、杉山文大夫より御用紙来る、同八日出館宇佐武兵衛召連罷出る、勘左衛門殿〔立花増直・家老〕より
遺跡無相違、六人廿五石被下候段被仰渡、無足組被指加、木山安兵衛組、于時弼二十歳
享保十九年甲寅　弼二十一歳
三月廿二日、春吉村屋敷岡山利八相渡、駿河谷長浜七郎次宅に引移る

正徳四年春吉生

享保改元

半元服

父善大夫死去

遺跡六人廿五名拝領、無足組

享保十九年

駿河谷引移る

弟素仲木牧済庵養子

享保二十年

元服名市郎大夫

流益町に移る

元文元年

荒戸五番丁に引移る

元文二年

昼夜廻り勤士

同日より眼病、秋迄病臥、同九月清快

同九月、弟道達、木牧済庵養子内談相済、九月二日組頭木山安兵衛迄願指出、文言望有之、同三日書改持参、同九日、御月番御請取、同廿九日大音加左衛門より御用紙来る、同晦日に正〔郡意誠・家老〕大大殿より願の通被仰渡、同十一日に済庵方へ引越す

享保廿乙卯　　弼廿二歳

五月五日より湿瘡床付、病中元服名改願指出、八月廿三日願の通被仰付、市郎大夫と相改、大音五兵衛殿申来る

同十月、病中駿河谷より流益町に引移る、同十一月廿六日床上け仕る

享保廿一丙辰　改元　元文元年　　弼二十三歳

三月、荒戸五番丁権藤伊右衛門長屋に引移る

元文二丁巳　　弼二十四歳

五月、妹虎井上松庵悴見治縁談相済、六月二日頭槇〔無足頭〕長左衛門願指出、同廿日御用紙、同廿一日勘左衛門殿より願の通被仰付る、当九月より昼夜廻り勤士被仰付る

元文三年

組頭尾上四郎左衛門月番頭

元文四年

元文五年

長屋普請・解取願

伊崎普請引移る

元文三戊午　　二十五歳

二月二日、井上松庵方離縁願、組頭尾上四郎左衛門殿指出す

三月九日、月番頭大塚孫兵衛殿宅にて願の通被仰付る

元文四己未　　二十六歳

十月、守次刀求る

元文五庚申　　二十七歳

正月より長屋普請、二月廿日解取願、尾上四郎左衛門殿に指出す、同日勘左衛門殿御請取、同廿一日願の通被仰付、大目付より普請奉行被仰聞、奉行東郷伝大夫より承届紙面渡る

同閏七月、権藤伊右衛門芦屋御代官被仰付候に付、家解取の儀、尾上四郎左衛門殿申出、同十二日、大音三郎右衛門殿宅にて解取勝手次第仕候様に被仰聞

同閏七月廿二日、伊崎中町に普請引移る

同廿九日より遠賀郡芦屋に参る、同廿九日伊右衛門引越

寛保元年

吉留玄庵女登身子縁談

弟匡、亀井聴因養子願

寛保二年

元文六年辛酉　改元　寛保元年　　二十八歳

正月六日、木牧済庵女喜代、道達妻死去

四月十日、権藤勝久より吉留玄庵女登身子縁談被申談る

四月廿日より芦屋に参り六月廿日に帰宅

五月晦日、弟縄正、早良郡姪浜亀井聴印〔因〕方養子願、五月七日丹安左衛門殿に指出、同八日御月番御請取、同五月廿八日願の通被仰付、同廿九日同所に引越す

同廿八日、明石善大夫養子願相済、養父七十郎聞次田代弥五左衛門、権藤伊右衛門聞次、某相勤る

同七月三日、妹栄西川養叔妻縁願、三好甚左衛門殿に指出す

同八日、御月番御請取、同八月八日、伊丹太郎左衛門〔無足頭〕殿より明九日御用紙、昨七日権藤伊右衛門妻死去、従弟忌中の段申遣候所、名代指出の儀申来候故、尾上作之丞名代指出、彦兵衛殿〔浦上正武・家老〕より願の通被仰付

同十二月二日、嫁入

寛保二壬戌　　二十九歳

吉留玄庵女登身妻縁願、六月十三日三好甚左衛門殿指出す

同廿一日、御月番彦兵衛殿御請取、同七月四日伊丹太郎左衛門殿より申来、願の通正大夫殿よ

双方出会

り被仰渡る、同日双方出会
同九月十八日、権藤伊右衛門老父勝久死去
同十二月廿日、西川養叔妻栄難産故出生沈む
十二月廿一日、朝妻登身召連参り逗留仕る

寛保三年

寛保三癸亥　三十歳
十月十六日、西川養叔妻栄安産、女子出生、お久米と名

お騂出生

十一月廿六日、妻登身安産、女子出生、お騂《セイ》と名付

産神詣

十二月廿七日、産神詣、直に帰り来る

延享元年

寛保四甲子　当三月改元　延享元年　　三十壱歳

匡、亀井家離縁
（寛保三年南冥誕生）

六月十四日、縄正婭浜より帰来る、直に博多に参、同十六日芦屋頼参る、聴印より不縁の儀申来る
同七月十日、離縁願指出す、同十二日願の通離縁被仰付る

宣政公逝去

同八月十日、宣政公御逝去被為遊る、奉号泰林院殿義山道勇大居士、天真寺奉治る

用心除銀

同八月十日、大風中町宅吹倒す、向へ城戸留兵衛座敷に引移る、同十月用心除銀拝借願相済、

伊崎恵比須堂脇町普請

八百七拾目相渡る、同月より伊崎恵比須堂脇町に普請仕る、同十二月八日成就、移徙仕る

延享二年

延享二乙丑　三十弐歳

正月、母吐血、大病

延享三年

延享三丙寅　三十三歳

二月廿日、木牧道達悴東郭出生

虎死去

同三月廿六日、西川養叔妻栄産死、同廿七日金龍禅寺に葬、月峰妙桂信女と号す

同七月朔日より同人女お久米此方呼取養育、同八月始より痢病久敷不愈、仲と名改む

同十一月、養叔後妻相済入込、彦左衛門殿〔大音厚弘・家老〕女中柴田源兵衛妹分

十二月十七日、此方に参、お伸連被帰る

大三郎出生

十一月十九日、妻平産男子出生、大三郎と名付

十二月十七日、暮頃より女騂熱出疱瘡　輙〔たやすく〕相仕廻候へ共、目の上・首筋に寄出来、漸翌二月
　頃平愈

延享四年

延享四丁卯　三十四歳

四月朔日、西川水音より参候様に申来る、同人より吉留玄庵妹春、悴元泰へ養子娵の存念被申

聞、同五日、水音此方へ被参、母に内談相済、同四月晦日中嶋十兵衛謀諾として被参る
五月六日、丹安左衛門〔無足頭〕殿に願指出し、尤元〔玄〕庵より同日願指出、帰りに水音に参候て申達、六月
九日願の通被仰付、同日元庵方へ引越、同十一月六日婚礼広め仕る

寛延元年

延享五戊辰　当年改元　寛延元年　　三十五歳
六月中頃より元泰妻大病、七月九日より此方に来り養生、同十七日流産男子出生、八月也、同
日暮方出生男子死す、七月十日、朝妻登身平産

寛延二年

寛延二己巳　　三十六歳

匡、三木道琢家継

去辰の二月廿八日、縄正遠賀郡手野村引越、三木道琢家を継、同人女嫁娶三木玄春と改名す
〔後筆〕「後に梅庵と改む」
九月七日、元泰妻平産、男子出生、辰十郎と名付、後春英と言
同九月九日、妻登身平産
同四月九日、玄春男子出生、春治と名

寛延三年

寛延三庚午　　三十七歳

三月十三日、吉留玄庵死去、去冬以来病気也、同十四日大円寺葬、号理道玄庵居士、今日御堀
端森戸幾大夫宅出火
六月廿三日、木牧済庵女お楽死去
七月廿一日、お伸崩痢にて死去

宝暦元年

寛延四辛未　当年改元　宝暦元年　　三十八歳
三月七日、木牧済庵男子出生、栄次郎名付
九月九日、妻登身平産
十月九日、三木梅庵悴春次死去
十二月廿九日、西川養叔死去、霊号救屋療三処士

宝暦二年

宝暦二壬申　　三十九歳
七月十日、妻登身平産
九月廿五日、夜母崩痢大病
十月十六日より大三郎疱瘡

御宝蔵銀拝借

十二月廿日、槙長左衛門殿頭面会、同席にて御宝蔵銀拝借被相渡る、金子一両銀

宝暦三年

宝暦三癸酉　　四十歳

二月十日、妻登身子平産

二月十二日、吉留元庵室死去、大円寺葬　号蓮誉生智信女

麻疹

五月、吉留玄泰妻春大病、六月十五日、大三郎崩痢

六月、女騂・大三郎両人共麻疹相煩

宝暦四年

宝暦四甲戌　　四十壱歳

大音与兵衛頭成

二月、大音与兵衛殿頭成、槇長左衛門殿跡

二月十六日、吉留玄庵悴松之進出生、元泰父玄庵名に改む

妻登身死去
鷹取養巴
渥美養律

二月廿一日、夜妻登身流産、七夜頃より気分相勝不申、足痛強く段々気色重る、初より宮崎快庵薬、四月初より真野元清、六月初より岸田玄忠薬、鷹取養巴・宮崎怡庵薬・二宮養順薬一貼にて断、鱸道育薬遣不申、八月朔日より渥美養律薬、同六日死去、同七日金龍寺葬・号正室妙因信女

五月中頃より晴天雨不降、八月六日八つ過時大白雨、同七日夜大雨大風、夫より毎日大雨雷鳴打継

八月十五日、大風

宝暦五年

宝暦五乙亥　四十弐歳

八月三日、吉留玄庵悴春英崩痢死去

中村六兵衛女勝

九月、中村六兵衛女勝呼取

家地相求

十二月二日、家地相求、請取、間相改

宝暦六年

宝暦六丙子　四十三歳

五月廿九日、木牧済庵女藤死去

十二月廿四日、吉留玄庵養子、渡部暦順悴幸順願相済引越、暦順と相改む

宝暦七年

宝暦七丁丑　四十四歳

正月、大三郎脇指、松之進借候て博多に参候所、橋口天満宮拝殿にて落失

御構御台所目付

五月朔日、御用出殿候様に立花源右衛門殿申来る、出殿候所、和泉殿〔郡英成・家老〕より御構御台所目付被仰付候旨被仰渡る、即刻御構より原田源次郎罷越候て御目付部屋同道仕り、宮内十郎右衛門殿〔用聞〕

目付部屋誓紙血判

・郡徳左衛門殿〔用聞〕・立花金大夫殿〔用聞〕列座、誓紙血判相仕廻、御構同道御用聞湯浅清吉・頭取木村久之丞面会、御台所同役菅市右衛門、御料理人川崎勝右衛門等面談仕る、直に通り丁より西方方々、頭取・御路次方・御錠口御目付中に参り、中帰り仕、東方御役人中相廻る、同二日

見習罷出

番入夜食三十人前仕出

銀札借渡

重政公初入国

・三日・四日・五日・六日・七日毎日見習罷出る

同八日、亡父大徹道悟居士廿五廻忌、同朝金龍寺にて法事、朝飯後より罷出る、今夕泊りより御番入、久保山文兵衛相番に相成、今夕夜食三十人前勢戸屋助二に頼、同人より仕出す

正月十四日、三木梅庵女重出生

四月廿八日、木牧済庵、平八様御匙被仰付る

五月十七日、小金丸何右衛門女厄介願指出、同十八日御月番請取、同六月七日願の通仰付る

〔貼紙〕
「小金丸厄介」

六月二日、木牧済庵悴出生、千吉名付、当年年並悪敷候故、関岡と名乗、紋も松皮角付る

六月末より七月初に至、家中不残、町・浦在々迄銀札御借渡、七年賦返納被仰付る、百石に付
四百五十目

同八月、小金丸何右衛門女、嶋兵大夫縁組内談相済、御願上る

九月十四日、長右衛門殿〔毛利元連・家老〕願の通被仰付る

宝暦八年

宝暦八戊寅　四十五歳

正月十日、若殿様御初入被為遊る

四月十八日、御新宅、御無首尾、板付御茶屋に蟄居被仰付、野坂利右衛門・青木角右衛門・江藤次郎兵衛従行、同六月十日に落去、肥塚金蔵妻に被下、お久米と改

五月二日、吉留玄庵悴留吉出生

鷲尾大納言女下着

六月七日、京都より御内所様御下着

御内所様と称

六月廿六日、お逸様御内所様と可申称旨被仰付候

人参拝借

八月十日、夜泊り番留守、母崩痢大切の由、十一日早朝済庵・玄庵より人参拝借、早々帰候様申来る、市大夫殿に申、人参拝借罷帰る

八月十八日、平八様、二の御丸御引移り被遊る、尤若殿様江戸御登御跡也

十月三日、貞姫様俄御病気御逝去、同五日崇福寺塔頭心宗庵葬、奉号妙観院殿

同十一月八日、妻勝平産

同十二月、平八様、彦左衛門上け屋敷御部屋御普請成就、二の御丸より御移徙被遊候

宝暦九年

宝暦九己卯　四十六歳

正月五日、宮内十郎右衛門殿より御用紙来候得共、留守にて指返候由

御構御錠口助役

同六日、朝江藤次郎兵衛入来、両人に宛り候御用紙持参、即束両人同道にて十郎右衛門殿へ罷出、今日御館引け候故、私宅にて申付候様に御月番被仰聞候由、御構御錠口助役被仰付候、念入相勤候様に被仰聞候、直に御構に罷出、武兵衛殿・伝右衛門殿・四郎右衛門殿御目掛り方々罷越す、同七日、同八日終日罷出る

初泊り夜食酒肴

同八日、両人共今夕初泊り、本番片山伊大夫、今夜夜食・酒肴次郎兵衛方より請合仕組被申候

同九日、御姫様方西光寺御出、水谷庄兵衛御先番に付、見習に同道仕る、次郎兵衛直に役所当番相勤る、小田喜大夫長病大切、庄兵衛方妻臨月故、伊大夫一人に付、両人助番被仰付候也

内所様平産、物詰切御絹被下

恒姫病気薬掛

逝去葬送掛勤む

初月番

同二月十五日、御路次方大塚仁左衛門・筒井七大夫・永野庄蔵・原喜平次御免被仰付、右の役頭取御錠口に割付請持成る

同日、牧市左衛門・三隅藤右衛門御錠口役被仰付る

御内所様付　荒谷伝大夫　中村利七　原田源次郎
　　牧市左衛門　三隅藤右衛門

御姫様付　片山伊大夫　水谷庄兵衛　江藤次郎兵衛
　　安見市郎大夫

同二月、綾姫様〔内所様妹〕京都より御下向、同十五日両人共本役

三月十九日、御内所様御平産、御女子御誕生、同十一日迄の間惣詰切、御絹被下、御七夜御目録頂戴有之

同廿五日、御出生様糸姫様と御名被附候

四月廿七日、恒姫様俄御病気崩痢御逝去、一七日詰切、御病気御薬掛水谷正兵衛・某両人、御葬送掛り被仰付る、請持木村久之允、御棺掛り片山惣大夫、手伝江藤次郎兵衛、御行烈方・御道具渡方共に、安見市郎大夫、御寺請持水谷正兵衛

八月廿三日、小金丸何右衛門女平産、男子出生、嶋茂之允

九月、初月番請持

九月八日、伯母中西市大夫母死去、貞潤院寿松大姉号す、香正寺葬、御番引仕る

同十日、忌御免、同十一日より出勤

同十二日、御内所様附、御姫様付と相分り勤候へ共、此後打込に相勤候様に被仰付候

宝暦十年

宝暦十庚辰　四十七歳

三月廿四日、夜妻勝平産

十一月廿一日、木牧済庵妻平産女子出生、お専と名付

宝暦十一年

宝暦十一辛巳　四十八歳

七月十六日、暁妻勝平産

十一月廿五日より湿瘡にて御番引

宝暦十二年

宝暦十二壬午　四十九歳

正月五日、藤田伝之丞死去

正月八日、於江戸中西市大夫死去、同二月十二日到来、江戸寺に葬、号是法院了得日成居士

正月十二日、中西市右衛門女子多世出生

正月、若殿様御下国

閏四月十九日、権藤忠八死去、吉祥寺葬、号智岸浄光信士

湿瘡により退役願

六月四日、安見九郎大夫内室死去、金龍寺葬、夏雲智凉信士〔女〕、某去十二月廿五日より湿瘡、済

願書返る

重政公逝去

諸士・外様

桃園天皇崩御

黒田美作死去

大風、出勤・終日

修理普請

庵薬正月迄服用、二月初より白水元叔薬、次第大切に指及候故、三月初より宮崎快庵薬、四月末より真野元清薬、久敷不愈長病に付、同役中村利七相頼候て、五月六日退役願指出す、同七日緩々養生仕、罷出候様願書返る、六月初より斎藤道屋付薬、其後同人洗薬六月廿一日全快

六月廿一日、全快出勤仕る

六月初より、若殿様御不例御座被為遊候所、次第に被致重候て、七月十二日御塞、同十三日より惣役所詰切、江戸御飛脚追々立

同十三日、浦江金五江戸大早、同夜半佐藤三右衛門罷立

同十四日、御逝去、毛屋勘蔵大早使

同廿日、二の御丸より崇福寺御勧座、諸士彦兵衛門前より和泉門前迄烈居奉拝る、外様面々、天神丁より橋口迄に烈居

同廿七日、御葬蓮、奉号瑛光院殿瑞岳紹鳳大居士

○天子崩御、音楽停止、春宮女帝に御座候由

七月十五日、大風雨

八月五日、美作〔黒田一興・家老〕殿死去、同九日正伝庵葬

同八月九日、大風八日昼より吹出、夜中西北に代り、同九日九つ頃より少軽成、八つ過止、朝六つ前時出勤、終日修理普請、暮頃引取

八月十六日、木牧済庵悴権之助出生

八月廿二日より女騂、不快、暦順薬用、九月朔日より宮崎快庵薬用、同二日大切に及候故、真

人参拝借
お騂死去
田方損毛免下り
日勤
平勤
休
御錠口台所目付兼役

宝暦十三年

母腫気
水高八合、小用八勺
壱升九合通用
平八公逝去

野元清見せ申、同三日大切に及候段、役所に申来る、人参拝借仕帰る、弥大切に相成、同四日より草臥《くたびれ》、同五日朝四つ頃死去仕る、同七日夜金龍寺葬、号珠月恵玉信女

一当秋田方損毛免下り、百石に付、三拾表二斗六升余減す

日勤百石に付　拾八表　拝領米有り　右に付　百石十二表二斗六升六合

平勤百石に付　拾一表　百名に付　拾九表二斗六升六合

休　百石に付　八表　百名に付　廿二表二斗六升六合

右の通御扱有之候

十一月廿九日、御仕組に付、御台所目付御免に付、御錠口役より又々御台所目付兼役被仰付候、大原武右衛門・豊田助大夫・佐藤武蔵右三人御免被仰付候

宝暦十三癸未　五十歳

正月八日、木牧済庵女専死去、同日関岡清七悴亀寿死去

六月十日、母博多参り、帰りより腫気気指、十四日に至候て腫れ増候間、宮崎快庵薬用、呑候水高八合、小用八勺、十七日頃快庵断、同廿日より真野元清薬、同七月五日断、鱸道育見せ候得共断、同七日二宮養順薬用、同八日断、同九日より渥美養律薬用、同十三日より十六日迄極大切に候所、十七日壱升余通用有之、日増通用増、同廿六日頃壱升九合通用に相成全快、八月初床上け

七月廿一日頃より平八様御淋症に候所、段々御不例、八月廿日頃より御大切に被為及、御医師

網屋丁二十一軒焼
御館焼失
友泉亭立退御供
昼夜詰切普請
弼一人被召出
褒詞

相改候へ共御勝れ不被遊、同廿六日朝御逝去、同廿九日崇福寺に被為入、同九月六日御葬蓮、
奉謚霊覚院殿瑞林卓然大居士、御中隠中諸士月額停止十日也
七月、大風軽し
七月廿一日、大風、夜中大雨
七月廿二日、朝妻勝平産
八月十日、谷焔硝磨蔵出火、罷出る
八月十二日、箱崎網屋丁火災廿一軒焼
九月七日、昼過御茶屋より出火、御館に火移り不残焼失、御居間・新御間・御構・御倉々・御門腰掛焼残る、皆様友泉亭御立退被遊る、同所に御供銘々
武兵衛・久之允七ツ頃御構に引取、弥大夫・藤右衛門六本松より帰る・市郎大夫・三郎右衛門殿・東庵・元清・古庵・道治・良治・慶忠・仙庵・玄庵、右の外他方より追々追付、半之允御跡より来る、弥五左衛門・道屋同道にて夕飯後被参る、暮頃古川又市参る
同十三日迄昼夜詰切御普請相済、十三日御帰座、御供にて帰る
　同日某一人被召出、武兵衛より申渡
火災の砌即東罷出、友泉亭御供仕、其上同所詰切相勤、万事御指問無之、神妙の至に被為思召上候
　　次に古川又市　　同断
火災の砌友泉亭罷越、詰切相勤、万事御指問無之、神妙の至に被思召上候
　次に八人一同に被召出

火災の砌御道具取除け、直に御普請出情相勤候故即束成就、御万悦に被思召候事
次に十八一同に被召出
表様一同に御座被遊候故、大勢入込候間、万事御沙法宜敷、御錠内外念入可相勤候、御作法相改候故、万端以書付を可被仰付候
御台所目付兼役弥念入無指間様に可相勤候事
同十七日より病気引仕る
同十月四日、少将様御構より江戸御発駕被為遊候
十一月十五日、御礼被仰上、同御養子御願相済
十二月五日、初て一つ橋御使者、同十九日又御使者御道具被進る
同廿一日、御引移り初
十月十九日、焼跡に御普請木屋入、同十一月廿八日御棟上け
十二月十六日、笹栗の者共願相叶、増免御免の儀、善兵衛殿被仰聞
落六月十七日、綾姫様黒田市兵衛妻に被下御輿入、荒谷伝大夫・中村利七御仕立掛り、原田源一郎・葛貞作御供、古川又市御先番、同廿一日御里開

隼之助（徳川刑部次男）養子願

棟上げ

宝暦十四甲申　　五十壱歳

宝暦十四年

正月廿一日、若殿様御引越
三月廿四日、少将様御下国に付、黒崎御使者罷越、朝六つ出途、八時赤間宿着、長谷土手より

継高公下国、黒崎御使者罷越

俄大風雨、木屋瀬川水増難渡、漸々木屋瀬宿石橋甚三郎方に一宿仕る
同廿五日、朝五つ時同所立、昼四つ過時黒崎熊手村百性正三郎家に宿す、九つ過時代官岡安右衛門に行向面談、長屋下代占部与三治夫婦に対面、夫より御茶屋罷出、八つ過頃岡安右衛門より魚屋幸蔵と申者指遣候間、御肴二折申付る
同廿六日、同所岡本社並天満宮参詣仕る
同廿七日、六つ半時髪月代仕、御茶屋罷出御帳付面談仕り、御料理人頭二川伝大夫旅宿参、申談引取、同四つ過時、頭取高山孫二郎旅宿に参、直に御茶屋罷出る、右の前に御肴二折・御樽、御次番長沢惣兵衛才料にて、小使助七内使に為持、指出置候、九つ時少将様御機嫌能御入、即東大頭取小河団右衛門より御口上披露相済、七つ時に罷出候様に被申聞引取、八つ半頃又罷出同人披露にて、於御居間御目見御直答、御次にて団右衛門より委御用被申聞、御膳御下被下御目録頂戴引取、同夜六つ時出途、赤間迄夜内罷越、同所にて挑灯消し、同所にて食事仕、箱崎にて又々食事仕、八つ時御構に着、簀子町河内屋弥兵衛方にて手水仕、衣服相改候て、馬人宿に返し、惣兵衛・助七召連候て御構罷出、御口上岡沢市郎右衛門取次にて申上、御吸物・御酒・御肴被下、七つ頃引取、惣兵衛草鞋代三匁、助七に弐匁、御肴代拾七匁、残銭三匁、御用所柳瀬多助に上納仕る
同廿九日、四つ時罷出、武兵衛殿に右様子申上る
四月朔日、五つ時少将様御機嫌能御帰城、六つ過時罷出、直に請取御番相勤る
同日、八つ過時船町出火、三十軒余焼失、同役古川又市宅近候、今夕同人泊り御番、夜に入罷出候故、六つ過時交代引取

御居間御目見直答
目録頂戴

船町三十軒余焼失

御台所目付兼役御免

年番請持

明和改元

御財用年番

房姫病気に付頭取惣泊り

房姫逝去

五月、木牧済庵、道益と名改、願の通被仰付る
五月廿七日、笹栗者共勤申上度段、善兵衛殿願上る
後六月五日、吉留玄庵、吉姫様御匙役被仰付る
前五月十五日、御台所目付兼役御免被仰付る、此間又々台所目付三人被仰付る、能勢長大夫・伊熊才兵衛・藤井勝右衛門三人被仰付る
七月、湊町久保元慶宅出火、即束鎮火
八月十一日、昨十日大雨、去る六月十二日終日大雨、其後晴天続き、夏中打水計の夕立三度仕る、今十一日小雨、七つ頃より風催様、暮方より大雨、東南風夜五つ頃北に相成、其後西に廻り、九つ過時風吹止る、中位也、草木・田畠・家宅に不障候
八月廿一日、永野武兵衛〔御構用聞〕昨廿日御当職、当申九月より酉の八月迄、江藤次郎兵衛、某年番請持申出候間、其心得候様に被仰聞候間、即束弥五左衛門殿迄御断申出候事
年号改元、明和改、京都六月十二日より改元、当地七月五日より証文等認用る
八月廿七日、御用に付出殿候所、江藤次郎兵衛・安見市郎大夫当九月より来酉の八月迄、御財用年番被仰付候、念入相勤候様に御当職久兵衛〔吉田高年・家老〕殿被仰渡候
同九月朔日、役所片山伊大夫・水谷庄兵衛両人より請取
同八月廿八日より房姫様御不例に御座被為遊候所、当朔日より御勝れ不為遊候故、武兵衛殿を初、頭取惣泊り、夜中御用有之候間、年番も一人不明候様に居可申旨に付、次郎兵衛と一夜替りに泊り、直に翌日も相勤る
十一月八日、房姫様御逝去被為遊候、同十日崇福寺被移候、原田源二郎・水谷庄兵衛両人御寺

葬斂請持

吸物・酒頂戴

御構作事年番請持
御錠口杖付兼役

御用聞才判請

明和二年

笹栗居住者
冥加として火縄指
出

に引切御葬蓮迄詰る、御葬蓮御病中以来次郎兵衛・某両人にて請持、同十五日夜より泊り御
番免
同十四日、御葬蓮、奉号浄聖院様
月、房姫様御病中出情仕候に付、御用指問も無之、奥口共御沙法宜敷御しまり等念入相勤候
に付、御吸物・御酒頂戴被仰付る
月、右同断御内所様より頂戴
月、又同断
同十一月廿六日、御用出殿候所、此節御仕組に付御作事小奉行被止候、右に付、御構作事年番
請持に被仰付候、只今迄杖付の者も被止候、御錠口付の者杖付兼役申付、猶不足の節は次番
の者より相増為勤可申候、臨時作事猶不足の節は当時願次第出入可被仰付候、勤方の儀、掛
り御用聞才判請候て可相勤候事、右久兵衛殿被仰聞
同十二月朔日より役所請取、杖突一ケ月切御帳付請持申付る
十二月七日、木牧道益女奥之允生る
明和二乙酉　　五十弐歳
二月廿九日、御用出殿候所、表粕屋郡笹栗村抱山王と申所に致居住居候厄介の者共、数代結構
に被仰付置候に付、奉報御国恩、為冥加相応の勤方仕度存念の赴、市郎大夫より相願候段達
御聴候、厄介の者共存念奇特被思召候に付、年々火縄壱人拾把宛り、五人者共より五十把念

家誉出生

年番請持、御作事方兼役

目録金二百疋被下

溜り銀拾貫目御内所様指上

継高公居間等建替普請受持

戌三月成就

入仕調、市郎大夫より組頭迄可指出候事、右内記〔毛利元連・家老〕殿より被仰渡、御書付相渡候

同三月廿一日、火縄五十把仕調、善兵衛殿に持参、於居間何も目見、座敷にて吸物・御酒給る、同廿二日各中御覧の上、善兵衛殿より長崎御用料に御矢倉に被納る

六月七日、妻勝平産、女子出生、同十七日家代と名付

八月廿九日、御用に付出殿候所、去申九月より年番請持被仰付置候所、情を出相勤、其上御作事方兼役をも被仰付候、出情相勤候故、御入方殊外減し候段達御聴、御万悦被思召候、猶当秋より又来戌八月迄直に年番請持被仰付候、仍て御目録金百疋頂戴被仰付候、市郎大夫儀は分て御為筋宜敷、別て出情候段、猶以御万悦に被思召候、仍て御目録金二百疋被下候、弥念を入相勤候様に久兵衛殿被仰聞候

○九月、御溜り銀拾貫目御内所様御自由銀に指上候所、御内所様より御目録銀五枚被下る

○一夏以来、万千姫様御婚礼方御用も請持被仰付置候所、八月〔空白〕日、能勢長大夫・片山伊大夫、御内所様御錠口被仰付候故、諸帳引渡、御勘定所請帳引替る

九月六日、於御構に少将様御居間・御座敷・御廊下御建替に付、新御普請受持被仰付候、念入相勤候様に被仰付

九月六日、木屋入、同十月廿二日柱立、同廿五日棟上、十二月十五日成就、内普請畳・立具仕調翌戌三月全成就仕る

十二月八日、御内所様より寒気の節、夜に入候迄出情相勤候、別て今日寒気強候故、御下鴨煮鳥・御酒頂戴仕候様に被仰付る

同九日、昨日御酒頂戴被仰付候得共、御酒不調法の段達御聴、返て迷惑たるにて候はん間、御

品々頂戴

明和三年

御財用方普請出精、万悦思召

銀壱枚下さる

銀三枚頂戴

菓子被下候由にて、品々頂戴被仰付る

同十二日、御内所様より弥五左衛門列座にて、武兵衛を以、去秋以来年番請持世話仕、当夏以来万千姫様御婚礼御用をも相勤、当秋より又年番相勤、其上、此節御普請同役病気、一人にて惣請持相勤、殊に寒気の砌、夜に入候迄委敷才判仕候故、御普請思召の外博取《はかどり》、大儀に思召候、右の段来春少将様御帰座の上、何分宜敷可仰上候旨被仰渡候

明和三丙戌　五十三歳

正月十八日、お智恵承りにて、御内所様より寒気の節苦身に思召候、相煩不申様に用心致候て、相勤候様に被仰聞

三月朔日、お捨殿を以、御財用方御普請壱人にて出情、何滞無之段、殊外御万悦思召候、近日御下国の上、委敷御次手宜敷可被仰上候、弥五左衛門殿より御礼取合せ有之候

同三月八日、弥五左衛門殿列座にて、武兵衛より又々委敷御意の赴申渡、御内々にて銀壱枚被下る

同五月廿日、御用出殿候所、去年御普請無滞出来、御万悦に思召候旨次郎兵衛御言葉御褒美、去年新御殿御普請請持被仰付候所、初終受持出情相勤、才判宜敷出来候段達御聴、御万悦に被思召上候、仍て御目録金二百疋頂戴被仰付る、御裏判衆時節柄宜敷候へは加増に準し候間、有難奉存候様に御挨拶有之候事

同廿五日、御内所様より御内々にて銀三枚頂戴被仰付る

越後縞一反頂戴

年番御免

銀二枚拝領

当番入り

叶岳代参

同廿五日、杖突藤崎仁右衛門御書付頂戴、並青銅三百文被下、御普請中日数昼食米被下る、同日大工伝七向後役料年々米五俵宛り被下る

同廿五日、仁右衛門内々にて銀子三拾目被下る

六月七日、御内所様より御内々にて越後嶋壱端頂戴

八月廿七日、御用出殿候所、去々申年より年番被仰付、去秋も御止被遊御普請も受持出情相勤、苦身に思召候段達御聴候、年番御免被仰付候旨、久兵衛殿被仰渡る、同日御内所様より御内々にて銀二枚拝領被仰付る

同廿八日・同廿九日両日に預りの品々添田市次郎・古川又市両人に引渡相済

九月三日より普請、七日に門建る、同十八日迄、縁・押込普請、家ふき替る

九月九日より当番入り

九月十四日、叶岳御代参、初て参る

九月十七日、安見九郎大夫父意定奥方死去、同十八日に金龍寺葬　号〔空白〕

十月朔日より家内塗壁り

十二月廿八日、安見意定死去、翌亥正月四日金龍寺葬

十二月九日、博多北舟町出火、二軒焼失、同十日福岡呉服町出火、即束止る

前六月十一日、吉留玄庵悴暦順、妻西町医清賀道迪女婚礼

前七月廿四日、正室妙因信女石碑損し、繕建替る

明和四丁戌　　五十四歳

正月元日、安見意定死去に付、今日迄忌にて不勤
正月十一日、江戸御飛脚到来、於江戸、中西此面十二月廿三日死去の段申来る、同正月廿八日
於香正寺法会有
正月十九日、彦兵衛殿より川村主鈴〔納戸頭〕に内意、一類中より跡目願指出候様に被仰聞、近藤八大夫
三男孫八養子願指上る
正月五日、博多辻堂門外、出来町出火、二軒焼失
正月廿七日、大嶋出火
二月五日、郡徳左衛門殿家頼豊嶋竹七宗旨判請合の儀、此間被仰聞候返事、今日花田久之允方
へ参候て、同人迄申置く、同十二日、徳左衛門殿より同人払証拠来る、同十五日請合証拠為
持遣す

博多辻子

二月廿一日夜、博多辻子出火、八軒焼失
二月廿一日、笹栗者共火縄上納済、善兵衛殿何もへ御対面、其後如例年、吸物・御酒給る

油山火災

二月廿日、油山火災、烈風にて立花勘左衛門殿・熊沢庄右衛門殿・槇長左衛門殿・松本主殿建
山不残焼失、観音堂無別条候
三月十一日、中西此面遺跡無相違、三百石近藤八大夫悴孫八に被下る
四月十五日、明石善大夫家弟良作、浅田彦五郎養子願、組頭竹田安兵衛殿に指出す、同廿九日
御月番源左衛門殿〔黒田一庸・家老〕御請取
五月十四日、中西孫八、若殿様御小性勤被仰付る

浮組頭

組合中寄合

六月十三日、木牧栄次郎半元服、音人と相改
六月十八日、権藤伊右衛門中風、同夜半に開候へ共無言、右半身一向相叶不申候
六月廿九日、木牧道烈、久田弥左衛門姪縁談願、久野善兵衛〔城代頭〕殿指出す、七月廿一日願の通被仰付る、同人双方出会仕る
六月廿八日、西川道叔悴流庵、谷仲栄養子願被仰付
八月十八日、仲栄死去
七月三日、山鹿より良作出福候所、去る朔日馬杉喜兵衛〔無足頭〕殿より明石善大夫御用の儀候間、早々出福候様に申来る旨申参候間、同夕飯後喜兵衛殿迄同人病気の段相届候所、返事有之候
同四日、良作山鹿へ指返す、七月五日浅田和節父子共に浮組頭粟生十右衛門宅へ御呼出、父子義絶被仰付、乍然和節一生扶持方は宛行候様に、弥三郎身退に不及被仰付
七月十三日、善大夫出福、同十四日馬杉喜兵衛殿へ罷出る、願書被指上る
七月七日夜、中庄井上兵左衛門隠宅出火、隣家岡崎太次郎類焼
八月三日より某病気引込居候所、小森小十郎病気に付、同十二日組合中此方に出会、同十三日小森仁兵衛入来、同十七日又々寄合、同十八日組合中又寄合、同廿一日又寄合、同人隠居願奥書相認め、同夜同人方へ遣す
八月廿日、権藤伊右衛門隠居願指出す
後九月六日、同人御用、原田忠左衛門名代出殿候所、悴万七家督無相違百五十石頂戴、御馬廻組被指加、頭毛利太次兵衛
九月十二日、吉留玄庵悴松之進、東藤四郎養子願の通被仰付る、即日双方往来相済、半三郎と

名改
前八月廿一日、関岡清七麻布御錠口目付再役被仰付、九月十三日出途の筈被仰出候由にて被参
る
九月十五日、木牧道烈妻呼取、婚礼
九月十五日、組合小森小十郎隠居願相済
閏九月十日、谷隆庵、父仲栄遺跡三人拾二石頂戴、仲貞改
十月三日、大西二番町前田治右衛門長屋出火
十月、地行四番町上〔空白〕清治と申足軽宅出火
十月十四日、中西此面後室当春以来病気に候所、板付に此頃養生参居候、十日頃より大切に相
成死去、香正寺葬、霊性院
十一月、荒戸四番丁久佐治兵衛宅出火、即束鎮火
十一月、博多浜口新町出火
十一月廿八日、姪浜出火、無程鎮火
十二月十日より吉留玄庵妻春病気大切に指及候

家誉膳初居へ

十一月十二日、女家代膳初居へ一族集会
十一月十五日、吉姫君鳥飼宮初御社参、同役中惣出
明和五戊子　五十五歳

北原出火・地震
湯殿・雪隠建てる

正月十七日、御構頭取渡辺半之丞、久兵衛殿不覚悟勤方御叱り、同日御錠口役添田市治・古川
　又市、御月番彦兵衛殿宅にて役儀不慎に付、御役被召放候旨被仰聞る
正月廿四日より糸姫様御部屋普請に付、御内所様御一同所に御座被為遊、御内所様御殿ふき替
二月十一日、増田儀右衛門・舟橋源内御構御錠口に被仰付る
二月十三日、舟橋三右衛門死去、同十四日悴久右衛門より申来る
二月十三日、土屋音人元服仕る
二月十八日、中西孫八、侍従様御納戸に被仰付る
二月朔日・同五日両日御長刀・虎皮御鞍覆御免の御祝儀出有之
同十一日より御肴代献上、尤御両殿様へ
三月朔日、夜博多辻子出火、ふき火飛、出火の由
三月二日、朝北原出火大分焼失、同日昼湊町はな石屋裏出火、同夜八つ時地震
三月より普請、裏四畳敷・同湯殿・雪隠建る、座敷居間共に簀板張仕替る
五月九日、吉留暦順悴出生、亀寿と名付
五月晦日、同役江藤次郎兵衛死去
六月十六日、跡役頭山作兵衛被仰付る
七月三日、久佐孫兵衛宅焔硝作候所、火入弟子両人焼痛有
七月十六日より吉留玄庵病気引、尤当春以来病気に候得共、押て出勤有之候所、今日より番引、
　八月廿六日死去、同廿八日大円寺葬蓮、十月分御扶持方拙者代判にて請取
十月十七日、玄庵遺跡悴暦順無相違拝領、拙者同道、源左衛門殿被仰渡、老中頭衆同道仕る、

春死去

同十八日善兵衛殿面会
十二月四日、大原杢七自殺つ
同十二日、山田治右衛門悴、田村百性小寺善八門内に切殺す
十一月九日、権藤伊右衛門死去、同十一日吉祥寺葬蓮、臥龍斎
十一月、早良郡免村百姓〔空　白〕悴源太郎召抱る、尤来丑年直に戻申約束に候

明和六己丑　五十六歳

正月元日、吉田権七妻死去、同四日博多円覚寺葬
正月六日、内記殿家頼より目安指上る
正月六日、御裏御門番、彦左衛門殿御無礼、閉門、二月に入御暇
同日　隼人〔野村祐勇・家老〕殿家頼盗出奔
正月十七日より、安見九郎大夫悴嘉門疱瘡
正月廿日、少将様底伊野〔井〕御滞座より御帰座、肥前堀にて水鳥御狩の時、鎌田要人家頼倉田甚右衛門鉄砲放候故、同廿七日遠慮被仰付、同二月四日高浜十兵衛宅にて逼塞被仰付
正月廿六日、長嶋団治二重切紙露顕、同廿八日吉田直次郎〔中老〕御預け
二月七日、木牧道益悴道烈妻平産、男子出生、同九日に参、同十日夜食遣す、晴生と名付
二月十九日、吉留玄庵妻春、夜四つ時死去、同廿一日金龍寺葬、号花心貞香信女
二月十七日、昼七つ頃地行真福寺裏出火、即東鎮火

家誉疱瘡

風邪流行

吉姫逝去・市郎大夫葬送掛り

彗星出・地震

大風・風雨強く田畠・屋宅多損

鴻池善八

六月十三日、夜より家代疱瘡の病、同廿七日一番湯
同十四日、四つ過時妻勝平産
同十八日、夜母病気、大分吐血
七月半より風邪流行、家々病臥す、拙家不残煩、母久敷不愈
七月廿三日、吉姫様御逝去、同廿四日夜心宗庵御葬蓮、中村利七・安見市郎大夫両人御葬送掛り被仰付る、利七御構残り、市郎大夫御寺請持、御位牌持共相勤る、舟曳与左衛門殿御掛り
七月廿七日、日月星犯す、同夜より彗星出る、尾西南に向ふ、同日地震
同月、於江府、隼人殿家頼倉成伝兵衛傍輩森吉治森正左衛門弟誘言仕、出奔仕居候を見付切殺、其外家内手負有り、安芸様辻番両人切殺す、天下の上り屋に被召捕候事
八月朔日、大風、四つ時より雨、初め東風九つ半過一先相止、八つ過時より暮六つ時迄北西風雨強吹、田畠・屋宅多損す
七月、竹中専右衛門自殺、隠居被仰付、別れ家竹中久左衛門に百石減、千七百石被下、久左衛門名跡弟〔空白〕に四百石被下る
一於江戸、近藤市大夫乱気に付、指被下る風聞
五月末、大坂より鴻池善八下着、逗留、同人家頼柳町遊女殺す、右に付八月廿六日俄に善八罷登家頼入牢、十月末大坂、遊女妹共被召登、鴻池家頼死刑
一大坂より河野源三下着仕、即束肥前に罷越す
一世代姫様頭分、久野六右衛門不行跡に付、四月末留尾指下す、一族長沢団次に御預け、大原多兵衛下着御詮議、目安を以御尋候て留尾御免、四月末久野六右衛門京都より下着、五

月廿二日閉門被仰付
六月二日、宮川治大夫・頭山作兵衛女八人召連出京、同十八日着、女中五人下る、八月朔日治大夫・作兵衛下着、女中五人召連下る
八月十七日、久野六右衛門押込隠居、悴善次領地の内百石被下る
八月廿五日、珠月恵玉信女墓、当五月頃よりかたふき候間、今日はな石屋伝六に建替さする
八月廿六日、大霰降る、掛目拾匁より十五、六匁に至る

年番受持

八月晦日、御用出殿候所、当丑九月より来寅八月迄年番受持被仰付、同役増田儀右衛門同断に、四兵衛（久野一親・家老）殿被仰聞る

聖照宮社拝参（明和五年、本丸に長政の神霊を安置）

九月九日、少将様於御本丸御礼被為請、終候て聖昭宮御社拝参被仰付る、当番銘々、休士同十六日拝参御免被仰付る、両日共大雨
九月、長滝八蔵出奔、弐百三十石被召上る、同月小寺善八於江戸自殺、二百石被召上る、同小河権大夫死
九月廿二日、少将様江戸御発駕
九月十四日、博多鷹匠町火災、六軒焼失
九月廿五日、京都御飛脚到来、同廿九日披露、八月十七日未刻凉光院殿逝去、諸士中自分三日慎遠慮、音楽停止に不及也
十月十六日、御構御錠口篠原文蔵、京都御代香出途仕る、御法事料銀五枚持参、御作花・御菓子は於京都調上候様に被仰付る、同人御内々にて銀子三百目被下る
十月十九日、片山惣大夫京都より下着、同廿一日大原多兵衛両人共内記殿宅にて、惣大夫御切

畝町宿四十軒焼失

継高隠居願、図書頭改、治之家督

明和七年

米三石、多兵衛御切米二石被減、御城代組に被仰付る
十月廿五日、樋口仁兵衛・宮崎快庵・柳瀬市郎二下着、何も役儀御免
十一月、箱崎火災七軒焼失
同、地行足軽屋敷一軒焼失
同、箱崎阿多田十軒焼失
同、粕屋畝町宿大火四十軒焼失
十二月廿日切に御普請引る
十二月晦日、江戸より御飛脚到来、当月二日少将様御隠居御願被指上候所、同七日御願の通御隠居被仰付、図書頭と被改、侍従様御家督、長崎御役儀共被仰付候旨申来る

明和七庚寅　五十七歳

正月元日、如例年、但、御祝儀彦左衛門殿玄関にて申上る、御帳付、御側筒より罷出る
同二日、宰府御代参・平井市右衛門、箱崎・岡沢市郎右衛門、鳥飼・三隅弥三右衛門
同二日・五日、御館にて御隠居御家督御祝儀申上る
同二日、今日より御普請初る
同十九日、御内所様聖昭宮御拝参、直に櫛田龍花院御出有之
正月廿日、於御本丸、四宮喜大夫〔無足頭〕此節態被指下、家中者共へ被仰聞候赴、御隠居・侍従様に忠勤可仕旨被仰聞候、尤組付廿七日殿中にて被申渡、組付頭々宅にて申聞候様に、御肴代御両

殿様五十疋・三十疋・二十疋宛り、拙者共二十疋宛り

銀子引負

二月十五日、御銀奉行吉田忠右衛門此頃勘定奉行転役仕居候・村沢瀬左衛門御銀子余分引負の儀、当銀役小林藤大夫言上に付、今日忠右衛門は斎藤甚右衛門〔中老〕、瀬左衛門は斎藤忠兵衛〔中老〕に御預り被仰付る

遠島

私欲言上不及退役

同六月十六日、村沢は月成茂左衛門〔中老〕、吉田は櫛橋又之進〔祐敬、中老〕御預替る、八月十二日両人共遠嶋被仰付、同夜先役北村弥右衛門両人私欲の儀言上に不及、退役に付、三十石減知、小林藤大夫儀は減知三十石為御褒美、返し被下る

三月十三日、少将様御帰国、御入城の次第例の通

三月廿六日、月峰妙桂廿五廻忌法事仕る

三月、川越六之允御銀奉行被仰付候所、家頼金子六百両盗取露顕に付入牢、親も同前、六月十四日六之丞御役御免

三月、江戸より女中五人、下女五人下着、着前進物為持御錠口に参、山崎久之進対面、竹森治助に引渡す

治之公初入国

四月十五日、侍従様初御入国次第、少将様御同前、同日御父子様御対面

諸士中御目渡

四月、諸士中御目渡、御家督忠勤可相勤候旨被仰渡る

治之公長崎巡視

四月、侍従様初長崎御出

四月廿八日、侍従様御構初て御入、御先番に森岡半知、浦風召連被参る

四月十一日、少将様御下国の節、青柳御止宿砌大音伊織〔厚通、用勤〕宿出火、二軒焼る

盃頂戴

五月廿八日より諸士於御本丸御目見、御盃頂戴廿八・六月朔日・五日・七日、上士巻物・太刀代、

彗星出

星貫き月中に入

須崎加子町三十六軒焼失

下士貫指、御礼大組より披露引共、九日下御屋敷にて寺社・町人、同十三日宰府・宝満・多賀

五月四日、友泉亭江戸女中拝見被仰付、此方よりお捨殿・智恵・蝶御茶の間三人、下女五人罷越す、岡沢市郎右衛門・篠原文蔵・頭山作兵衛罷越す

六月七日・八日より彗星出、四方光明東北に見へ、後西に下り光不見、十日頃より慥に不見成る

六月十三日、夜月の右より星貫き月中に入

六月、永田伊左衛門〔郡部行〕閉門、罪、屋形原御 塒《ねぐら》屋内に種々荷物有、年貢米外善米入、中に悪米込上納、坂東衛士右衛門、三好と名字替願失念、弾馬殿〔吉田高直〕御用紙御答不仕候

右不調法に付右の通被仰付る

六月十七日、妻勝平産

六月廿一日、祖母心静了閑信女五十廻忌法事、於本長寺執行

閏六月廿二日、須崎加子町四つ過時より出火、八つ過時鎮火、三十六軒焼失

六月、春吉六間屋出火、同地行一番町出火、浜畠中垣焼る、同追廻し月形与次兵衛宅出火、即束鎮火

七月十七日、博多火災の由にて市中罷出候へ共、実事不知

八月六日、侍従様長崎御出駕

八月七日、江戸より御尋者触来る

八月五日朝、正室妙因信女十七廻忌、於金龍寺執行、六日は寺指合故也

年番御免

明和八年

盃頂戴

八月九日、御構土手切すかし、但、表様夏の間に切すかし
八月十二日、下人又吉出奔仕る、当二月朔日より源太郎代り、〔郡勇成、用勤〕正大夫殿家頼子、実は博多牛町の者也
同十八日、下人吉助と申者召抱る、木屋瀬者の由
八月廿六日、吉留玄庵三廻忌、大円寺にて法事
八月廿九日、年番御免
九月廿五日、吉留暦順仕立構、掛銀廿五匁為持遣す
十一月廿八日、御料理頂戴罷出る
十二月十二日、明石善大夫女、永留仁左衛門に縁談願被仰付る
十二月廿八日、東半三郎養家に引越
十一月廿八日、吉留暦順悴亀寿膳居り

明和八辛卯　五十八歳

正月元日、侍従様御盃頂戴、表御礼済候て、少将様御一手御目見、御熨斗頂戴
正月十五日、御内所様松囃子御物見より御覧、女中埋門より御見せ被遊候
正月十七日、中西源三郎御納戸勤御免、孫八江戸にて源三郎と名改被下る
二月八日、粕屋郡大隈村陸次と申者召抱る
三月五日夜、下人陸次出奔仕る

八世姫逝去

三月九日、宗像郡赤間村時治と申者召抱る
一中村六兵衛悴良作、入江与一郎死後養子相済、三月朔日に入込、浮組に被指加三人八石
二月廿一日、笹栗者共年々出情仕候故、当年より御本丸出御免、直に御矢蔵納め被仰付、当年初て故、某召連御次廻り御詰所罷出、御改相済、御矢倉罷出、奥山戸右衛門に相渡納る
四月廿日、十文字鑓一筋求る
四月廿六日、木牧道益、侍従様御匙介被仰付、小野春台跡也、五人拾七石当り、役料銀壱枚被下る
五月朔日、木牧道益江戸御供被仰付る
五月十四日、吉田権右衛門妻死去、伊藤五郎大夫女也
五月四日、藤井与大夫京都にて死去
六月十三日、明石善大夫妻死去
八月十日、於江戸、八世姫君御逝去被遊候旨、同十八日御飛脚到来、作事五日・鳴物十日・諸士月額七日
一宰府御祭礼無別条執行
八月廿日、於御城、御台様御卒去被為遊候御到来、九月四日到来、音楽停止十七日迄、作事止十日
一諸社祭礼無之、十八日小烏御祭礼より初る
八月廿九日、吉留暦順妻死去、大円寺に葬す
九月廿四日、吉留留吉西光寺に遣す

切米、自分証拠、頭印形

明和九年

江戸大火、上屋敷類焼

九月廿八日、侍従様江戸御発駕、道益初御供、五つ半過時御出駕
十月五日夜、木牧道烈次子出生、同十八日お久と名付く
十月十七日、当年御切米自分証拠、頭印形にて相渡候事、月々御扶方の通、今日久野善兵衛殿
宅にて印形仕る

明和九壬辰　五十九歳

正月二日、夜六つ時中庄出火、月瀬宅兵衛下屋敷より出火、高井九蔵・広瀬清兵衛類焼
正月廿五日、道烈悴晴生疱瘡にて死去
正月廿九日、二月二日・同五日御招請、御客有之候由
二月朔日より博多奥之允疱瘡、同お久疱瘡
二月十日、谷町七治と申者悴、正吉召抱る
二月十九日、三木梅庵妻、悴道寿、同妻お重、手野村より参る、三月朔日迄逗留、罷帰候節、
大三郎・半三郎送り参り、三月十八日迄滞留仕る
二月廿日、侍従様江戸御発駕
二月廿九日、江戸大火、上の御屋敷御類焼、御前様白兼〔金〕御屋敷御立退被為遊候、麻布御屋敷御
長屋廻り過半焼失候へ共御殿無別条、真含院様渋屋〔谷〕金王寺御立退被為遊候、翌日御帰座、江
戸過半の大火也
二月十二日、関左兵衛娘さや、裏粕屋立花口村文治と申百性嫁入候間、払証拠指出す、尤同所

免下り

継高七十年賀、居間にて御目見

庄や請証こ取置く

去卯秋免下り、御切米算用相済候上にて御免極候故、御切米無別条相渡、当三月分御扶持方にて引上に相成候、百石に付壱俵九歩下り、某壱俵七升弐合引る、残て壱俵九升二合請取る

三月、於京都醍醐中納言様御逝去御到来に付、三日音楽停止、糸姫様御縁談有之候故也

三月廿五日、侍従様御帰国

三月六日、大雨に候所、博多浜口町浜出火、三軒焼失

三月、明石善大夫女離縁願相済

四月、笹栗者共長崎御番所飾り大火縄七十把、臨時上納被仰付る

五月、中西源三郎御納戸勤再勤、与九郎と名被下る

五月、御飛脚到来、世代姫様当二月より御懐妊、当月御着帯の段申来る

六月五日、久野善兵衛殿隠居被仰付る、跡役立花弥兵衛〔城代頭〕

六月十五日、少将様七十御年賀御祝義御附中御肴進上仕る、同日於御居間御目見、御直御意、共後御書院にて御吸物・御酒・御肴頂戴、御老中より奥頭取迄御料理被下る

一只今迄月々御扶持方証拠文言、当八月分より書改候様に被仰付

案文

明和九年辰八月分御扶持方米請取証拠の事

一米何程　　何某組

七月何日前月請取日書事　　何某

御蔵奉行当る

安永改元

一当暮御切米請取も頭宅渡り、右同断認候事
一年号改元安永元年

御構頭取支配

十二月朔日、笹栗者共五人より大火縄七十把指上る、但一尺二寸、さし渡太さ三寸廻り
十二月、城代頭支配被放、御構頭取支配被仰付る

隼三郎御誕生

十二月、於御錠内隼三郎様御誕生、御母江戸人お専殿

安永二年

安永二癸巳　六十歳

正月元日、少将様御附人中、御礼御熨斗頂戴

治之公水疱

一侍従様去冬より水疱御煩被為遊候、当六日に御湯被為引候、年頭御礼式八日より初る

年始新式

正月八日、侍従様御全快御礼被為請候、御盃被下、当年始新式地の御礼初る
正月十五日、御内所様松囃子御覧、如例年寒風雨

御構にて芦屋役者
歌舞伎

正月十八日、御構にて芦屋役者罷出、歌舞伎有り
同廿日より御内所様御病気、床に被為付候、其後少御快に候へ共、御不同御座被成候、三月廿
八日御床上け

城代頭支配

三月五日、頭取支配御免、又城代頭支配に相成る
三月、笹栗一党五人青銅三百文宛り頂戴被仰付
三月廿四日、御父子様御対座にて弾馬御異見、彦左衛門より段々申聞、暮及御礼に被上候

吉田弾番当職御免

同、弾馬当職御免、中老上座被仰付、父久兵衛領地御結ひ八千石被下、同日父久兵衛隠居扶持

弾番御暇、屋敷城外通丁角

吉留留吉東長寺出家（のち香椎宮座主坊護国寺智宏）

御内所様お薬掛り勤む

御内所様逝去、葬送掛り勤む

五十人扶持被下る

三月廿七日、西町嘉平と申者召抱、時助と名付る

閏三月十二日、野口八郎左衛門母死去、某忌半減十三日の昼迄也、円応寺葬

閏三月十四日、弾馬御暇被下、新矩に弟斎藤杢悴安吉〔吉田経年〕に五千石被下、中老に被指加る、屋敷城外通丁角大音彦左衛門屋敷被下、父久兵衛隠居扶持被召上候て、改廿人扶持被下る、跡屋敷大音彦左衛門に被下る

五月、お重宮崎春沢方へ再嫁仕る

六月六日、吉留留吉於東長寺出家、東長寺院家剃髪英存房堅学と改名す

六月七日、妻勝流産仕る

去月廿四日、侍従様御弟釜三郎様御逝去、御到来六月七日有之候、今日より三日作事止、五日音楽停止、勤休共御機嫌伺ひ有之候

六月廿四日、土屋音人婚礼、同姓宇兵衛女也

六月廿六日、夜役所より九つ頃、御内所様御勝れ不被遊候故、早々罷出候様に申来る、即束罷出候所、一番出仕候頭山作兵衛・拙者両人御薬掛り被仰付、夜中独参湯《どくじんとう》御薬共に追々煎し上る、御内所様廿七日辰の上刻御逝去被為遊候

同廿七日、午時頭山作兵衛・某両人御葬連掛り被仰付る、即束認へ相仕廻、帯屋吉兵衛・万屋藤三郎に諸事納め申付る、夜に入両人共引取、同廿八日六つ時罷出、明廿九日少林寺に御入寺の筈に候所、昼過頃今夕御入寺の儀被仰出、作兵衛即東御寺に参り、入用の品々しらへ申越す、某御構より相認遣す、七つ頃貝桶御為持被仰出候間、俄に外郭申付る、同夕六つ上刻

小林寺葬礼

継高公京都鷲尾大納言への御使者勤雇い大文字屋

口上書並病中容体書

少林寺御発駕、同夜泊り、廿九日朝帰り、即束仕廻罷出、御葬送来月二日に手当仕る、御寺に引越詰居候、三隅弥三右衛門・中村利七・能美治兵衛、同朔日、右同断

七月二日、八つ時少林寺にて御葬礼、御位牌三隅弥三右衛門、御刀増田儀右衛門、御脇指舟橋源内、御香爐安見市郎大夫、御香合能美治兵衛、七つ半時相済、奉号昭月院殿皎誉鏡円大姉、直に寺に残り、作兵衛両人にて御道具引渡す

同三日、御逮夜御法事、八つ頃罷出、作兵衛両人相勤る

同四日、一七日御法事、七つ時より罷出、御法席詰仕る、同役、御医衆詰方願にて罷出る、御法事過詰方仕居候所、九つ頃御構より其所指置、早々出構候様に、中村利七交代に罷出候筈の由申来候間、早々出構候所、鎌田八郎兵衛〔御用聞〕・伊藤弥五左衛門出席、来る十日京都御使に被指立候間、早々相仕廻候様に被仰聞

同九日、仕廻申上候所、表御殿に罷出候様にとの儀にて、立花小左衛門〔納戸頭〕殿、此節少将様より御やとひ被遊候て、鷲尾大納言様へ被遣候、仍て御目録銀三百目拝領被仰付候、此節大文字屋同船被仰付候、同人不仕廻候間、来十三日乗船候様に名嶋町越後屋、大文字屋旅宿仕居候間、罷越面談仕、同十二日出殿候様に申来候間、於御隠宅、平馬〔郡英成・隠宅付家老〕殿御逢被成、苦身の段被仰聞、小左衛門殿より委京都勤方被仰聞、御口上書並御病中御容体書、御医者付被相渡、並少将様被進御目録等請取、御進物品並御遺物は直に御舟方渡に相成候様に八郎兵衛殿申出候所、御詮儀の上御舟方渡、直に大坂御蔵本届け、京都御蔵本へ送りに相成候、於御構お捨殿より弥五左衛門殿列座にて御内所様御遺残銀の由にて銀二枚被下る、文箱・御遺物帳弥五左衛門殿より御願にて諸左衛門殿文箱請取申候、又々大文字屋不仕廻にて十六日乗船に相成候

同十一日、尾張中将様御逝去御到来に付、今日十一日一日作事・音楽停止五日被仰付る
一御内所様御逝去、普請止一日、音楽停止三日、御構付月額一七日

波戸場乗船

安永二癸巳七月十六日、七つ半時徳寿丸百五十石波戸場より乗船七つ半過時、大文字屋六つ過時乗舟
同十七日、暁同所出舟、五つ頃志賀着舟、同所揚陸社参、嶋中見物、西北風強大進にて同夜六つ頃長門国赤間関に着舟
同十八日、風悪敷同所滞舟、同十九日下関出舟、田の浦迄参候所、俄東風吹出、雲行悪敷、又下関に漕返し滞舟、同廿三日に又田の浦迄出船、天気悪敷夜迄同所に掛り、夜に入又下関に帰舟
同八月四日迄下関に掛る、〆十七日、同五日同所出船、豊後〔周防〕室積迄参る
同六日、未明に室積出舟、上の関迄参り滞船
同九日、上の関出舟、家室迄参り、同所に同十四日迄滞舟仕、十四日暮頃伊予国津和迄参る
同十七日、津和出舟、竹原迄参り掛る、同十九日竹原出船、高崎迄参泊る
同廿日、同所出船、無風漸々只海〔忠海〕迄参泊る
同廿一日、出舟、口無岬に泊る、阿伏免《あぶと》の観音参詣、絶景無類、暫休候いぬ
同廿三日、阿伏免を出て仙酔嶋に掛り、鞆に揚陸、終日見廻り、七つ頃帰舟、七つ半頃又上の山に登酒呑、夜四つ頃挑灯に道を照し帰る
廿五日、鞆を出、備中を過、備前国屏風泊りに掛り、同廿七日同所出、蓬崎の塩屋に同廿八日押舟にて牛まと迄参る、揚陸方々見物、暮頃帰舟

難波安治川着

上立売屋敷

鷲尾大納言罷出

同廿九日、昼頃同所出舟、室迄参る

九月朔日、播州室出船、裏明石に泊る

同二日、同所出、一の谷迄参候所、碇引切向潮に流れ、高岸に沈付られ漸々明石の波戸に入、夜に入大風

同三日、同所出船、暮に及摂津国難波津安治川に着

同四日、上乗船にて大坂船場梶木町御霊筋大文字屋喜右衛門か家に揚る、同九つ過相仕廻候て

中の嶋屋敷

中の嶋御屋敷に罷出、番藤左衛門・沢木五郎右衛門に逢候て、付衆古屋十蔵に参、御目付中村加兵衛に参、七つ半過頃川舟に乗、暁七つ頃伏見越前屋平左衛門方に着、六つ頃相仕廻候て竹田通京都に入、上立売御屋敷に着、高屋藤兵衛方に着、同人方にて夕認め、七つ頃御長屋に移る

九月六日、藤兵衛より鷲尾大納言様・同中納言様御案内申上る、明七日御使相勤候様に申来る、増見殿・田口殿案内候所、明日御使者断申来る

同七日、四つ過罷出る、若党二人・挟箱持一人・鑓持一人・合羽籠持一人・御道具持四人、右相渡る、鷲尾大納言様罷出、御玄関御案内申入る、取次罷出候て承継引入、使者間に通し置、雑掌中山壬生様罷出候て御口上承り、追付たはこ盆・茶出る、壬生様罷出、書院通候様に申案内、大納言様御逢可被成由にて御目見仕、御直に御念比〔懇〕御意、其後御内所様御病中・御逝去の次第委御尋、暫御前に居申、来る十日に又罷出候様に御暇被下、御書・御遺物・届状等壬生様に相渡す、夫より鷲尾右兵衛佐隆建卿に罷出る、次第大納言様御同前、直に御返言被仰聞、雑掌中山監物

同八日、広橋中納言伊光卿御裏世代姫様に罷出候、早川兵蔵木屋に参、同人同道御殿に罷出、庄野半大夫・岡本権右衛門・青木春沢・藤井新九郎対面、半大夫殿迄御口上申上候所、御錠内に罷出候様に申来る、兵蔵案内罷出る、浜川初め惣女中出逢候て、国許の儀御尋、御上も四の間に御出候て、浜川を以様々御尋事有之、御吸物・御肴・御酒被下、其後又御錠内召候て、八つ頃迄居申、御暇申上候所、夕認め被下候由にて、出来合御料理被下、七つ半頃御暇申上候所、夜に入候ても不苦敷由にて、六つ時迄被召置、又々罷出候様に、其時御返言可被仰由にて引取、半大夫殿・権右衛門長屋に見廻、其後御錠口長屋に参候所、池田重兵衛病気にて臥り居候、筒井亀右衛門・高野儀右衛門逢候て夜食出る、其後両人は他行、末永七郎大夫同道にて寺町筋夜見せ見物、四つ半過上立売に帰る

同九日、大雨、四つ過時公家方御参内帰り見物に、内築地公家門辺に罷出る

同十日、四つ頃鷲尾大納言様罷出る、即東壬生様罷出、遠路苦身に思召候て、大納言様より御料理被下候由にて料理出る、其上御書院被召出、御次中英〔央〕迄罷出候所、是非近くと被召候故、壬生様召候所迄罷出候様に指図に付、次第に指出候所、御敷居際迄被召候て、御直答被仰聞、其後委き御挨拶、少引退御礼申上候所

御式紙二枚　一枚九条様・一枚平松殿

御たはこ入二つ

御菓子品々

右頂戴被仰付る

直に室町増見殿参る、田口殿同所に参被居、式台迄迎に被出、増見殿出会様々物語

村雲御所（近江八幡市・端龍寺の別称）

前酒　本膳二汁五菜　肴七種・餅菓子・干果子出る
七つ頃引取、夕飯後藤兵衛同道にて北野天満宮・平野参詣、夜に入貝川茶屋に参、夫より七軒揚屋に参、夜九つ頃帰る、右留主に鷲尾中納言様より御使者にて御宸筆二枚頂戴被仰付る
同十一日、四つ時中納言様御礼に罷出、直に丸太町広橋様御裏世代姫様罷出る、又々御留め被遊候故、末永七郎大夫、京表見物仕らせ度浜川迄申上候所、御暇被下、九つ過時同所より供返し、七郎大夫同道にて下御霊草堂・本能寺・誓願寺・三条小橋瑞泉寺・三条大橋渡り、四条川原芝居少見物、八坂祇園参詣、二軒茶屋にて夕認め、清水坂下・坂上にて焼物調、三年坂子安塔・経書堂・車宿り馬止地主権現・田村堂観音参詣、音羽滝に下り、五条坂より祇園町見物、縄手川岸蛍茶屋・二条川原三本木夜店見物、丸太町に帰り夜九つ過御屋敷帰る
同十二日、帰国仕廻仕候所、田口殿より使にて、村雲御所より御香奠御菓子、糸姫様へ被進頼来る
一増見殿より　肴一折　細工物壱包送り来る
一田口殿より　八丈嶋一反送り来る
一糸姫様より　御細工物　御菓子被下る
一大文字屋より　琥珀帯一筋　肴一折来る
一扇子一箱　早川兵蔵・末永七郎大夫・池田十兵衛より来る
一右の外、末永茂大夫・森田源八・小人曾助・有吉七蔵・脇山只七種々音物有り
一丸太町女中　細物種々　御茶の間より種々送り来る
一高橋七大夫より昆布等送り来る

船場梶木町大文字屋

大坂立証拠

一高屋藤兵衛より茶其外、色々送り来る

同十三日、朝七つ時上立売御屋敷出、大仏通り三十三間堂・耳塚見物、深草通り、藤の森大津に出、四つ過時伏見越前屋平左衛門方に着、調物等致し認め仕廻、八つ過時川舟乗下る、淀大橋・小橋・桂川・一口醍醐・鶯か峯・鴨川・宇治川・桂川、木津流れ一つに合て淀川に浮ひ、狐川・八幡・山崎・水瀬川・関戸・八幡山・鵜殿・桜井・木枯森、神牧・葛葉・飯盛山・天川・交野・枚方詠め遣り、夜五つ頃大坂船場梶木町大文字屋喜右衛門方に着

同十四日、五ツ時御屋敷出、番藤左衛門・沢木五郎右衛門に参、古屋十蔵対面、宿に引取居候所、徳寿丸末川口に居候間、早々乗舟候様に申来り、舟より船手十平迎に参候故、即束仕廻候所、九つ過古屋十蔵より餞別送り来り、沢木五郎右衛門・番藤左衛門より京・大坂立証拠送り来る、七つ時上乗舟乗、夜六ツ過時安治川口本舟に乗る

同十五日、日和悪敷、今日四つ時川中より川外迄出、七つ過時順風にて須磨浦迄参る、同十五日須磨出舟、室に着、泊る、同十七日、六つ過室出舟、出崎迄走り雨降来候故、出崎沖掛る

同十八日、同所を出、下津井に参り泊る、同十九日下津井出舟、児嶋・弥高山・藤戸・水嶋・笠岡・との嶋・岩城・鞆を過、廿日、寅刻上の関に着、同廿日六つ過時上の関を出、雨天に成、久田摩・宮の洲に掛る

同廿一日、六つ半頃宮の洲出舟候所、風悪敷宇津木と言所に掛る、夜中より風能成り宇津木出舟、向嶋・中の関・大海・木竹嶋・花香・岩屋走、大海の地方塩屋と言所掛る

同廿二日、夜六つ時風直り、新泊り陶崎走、同廿三日夜前陶崎出、叶の浦出、終夜走り、廿三日四つ頃下の関はなくり落、夜八つ過時大里を過、芦屋・あいの嶋・地嶋走通り、暁方玄界

波戸場着舟

継高公居間建替普請請持

御内所様御殿、少林寺拝領

御番入

安永三年

嶋着

同廿四日、玄界を五つ過時出舟候へ共、風なく押舟にて八つ過時波戸場に着舟す

同廿五日、出構、御返言小左衛門殿に申上る

同廿六日、出構申来る、平馬殿御逢被成る

九月廿八日、侍従様江戸御発駕、十月四日御渡海、六日に御祝儀に出

十月朔日より少将様底伊野御滞座

十月朔日、御用に付同役中罷出、於御隠宅、平馬殿此節少将様御構御居間御建替に付、御普請中念入請持候て、見繕候様に被仰渡る、只今迄少将様御居間通り、御廊下筋迄解崩し相成る、御内所様御殿、御倉礎石・植木・屏道具迄一切不残御畳迄、少林寺拝領被仰付候事

十月六日より御番入仕る

安永三甲午　　六十壱歳

正月

二月十三日、木牧済庵悴出生、元吉と名付く

三月五日、午日御構中門にて馬沓一足見付る

四月、少林寺に居候小者召抱候所、老人にて役に立不申暇遣す

四月、片江村吉平と申者召抱る

四月初より明石善大夫娘専、召連罷出る

護身法伝授

四月十五日、善大夫家内同道にて、お勝初て宰府参詣、打かへ見付る
四月廿一日、西光寺堅道法印より毘沙門吉祥天神受、並に九字十事護身法伝受請る
四月廿四日、中西与九郎悴出生、小次郎名付
六月廿六日、関岡清七連々病気の所死去
七月四日、四番丁にて甲虫捕る
九月、土屋音人悴出生、政吉と名付
九月五日、珠月恵玉信女十三廻忌、金龍寺法事仕る
九月朔日、少将様江戸御出駕被為遊る、同五日御渡海

秋月長恵公逝去

九月二日、甲斐守長恵公御逝去、御養子山崎主税之助御二男六歳被遊る、少将様御渡海後御披露、同十三日披露也
九月四日、夜博多須崎町火災一人焼死
十月二日、倉八惣右衛門入道不三死去、同四日金龍寺葬す
十月十九日、鷲尾大納言隆熙公御逝去、十一月四日御悪左右到来、即日一日音楽停止
十月十九日、吉留玄庵女出生、暦順玄庵と改
十月廿六日、夜山口三右衛門宅出火不残焼、但隣家無別条候

上方銀家中拝借
拝借御断申上

十一月、上方銀家中拝借、百石に付二貫目、廿年賦銀子下着迄銀札にて相渡、春に至銀子引替候事、某拝借御断申上候事

安永四年

安永四乙未　　六十弐歳

正月
二月九日、追廻〔空白〕悴虎蔵と申者召抱る
二月十六日、花心貞香信女石塔建
二月十六日、夜妻勝流産
三月、木牧道益一人扶持十五石御加増頂戴、四人十五石に成る
三月、少将様江戸より御帰座、於江戸御不例、次第御快江戸御出駕、又々御道中より御勝れ不被為遊候、四月頃少々御快御座被遊る、五月末より弥御勝れ不被遊、六月初より御大切に相及、六月十七日未明に御逝去某十六日泊り御番、御逝去の砌、殊外相働候事別紙に書す
同廿七日御隠宅御庭より御茶屋通り、御埋門通り、下橋に御出被遊、大名町・天神丁通り御通り崇福寺に被為入候、殿中勤面々、正大夫殿横上の御倉下に並座奉拝し、外様天神丁より須崎門迄に列居拝礼仕る、七月十四日御葬礼、同十九日より廿五日迄御法事、国々御代香有り、同廿六日・廿七日家中末々拝礼、寺社僧触頭計、廿八日町家者拝礼
十月、黒田家譜早鑑五巻述作成就、清書仕る
十月、功崇院様御遺髪、京都龍光院為埋納、崇福寺裏より御乗船、竹中伝右衛門〔馬廻頭〕・野田新兵衛・吉岡多膳・辻山弥二郎・大路六郎次・早川幸大夫御供

継高公逝去

殿中勤、外様

黒田家譜早鑑五巻述作成就

安永五丙申　六十三歳

安永五年

国中麻疹相煩

国中風邪

木牧道益、伊勢田改

大洪水にて田畠多損、百人余流死

正月元日、某病気、役所より相煩帰る、頭風漸く廿日に快勤
正月、母病気漸二月末より快
二月廿二・三日より藤太麻疹相煩
三月十七日より家代麻疹
一此頃一族中不残麻疹、市中在々に至迄国中上下都て家々相煩
一当正月中頃より国中風邪、上下老若疾病す
二月十日より谷町甚助と申者倅駒助召抱候所、十二、三日頃石川平大夫よりさゝ〔障〕はり、同三月
朔日暇遣す
三月二日より舟手源八二男岩助と申者召抱る
四月廿二日、明石善大夫女専死去
五月廿一日、木牧道益先祖二百年忌相当、遠忌法席にて一族申談、本名伊勢田相改、願指上候
所、今日願の通に被仰付る
五月廿三日、夜大雨雷鳴、同廿四日大洪水田畠多損、人流死御国中百人余、当四月初梅雨節、
上座川洪水田畠損多、又々下座・三笠・夜須・那珂・早良多損す
五月廿八日、田中治大夫父吉之丞入道九十一死去、大通寺
六月十一日、東権平婚礼妻家女、当二月廿二日母死去
六月廿四日、谷仲貞婚礼、家女也
六月廿一日、安見九郎大夫願の通隠居被仰付、倅左膳三百石無相違拝領、御馬廻組に被指加、
竹中伝右衛門組

七月四日、伊勢田済庵妻平産、女子出生、列と名付
七月二日、大風催様、東南草木痛む、朝飯後より吹出し七つ頃静る
八月七日、東権平妻安産出生、即死
六月十七日、功崇院様一廻御忌、於崇福寺御法会、十八日朝拝参仕る
七月、照福院〔養照〕様百廻御忌、於崇福寺御法事
八月十日、泰林院〔宣政〕様三十三廻御忌、同寺にて御法会
八月廿六日、祥福院〔照福〕様百五十廻御忌、円応寺御法事
八月十九日、侍従様長崎御発駕、同廿七日御帰座、外記〔久野一親、家老〕殿御供

家老年番交代

九月二日、御年番外記殿・伊織〔大音厚通・家老〕殿御免、内記殿・平左衛門〔立花増厚・家老〕殿被仰付
九月三日、倉八枕悟内室死去、同五日金龍寺葬す
十月廿二日、覚了院様十三廻御忌、於源光院御法会、侍従様御実父刑部卿様御事、音楽停止なし、亥十二月廿二日御相当也
十月廿七日、谷仲貞妻平産
十月廿四日、廿三日より吉留玄庵女疱瘡

安永六年

安永六丁酉　　六十四歳

二月、倉八枕悟嫡子遊五郎死去
四月十五日、中村六兵衛妻卒中風、同十七日死去、同十八日正光寺葬送、号弘誉真誓信女

対馬小路星落

銀奉行私欲

遠島

志賀島三五二軒焼

道益四男衛士養子願

五月十八日、明石善大夫悴忠右衛門、村上弥右衛門女縁談相済

四月十八日、御加子徳兵衛長崎番帰り、須崎浜にて入水死相果る、岩助伯父故、代人に相立候故暇遣す、五月二日組入仕る

六月十一日より御山下者千次召抱る

五月九日、博多対馬小路留山屋裏に星落、石と成る

四月廿九日、御銀奉行小林武助私欲、百貫目有之候、露顕に付、小川権左衛門に御預け、同役三宅孫大夫甥佐谷金大夫御預け、両替所川崎屋、同手代入牢、親妻子御預け

同小林武助小呂島遠島、三宅孫大夫半減、百石被下る、武助悴五里四方追放、川崎屋永牢居、親忠兵衛家二軒上納、残銀米拝領、居住町計追放、妻子下人御免

六月十七日、功崇院様三廻御忌、於崇福寺御法会、十八・九日諸士拝礼、先年遠島被仰付候有井丹七、自姫嶋帰島捨扶持二人、藤野軍平自殺、跡悴〔空白〕三人扶持頂戴、盗人五人追放

六月十二日、志賀嶋大火三百八十軒の内三百五十二軒焼る、御宮下廿七軒焼残て、末社は焼不中、奇代の珍事成り、初東風後南風大風也、鍛冶屋より出火、風呂屋姥一人焼死

六月廿六日、夜倉八権平、数馬〔浦上正昭・家老〕宅にて拝祿の内、廿石減知被仰付、百八十石に成る

六月廿七日、明石善大夫出福願加藤吉左衛門殿指出す、七月二日御月番伊織殿御請取、七月十七日願の通被仰付旨、肥塚金蔵より申来る

八月廿日、伊勢田道益、追廻柳原八尋久右衛門屋敷拝領被仰付る

八月十日、道益四男衛士養子願、立花弥兵衛殿指出候所、同日美作〔黒田一庸、家老〕殿御請取、同九月五日願の通内記殿より被仰聞、道益病気、松本道伯罷出

隼三郎公逝去

治之公婚礼

安永七年

九月十三日、道益柳原屋敷移徙仕る
九月十五日、道益父子三人初て罷越す
八月初、明石善大夫出福、村上弥右衛門方縁談、離縁にて帰郷
八月十二日、加藤吉左衛門殿より呼参、罷出候所、善大夫引越願延引願指出候様被仰聞、同十五日願指出候所、同廿一日案文被指越、如此書調持参候様、同日当番故、暮及詰所持参被請取、同廿五日願の通延引、美作殿御聞通り相済候旨申来る、同廿七日御礼罷出、廿七日忠右衛門出福、右申出御免
九月廿五日、隼三郎様御病気御養生不為叶御逝去、同〔空白〕崇福寺に御移座
十一月五日、夜糸姫様御居間下、狸子入居候故、有田清助罷越、弥助・伝作に為執申、又客部や下より一つ、おかや部や下一つ、以上三つ捕申候
十一月五日、中村六兵衛悴孫三妻、富永甚右衛門組貝原兵吉妹来る
十一月廿八日、榊原様御姫様、桜田御屋敷御引越、十二月朔日御婚礼、同六日御聟入被為済候
十一月廿九日、通丁長浜宅焼失
十二月、にこり池御側筒〔空白〕宅焼失
十二月、又之進殿宅出火即束鎮

安永七戊戌　　六十五歳

正月十一日、関岡久次、去冬関岡勇吉死去に付養子願出候所、今日遺跡拝領被仰付る

御構歌舞伎

継高公室圭光院逝去

赤穂精義内侍所写初

津屋崎四十軒焼

大西片原町三十六軒焼

付火

二月十日、博多伊勢田済庵方盗人入込、大小五腰、羽織・鼻紙入等の品迄盗取る

二月十日、権藤伊右衛門娘出生、おはると名付

二月十三日、御構歌舞妓有之

三月四日、衛士大小調遣す

三月廿六日、月峰妙桂信女三十三廻忌法事、於金龍寺執行、昨廿五日夜法事、西川道叔より執行仕る

四月朔日、山鹿村より明石善大夫出福、桝木屋丁原〔空白〕借宅移徙

五月十七日、於江府桜田御屋敷、御満衛様御逝去被為遊候旨、五月晦日夜到来、六月朔日より御服忌被為請候、家中格式処功崇院様御逝去の通

六月十九日より同廿一日迄初御法事、委記別に書故略す

五月廿九日、倉八権平、野間兵左衛門女縁談願被仰付る

六月四日、東権平妻平産、男子出生、八太郎と号す

五月朔日より赤穂精義内侍所四十二冊写初、七月廿七日成就、表紙掛出来

当春以来、日毎出火数多故、委別記に書略す

正月二日、津屋崎大火四十軒余焼

正月十日、大西片原町大火三十六軒焼

正月、名島町二軒焼る

正月、赤坂出口荻野安右衛門宅垣付火　正月、谷千代平四郎出火

正月、赤坂庄野半大夫宅三度付火　正月、浪人谷付火

正月、薬院出口米屋付火　山内仁大夫宅付火
正月、地行早川又吉宅付火
正月、柳原野村六左衛門長屋付火
正月、杉土手鳥居左膳長屋焼失
二月、同所和田条之助門焼失
二月廿二日、飯田孫左衛門長屋出火
七月四日、京都頭分高畠又左衛門淫乱に付御呼下下着、御用聞木村太仲同罪に候へ共、御呼下に不及、頭分大坂聞役高屋佐治衛門より助役相勤る
七月、当二月流舟長崎送り参候足軽頭久世半七・坂口左一郎、中国士毛利長門守御家頼喧嘩仕出し、丸山にても町家喧嘩仕、隠居候所、此節中国御弔使噂にて露顕、江戸にて宇野作兵衛、浦風と申女不儀、浦風御暇被下候
七月四日、当春江戸御供御傍筒頭荒木才助、御目付毛屋万蔵新銀拝借不納、側筒頭高原次郎兵衛言上候に付、塞足被仰付る
四月廿六日、藤太先日より梅庵出福送り参、滞留仕参候て、五月五日転名改、惣髪仕候事
七月八日、朝中村六兵衛参、縁に腰掛居候所、塞き手水石上倒、怪我仕候
七月十日、昼過より大風、東風より北に廻る、七つ半過相止、又夜半より吹出し大雨、十一日終日雨天、十二日より晴天、風中より軽し
明石善之進防州家室にて破舟溺死、留主居、歳久丸十八丁、右の外加子二人、水夫一人以上五人死す、明石善之進跡、伊藤辰之丞弟に被下る

藤太（大三郎）、転と改名、惣髪

明石善之進溺死

荒木才助・毛屋万蔵十日頃より塞足、高原二郎兵衛・永野三四郎遠慮
閏七月廿二日、中西市大夫後室死去、同廿四日、香正寺葬蓮、号貞楓院節信日遠大姉
同廿七日、浜新倉棟上け
同廿七日、田中治大夫後妻死去、同廿九日大通寺葬送

古今物語写

閏七月廿八日、古今物語写成就
閏七月廿九日、藤田善十郎伯母〔父〕貫源兵衛死去、同晦日香正寺葬蓮
閏七月、金龍寺妙因恵玉墓銘朱指、しつらい仕る

大風雨、大破損

八月八日、大風雨、田畠・居宅・大木倒大破損
九月廿六日、中西孫三娘出生、秀と名付
十一月四日・五日、東北家ふき替、かや二千四百把にてふく、七人にてふく
同七日、部や北方ふき替二人
同八日より木屋普請、同十七日迄に成就
十一月朔日、御切米勝右衛門請取遣す、最初三十一匁六分迄仕る、段々直段下る
十一月十一日、明石忠右衛門、筒井藤九郎女縁談相済、聟入仕る
十二月、御切米三十俵廿八匁に払

孝姫出府御供御免

十二月、来春孝姫様御出府御供、老年罷登かたく、作兵衛を以次左衛門殿・藤左衛門殿に申出、
平馬殿御聞通り御免被仰付る
八月五日、恵玉十七年、同九月五日、妙因廿五年、金龍寺にて法事仕る

改勤褒美

安永八己亥　　六十六歳

正月八日、伊勢田済庵三男出生、元吉と名付
正月十四日、宮崎格庵夫婦出福、同廿四日に帰る、鐘崎屋作二郎同道
正月廿八日、谷田端北村作右衛門宅出火、即束鎮火
正月晦日、同役七人、忠太・茂七・孫八名残見立招請仕る
二月七日、妻平産仕る
二月廿二日、岡部利兵衛女出奔届に付、弥兵衛殿に指出仕る
同日、岡部新七女多々良村源内方縁付、同今平女土居村藤二郎方縁付仕候に付、払証拠指出す
三月十五日、御切米廿六表二斗五升二合払、廿七匁六分宛り
四月朔日、去々年改勤御褒美、同日姪浜御出御供に付、有村半右衛門名代願
同二日、東馬殿〔野村祐勇・家老〕に御礼罷出る
三月、公方儲君大納言家基公御落馬にて崩御
四月、伊勢田済庵、博多屋敷同町上に住替引移る
四月廿八日、藤田善十郎女かね付初、老母道具所望に付、品々遣す
五月朔日、善十郎姑女貫源兵衛妻死去
同月、同人二女死去、六月又女出生の由
五月、杉土手町和田条之助宅付火、即束鎮火
六月十二日、三木梅軒参宮出途仕る

厚姫名島社参御供
厚姫より郡内縞頂戴
伊勢田道益新知百石
織物拝領
御勤御免・休に相成

六月十二日、二番丁肥塚専大夫宅付火
六月、厚姫様香椎丸にて名島御社参、御供参る
後八月朔日、厚姫様江府御立、御餞別郡内縞頂戴、同御吸物・御酒頂戴
前六月十八日、伊勢田道益新知百石頂戴被仰付る
八月三日、三木梅庵女統代死去仕る、同十三日到来
八月九日、厚姫様御機嫌能江戸御発駕
同日、御跡移にて御織物拝領被仰付る
八月廿七日、板付自慶死去
九月四日、御構御立跡相仕廻、御普請方引渡相仕廻、頭衆宅引取
九月廿四日、御勤御免内記殿被仰渡、休に相成、同廿六日喜多村弥二兵衛殿組に相成、面会に罷出る
九月廿五日、侍従様江戸御出駕被遊る
九月二日、転、手野村に罷越弔並梅庵病気故、権平同五日より参り、八日に両人共帰る
十月廿日より英存坊勧請に東長寺参り、十一月七日に勧請打申由
十一月朔日、中村六兵衛身退願指出、同七日、悴孫三代人御番方組被仰付、同十五日より御番入仕る
十二月、中村六兵衛極老迄相勤候に付、悴孫三御呼出、青銅三百疋頂戴被仰付る
十一月朔日、御切米勝右衛門請取遣す、同十二月二日、廿四表二合相払、廿二匁八分、当年九月朔日より廿四日迄、役料日継壱斗七升三合相渡、勝右衛門請取遣

水災除米返す

安永九年

母八十八寿算祝

十二月廿日、頭呼出、当年水災除米御返し被仰渡る

十一月、笹栗、岡部民次、多川弥蔵女召連出奔、宿に帰る

安永九庚子　六十七歳

三月十九日、梅庵出福、不幸後初出福、同廿九日帰郷

三月廿一日、侍従様江戸より御帰城、道益御供帰宅

四月十八日、母八十八寿算祝儀、祝義歌・俳諧余慶集る

自製　八十八とせも　国栄ふる老竹の　桝かき歌

よゝ永かれと　君にさゝけん

君か為　末永かれと　よるいとは　糸の歌

八十八とせの　うはか手つさみ

客中西与九郎

吉田鳶遊　断　関岡茂八　伊勢田道益　断　渥美養律

権藤伊右衛門　断　板付次右衛門　同　済庵　古谷喜助

明石善大夫　西川道叔　同　蔵八　茂八母儀

藤田善一郎　断　吉留玄庵　東　権平

十九日

入江良作　南川卯蔵　庄や六右衛門　頭取半六

中村孫三　吉川兵右衛門　組頭小七　岩助
山路小右衛門　右の外女中廿九人
大神東作
此後迎候客は略す
四月晦日、母腹通し不快、大切に候所、七月初より全快
六月朔日、蔵八、大鶴只右衛門養子願被仰付、栄八と改
七月十七日より母又腹通し病気
七月五日、小雨降、旱故田畠焼候所、同廿五日少雨
七月廿六日、大鶴只右衛門女急死仕に付、明廿七日栄八出会相止
九月廿三日、夜大西安田源助門出火、即束鎮火
九月廿一日、夜吉塚町出火、五軒焼失
九月十五日、長崎御出駕、同廿五日御帰城
九月廿六日、長崎上使福岡通り御出

中洲畠相撲興行

九月廿八日より中州畠にて相撲興行初る、大当り仕、十月十七日右芝居所焼失
十月八日、奥之允縁組願、尾崎才八に被仰付る、同十九日双方出会
十月廿七日、夜二番丁木村暦庵長屋出火、即束鎮火
十一月、禁裡御即位御使者、加藤半之允〔中老〕参候筈の所、祖母死去に付矢野六大夫出途
十一月十六日、立花勘左衛門〔中老〕江戸詰出途、月成茂左衛門に交代
十一月廿一日、安見左膳御小姓被仰付る

十二月十一日、大鶴只右衛門、道益方出会
十二月十八日、長刀一振廿五匁調る
落三月、脇指一腰三十八匁調る
九月廿三日、明石善大夫孫女出生、竹と名付
十二月廿七日、松隈長大夫長屋・寺嶋安平長屋指火、大雪故即束鎮火

天明元年

安永十辛丑年　五月改元天明号す　六十八歳

正月廿七日、和泉守刀調る、代百拾五匁、油屋勝次買上取置
正月十七日、道益隠居願指出す
正月、職人町出火
正月、前原大火四十軒焼、同夜姪浜塩屋出火

前原大火四十軒焼

正月廿三日、杉土手井上六之允塀付火
正月十四日、矢倉門出火二軒焼、同廿四日中庄貝原吉助宅付火
同廿五日、姪浜・野間町出火
二月五日、筑後柳川大盗人捕る
正月廿八日、権藤伊右衛門次女出生
三月六日、道益願の通隠居、悴済庵即日奥御医師被仰付る
四月十四日、転入牢由、即日入牢仕る

長崎鉄炮火通

笹栗山震動、岩飛・田地崩

高汐、湊町など二尺余上る

治之公逝去、披露無

四月、奥之允、尾崎才八離縁願上る
三月、長崎御鉄炮火通、正月十日立面々帰国
閏五月十五日、笹栗より吉大夫・今平両人罷出、当月朔日より山震動、同三日大雨、岩飛水漏
出、田地崩候段申出る、絵図仕罷出候様に申付る
同十七日、新七・吉大夫右絵図認め持参、喜多村弥次兵衛〔無足頭〕殿に召連罷出横折指出
同廿八日、願横折、先祖以来次第委敷認め、出候様に被申聞、同廿九日指出
六月五日より衛士痢病
六月九日、倉八枕悟死去、同十一日金龍寺葬
六月十日、豊嶋宅右衛門妻死去、勝立寺葬
六月十二日、中村六兵衛死去、十三日正光寺葬
七月三日、大風、初東風其後北に相成、夜に入西に成静る、終日吹く
七月五日、夜五つ時高汐、米田橋、湊町地より二尺余上る、梁破魚逃る
七月廿二日より侍従様腫気御煩、同月末より痢疾、八月初より又御腫れ、八月十日過より鱸道
育御薬上る、十三日より小野春泰、両匙にて上る、同廿日頃より御大切被為及、同廿一日暁
方御逝去、披露無之候、同廿三日御入棺、同廿六日浦上数馬江戸大早出途、同廿七日大音伊
織出途
八月廿八日、中村孫三妻死去、同夜大通寺葬る
九月朔日、安見左膳来る十八日江戸出途被仰付る、二日三日にかけ追々大早立
九月三日、櫛橋久左衛門〔無足頭〕宅に呼出、笹栗者共御書付渡、同六日今平罷出御書付相渡

笹栗年貢御免

又八（京極壱岐守弟）養子願

治之公逝去披露

九月十二日、済庵江戸被仰付、同廿二日出途仕
九月十七日、喜多村弥二兵衛殿早使江戸出途
十月七日、当時請持頭筑紫四郎兵衛〔無足頭〕より明八日呼出、某昨日怪我仕候段申出候所、名代指出候様に、同八日八つ時明石善大夫罷出候所、笹栗十平女立花弥兵衛組川嶋惣八と申者妻縁願出候間、早々願指出候様に、同日薬院小姓町勘作と申者、十平悴元次同道にて参候て縁談の儀申候、同十二日、善大夫右横折持参にて相済
十一月廿四日、笹栗より吉大夫罷出候て、年貢御免、当家方相知不申様に申来候間、同廿六日入江良作呼、様子承候所、裏判所届無之相済不申候旨、同廿九日四郎兵衛殿書付持参候所、明朔日より久左衛門月番に候間、可申談由、十二月十二日久左衛門殿より相済候由手紙来、即束礼に参候
十一月廿日、又八様御養子願被為上候、祝儀出
十一月廿八・九日、御機嫌伺ひ出殿、御帳に付
同廿一日、御逝去披露有之候
月代　御中陰中五十日　店止二七日　振売一七日
山海猟　一七日　作事二七日　但職人宅細工は一七日
音楽　御中陰中　半礼・無礼・嫡子三十五日
国中諸民月代三十日　御扶介在町浦人三十五日
十一月廿六日、御門より城内上橋通、大名町より天神丁、崇福寺御入棺、大組天神前、其以下天神町に烈居拝礼、九つ時曇、御通駕砌より雨天、博多御入辺より大雨と成

追廻馬場頭焼失

付火多、両市中立番

天明二年

同廿九日、御葬蓮式被行

十一月十一日、頭々宅御呼出、侍従様御大切に御座被為遊候て、京極壱岐守様御舎弟又八様御養子御願、去十月十九日被指上候旨被仰聞

十二月九日、崇福寺拝礼罷出る、昼後雪降

十二月十九日、早朝未明に追廻馬場頭不残焼失、宮川孫左衛門迄にて止、同夜追廻新屋敷三軒焼失、清水・黒岩・周防

同廿日夜、三笠郡水城宿二軒焼失、同夜明粕屋郡塔原出火

同廿二日、怡土郡［空白］出火

同廿三日、牢人谷筒井藤九郎屋敷付火、即束鎮火、右の外所々付火多有之候故、両市中立番相勤、盗人数人召捕

九月廿八日、天下より橘隆庵被指下、十月朔日より六日迄御薬指上、御断、七日出途、拾万石御あいしらい也、手塚雪山来春迄残る

十月、座敷畳表替仕、打継勝手表替、上敷拵

九月、渋紙数枚拵る

天明二壬寅　　六十九歳

正月二日、去十二月末御尋の御奉書下着に付、同廿九日中西与九郎・平野文益両人右御奉書返上、今日早使出途

上の関破船、道具・金子二千両沈む

又八公養子願請取

正月三日、夜四つ過時より大風雹降
正月三日、去冬御備道具積込候御舟、上の関馬島にて破船、御道具不残沈み、御金子も二千両沈み候、乗組死人無之、同所より御傍筒三人註進に罷帰、上乗大塚六郎兵衛・坪田八大夫・其外御陸士・御弓・御傍筒足軽・舟方は同所に置候
御詮儀の上吉武勇助・大岡庄兵衛両人、陸傍筒・御足軽召連、中国路出途、御弓傍筒は同所より直に参候様に被仰付る
正月十日、今日崇福寺御寺詰面々引取、御阿古屋番家芸衆より勤
　於江戸肥塚金蔵死去に付、藤井甚太郎〔裏判〕俄江戸出途
正月十一日、組付面々、頭々御呼出、又八様御養子願、周防守様御請取被遊候御到来有之候旨被仰渡
正月十二日、諸士月代御免、又八様向後殿様と可称旨に候、御前様御切髪、寿光院様と奉号由、御触有之候、其後御寿号瑤津院様と被為改候由申来る
二月十一日、朝五つ前時頭々宅呼出
　十二月十八日、御養子御願書、久世大和守様御受取被遊候に付、同日正大夫御迎参候所、御料理被下、御先帰居候様に被仰付、同夕御馬にて札門より御入、同所飯田孫左衛門〔小姓頭〕御駕迎罷出、同所より御乗輿、御内証玄関より奥へ御入、段々数馬より諸役人御目見相済候由申被聞
二月廿六日、麻上下着用頭々宅御呼出、当二月二日御用番大和守様・又八様・御一類様御同道にて御出被成候様に、若御病気に候は丶、御名代被指出候様に申来候故、兼て被御頼置候京

筑前国拝領（治高と改名）

治高公初入国

極能登守様御同道、御名代は松平上総介様御出被成候所、治之公御遺跡拝領被仰付、松平御称号直に御名乗、御諱一字をも被下、御先代の通、長崎御番をも被仰付候旨、此節竹中伝右衛門〔大組頭〕を以被仰下候由被仰渡

三月五日、諸士麻上下にて御祝儀出、御帳に付

三月十三日、理道玄庵居士三十三廻忌、於大円寺法事、朝飯後参寺仕る

三月十三日、夜地行八木藤右衛門宅出火、不残焼候へ共、無類焼

三月十五日、中村秀宗旨判、伊崎浦判に入候故、家頼宗旨改払証拠指出す、尤浦庄屋人請取置

五月朔日、殿様御初入御帰城に付松原罷出、尤麻上下着用、善大夫同道、晦日より風雨強し、但御通駕間雨止、五つ時御入城被遊る

五月朔日、安見左膳・伊勢田済庵御供にて下着

五月五日、御目渡に出殿、善大夫同道大書院に罷出、六つ半時罷出候所、五つ半過時相済、尤染帷子麻上下寒気雨天、直に御月番伊織殿参る

落四月二日、梅庵出福仕る、鍋石・山鳥・千代鶴持参仕る

落五月八日、父大徹道悟信士五十廻忌相当候得共、御上御初入の砌可為存、三月廿六日墓湿〔漆〕くひ銘朱入仕、同日法事料二表代、五拾目寺納仕置、四月八日朝取越法事仕る、道益・梅庵・衛士・権平・某計参寺仕、七日昼女中、同昼過近所男、同夜同男子方、同八日朝昼にかけ家内に何も招請仕る

四月十二日、梅庵帰る

四月廿一日、本家ふき、同廿四日部や東、湯殿東南ふき替仕る、同廿五日煤払仕る

盃頂戴

大風、綿外畑物大損亡

大風雨、家屋・船々大破

地震

治高公逝去、披露無

世代姫逝去

五月十日、鯉花生もらひ申

一六月十六日・十九日・廿三日、御本丸にて御盃頂戴、病気にて不罷出

一此頃より殿様御不例

一七月十八日、西光寺院主堅道遷化、同廿日蓮葬九つ過時より初、暮切相済、御遺状有、浄真坊後住

一当正月三日、破損舟御詮議漸相済、舟頭小嶋〔空白〕壱石減禄、梶取手明二人御扶持被召放、乗組御叱にて相済

一当五月五日、大風草木枯る、同七日より晴る、綿其外畑物大損亡

一八月七日朝、衛士離縁の儀柳原博多申遣候、同夜喜助入来、所存申聞返す

一八月十一日、喜多村弥二兵衛殿に離縁願指出す

一八月廿日、大雨、初は東南風一先鎮り、西北吹出草木・家屋・船々大破、御館前大杉倒る

一九月五日、済庵方より離縁願出候故、御月番伊織殿御請取

一九月廿六日、山内助左衛門殿より願の通被仰聞、御月番御礼に不及候由

一九月廿日、昼四つ過時地震

一殿様六月中頃より御不例に候得共、六月十三日山笠御覧、十七日廿三日迄御本丸にて御盃被下候所、段々被為重、九月廿一日夜御逝去、同廿二日御家中御機嫌伺ひ無披露

一九月廿八日、外記殿江戸出途、同廿九日当〔東〕馬殿同立、十月朔日徳大夫殿

一十月朔日・二日、同廿二日大勢上中下江戸立

一十月九日、御飛脚着、九月晦日於京都世々姫様御逝去被為遊候、同夜より翌朝迄諸士御帳

損毛掛
治高公逝去披露
一橋雅之助養子願
（後斉隆）
東長寺葬

一十月十九日、又々御機嫌伺也
一十月廿三日、頭々宅にて損毛掛百石、七表余に候へ共、思召にて百石、二表余掛被仰付候由
申渡、直に数馬殿に御礼
一十月廿二日、又々御機嫌伺出殿
一十月廿四日、殿様御逝去御披露、一同夜諸士御弔、御帳に罷出る
一同廿五日、頭々宅にて一橋雅之助様御願被仰上候由被申渡
一同廿八日、頭々宅にて諸士只今迄の通、御奉公出精可仕旨、美作殿より御申聞、追て江戸よ
り被仰出候はんの由
一十月廿六日、藤崎権六来、御切米高書付来、指出調同人持帰り、一米四拾七俵九升九合
一十一月二日、同人請取帰仕る
一十一月三日、東長寺に被為入午時晴天御表御門より下橋被出、勤仕城内、諸士中天神丁より
須崎御門迄列居奉拝、今度は天神町・西大浜・須崎方下士
一十一月五日、於東長寺御法事葬蓮、奉号龍雲院殿徳巌道俊大居士、同七日より御法事、同十
三日御結願、十四日・十五日諸士拝礼、十四日に罷出
十一月四日、於江戸御願書、御用番御請取
十一月十五日、諸士月代御免
十一月十日、御切米廿表油屋に払、三拾六匁二分宛　代七百廿四匁請取
十二月、吸物膳十人前　四十五匁　黒重箱一組　三十六匁
食継壱つ　十二匁　椀四前　拾匁

右相納る〆百三匁

大黒銀質に取

十二月廿日、大黒銀拾二匁五分　拾七匁五分に廿九日切質に取、十二月分利上け有、請取、正月より利上なし

十二月、膳五前　丸盆二枚　重箱四段　盃一つ
めしつき一
右拾二匁五分質に取置、月切十二月利上有、正月より利上なし

十二月利上有

十二月廿九日、かうかい一本　片さし一本　絹切五尺
右五匁五分に質に取置、利上なし、惣て百三十八匁也

天明三年

天明三癸卯　七十歳

元日、天気暖、御祝儀帳に罷出

二日、頭呼出、御家督の被仰渡、七日・九日御祝儀出、七日に罷出

二月廿二日、御切米廿七表九升九合油屋払、三十七匁六分かへ、代壱貫目

養子双方合点

三月六日、関岡多右衛門入来、早川忠七悴重二郎養子、双方合点内済申談

三月九日、太右衛門方に十次郎所望の段参申入る

三月七日、頭呼出、長崎御請持御祝儀有、出殿御帳

三月十一日、西光寺に参、英存引渡面談、同夕権平同道、同人方引取

三月十一日、夜太右衛門入来、忠七方返事、並十四日双方願申談る

早川忠七倅十次郎養子願

料理頂戴触来

料理頂戴

三月十四日、朝喜多村弥二兵衛殿養子願指出、同日直に寒松院罷越、隠居面談仕る、直に太右衛門方へ参る
三月十五日、去年以来伊右衛門、与兵衛中絶仕居候故、同道仕、中直り
三月十五日、夜太右衛門入来、忠七方無滞、昨十四日願指出候由
三月十五日、御料理頂戴触来、即刻関杢次方に持参仕る、無足組廿三日三番座より初、廿五日廿七日迄
三月十九日、今日御月番伊織殿願御請取被成候由、弥次兵衛殿より申来る、同廿日右の礼に弥次兵衛殿に参、直知楽方に参申届る
三月廿五日、四つ半後御料理頂戴、清七・幸大夫同道、美作殿御礼に参る
三月廿三日、西川道叔死去、同廿五日夜浄念寺葬蓮に付参る
三月廿五日、晴天、御料理頂戴、二座目、四つ前時清七同道罷出る、道より池上幸大夫同道、仁右衛門殿御挨拶、帰美作殿に御礼に参る

御料理

たい　小皿　なら付け　たい

鱠　大こん　くり　しようか　きんかん

汁　塩鴨　いてう牛房　皮め大こん　しいたけ　青み

二さんせう葉　大皿切焼

家誉絹着用咎め

御法度背指控

覚悟書一覧

玄関塞

あわひ　　御肴　かまほこ　　　　　　　くわし　焼まんちう

平皿　焼とうふ　　　　　　　吸物　ひれ　　　　かすていら

れんこん　　　　　　　　浜くり　　　　こまもち

わらひ　　　　　　　　　　　　　　　　　巻せんへい

小わん

四月朔日、朝より雨、夜に入大霰、雷一声大西に落、雷火木や一軒焼

同八日より梅庵出福、同十九日帰郷

同十一日、朝飯後清七同道弥次兵衛殿罷出、長崎番御奉書頂戴被仰被仰渡、直に安見左膳に参る、今日岡本万太郎姉縁談願上候事

四月十八日、関岡勢八祖母・母儀入来、嘉代・小右衛門内室同道御山参詣、絹袖口着用仕候段、御傍筒咎め有之候由

同廿三日、晴天、九つ過時月番頭浅山清兵衛殿より御用の儀候間、八つ時私宅罷出候様に申来候、即束罷出候所、御目付前田十大夫出座、御傍筒三人詰方にて

娘儀去十八日、東照宮社内絹肌着仕候て徘徊致、御法度相背候段不届に付、指控被仰付候、相慎居可申旨被仰渡る、尤覚悟書一覧仕候様に御書付披見仕引取

一門戸閉候に不及候事、玄関計塞居可申候事

一指控の間一類知音等見舞出入仕間敷候事

一指控の間病人有之候はゝ、組頭申届候て、呼入可申候事

一右の間、家頼男女門外仕らせ申間敷候事

指控御免

早川忠七次男十次郎、市郎大夫養子

一右の内、大事等候は、、一類中より名代にて相届可申候事

一右の内、御用の儀候は、、一類中より聞次指出可申候事

一右の間、御扶持方、組頭より裏判申届候上相渡候事

　暮に及、小右衛門殿より書状、同人も肥　留〔帆足肥冨・納戸頭〕殿宅にて同前の事

同廿五日、清兵衛殿より聞次名元書出候様申来る、明石善大夫名書出す

同廿七日、関岡太右衛門入来、同人縁談今日被仰付、双方出合候由、女中大病の由

五月朔日

同七日、山内三郎左衛門殿より御用の儀候間、九つ半時御月番伊織殿御宅罷出候様申来、小右衛門同道罷出候所、七つ半頃竹田安兵衛殿・小河平右衛門殿・関〔大目付〕紀・宮内十郎右衛門〔大目付〕殿・山内三郎左衛門殿出席、深見五郎右衛門・中村彦四郎同道にて罷出、伊織殿より〔空　白〕御陸目付二人・傍筒十人罷出る

　娘儀去十八日、東照宮御社内絹肌着着用、御法相背候に付、不届指控被仰付置候所、御免被仰付候、以来相慎候様に被仰付罷帰、髪月額仕御礼罷出候所、日暮候故、翌八日朝弥次兵衛殿御礼罷出る

同十日、山内三郎左衛門殿より御用の儀候間、明十一日御館罷出候様に申来候間、太右衛門方へ申遣、同人方よりも忠七方明日御用の儀しらせ来る

同十一日、五つ半時御館罷出候所、九つ前時伊織殿被仰渡

　早川忠七次男十次郎、市郎大夫養子に仕、娘嫁娶仕らせ度段、願の通被仰付候由、伊織殿御礼罷出、弥次兵衛殿に参罷帰る、八つ前忠七・重次郎召連入来、太右衛門妻死去仕候故、

為名代弥三同道仕る、善大夫・権平・小右衛門・和六計罷出る、七つ半過某・権平・弥三同道にて忠七方に罷越す、同所にて尾崎善兵衛・松尾与十郎出席、十二日方々召連参る

同廿日、十九日迄大雨、廿日晴天、忠七方母子参る、夜入重次郎送り来る

同廿七日、廿六日迄風雨、廿七日晴天、忠七内方母子・弥三・祖母・新五・重次郎参る

六月十九日、十五日頃より雨天、十七日大風大雨、十八日も雨風晴天、朝飯後、太右衛門重二郎召連被参る、昼頃忠七夫婦入来、小右衛門夫婦より盃一式被仕廻、夕飯後七つ半過忠七開、夜入女中皆開、権平・与兵衛・和六・小右衛門夫婦相残、四つ半過皆々開き、和六宿り翌朝帰る

盃一式

同廿日、風雨

廿一日、近所のみ茶終日、夜に入客

同廿三日、谷里開、妻不快にて不参、参かけ太右衛門に礼に参、木綿一反・肴代持参

里開

同廿六日、今暁春吉作出火災、七軒焼失

同廿七日、少林寺拝参、当日智法法体に付、終日同所に被止、暮頃帰る雨天

七月朔日、曇東風、夕飯後雨天、右に付稲荷祭旗早く引、中嶋武内相果候故、六右衛門方出入穢候故、祭なし

三日、重次郎召連、東八・儀右衛門・鳥飼西光寺・次大夫・半右衛門・五七郎方へ参る、権平参候て身退願書並横折相認る

四日、与九郎・忠七・左膳・権平方に身退願上候段申述る

五日、十五・六・七日、大風雨、西向壁土落候故、今日あまかはに塗せ申候

身退願持参

大雨洪水、倒家・死人多

徳宗六人二十五石相続
弼老年迄勤功目録頂戴

六日早朝、弥次兵衛殿身退願持参仕候へ共、早朝より出猟に付、取次門田善次に委申置候、正大夫殿取次五人・近習七人へ肴一折五、酒三升、同一折十二酒三升為持遣す
七日、節句目出度相済
八日早朝、弥次兵衛殿に参候所、同役申談、願可指出候由、右の節、八月分御扶持方証拠押切判消し被上候、平馬殿近習八人より肴一折七来る
同十日、弥次兵衛殿より、今日御月番伊織殿願指出候所、御請取被置候由申来る、同十一日同所に御礼に罷出候
同十一日、於江戸庸姫様去廿六日御逝去、三日作事、十日音楽触来る
同廿二日、昨日以来大雨洪水、夜に入東南風後西に替鎮る、倒家・死人多、土手所々切、田畠損
住吉宮下遷宮
同廿五日、大名町斎藤三郎大夫出火、長屋半焼失
同廿六日、山路主税御暇、弟切扶給、其外松山源吉十石減知、御叱り大勢
八月四日、山内三郎左衛門殿より明後六日四つ時、悴召連出殿候様に申来る
同五日、斎藤三郎大夫本家不残焼失
同六日、五つ半過、十次郎相仕廻、関岡多右衛門方に参、同道出殿、平左衛門殿より市郎大夫切扶六人廿五石無相違拝領被仰付、市郎大夫老年迄勤功に付、御目録頂戴被仰付る、廻勤相仕廻罷帰認仕、金龍寺より谷に参、暮頃帰る、追付三郎左衛門殿より弥次兵衛組に申談候由申来る

幹亮権現（天明三年創建、綱之を祀る）

同七日、昨今幹亮権現初御祭礼、上下男女拝参御免、夕飯後弥次兵衛殿より、明八日五つ時面会に罷出候様に申来る、弥次兵衛殿鰡三尾・酒一樽進上仕る
同八日、藤崎和六より拝領銀・御扶持方指出被致候様申来る、今夕桝木屋広瀬九蔵・白水貞次御暇、悴に切扶被下、無礼
同九日、弥次兵衛殿指出の儀申出る、名細書指出す
同、英存坊堅学西光寺改宗存立故、再三止候へ共承知不仕、当五月同所引取、権平方に参居候、松源院に改宗仕、真然坊智旭と相改る

隠居願指出

十日、明十一日御隠居願被指出候由、平馬殿よりしらせ手紙来る
八月廿二日、八つ過時、通丁大川杢大夫宅一軒自火焼失
廿九日、藤崎和六より八月九月両月御扶持方証拠相済、小右衛門殿言伝遣す
九月朔日、同二日、無相違御米請取
四日、暁方米田橋倉八平蔵宅出火、即束鎮火
七日、夜倉八平蔵、立花勘左衛門〔中老〕殿、父権九郎、隅田清左衛門殿御預けに相成る
六日、笹栗者共祝儀罷出る
五日、和六、拙者拝領銀請取参り相渡
八日、貞相院寿松大姉廿五年忌、香正寺に十次郎斎に参寺仕る
十六日、夜八つ時過博多土居町出火、四軒焼失
十五日、夜安田新四郎・石川平大夫・寺田信二郎御暇、津田武右衛門十石減押隠居、悴甚大夫百廿石被下、原与助大休被仰付る、井上十右衛門十石減、篠田温琢・真田幸右衛門御叱り

十六日、寺田卯六郎・大音喜大夫・花房左兵衛御叱り
廿四日、杉土手井上六之丞屏付火
立花平左衛門死去
十七日、立花平左衛門死去
玄関番仰付
同廿七日、喜多村弥次兵衛殿より、明廿八日御用の儀有之候間、五つ時宅へ罷出候様に申来候故、同廿八日御館引故、宅にて御玄関番被仰付、罷帰相仕廻、御玄関に罷出、同役中廻り仕る
同廿九日　昼出御番初て相勤る
十月朔日
泊番寝道具・弁当
同二日、初泊番、請取共、夕飯後寝道具・弁当為持遣す
郡正大夫職分
同八日、郡平馬殿隠居五十人扶持被下、正大夫〔勇成〕直に職分被仰付
玄関番内寄合
同九日、御玄関番十八人内寄合入来
同十一日、長崎三番々御料理御通に罷出る
同十四日、長崎番出舟、櫛橋十左衛門〔中老〕・伊丹九郎左衛門〔大組頭〕・鎌田喜左衛門〔馬廻組頭〕
同十八日、美作殿並加番帰舟
同、吉留玄庵養子願の通被仰付、粕屋植木村黒瀬忠庵弟の由
亨保十七壬子年
年々御切米請取払代
八十文銭

大豆　八俵　　代十一匁五分宛

享保十八癸丑年

代百四匁

大豆八表壱斗七升八合　　内四俵　十一匁三分かへ

四俵　十二匁八分かへ

享保十九甲寅年

代八十三匁六分

大豆九表二斗二合九勺　　内六俵　九匁三分　一俵　十匁八分

二俵　十一匁

享保廿乙卯年

代百三十八匁

大豆拾二表　　内二俵　十二匁　　二俵　十一匁

八俵　十一匁

享保廿一丙辰年　改元元文元年

代二百四十五匁

米大豆拾七俵壱斗二升二合　　拾四匁かへ

元文二丁巳年

代三百三十一匁五分

米大豆拾九表壱斗六升壱合九勺　　十七匁かへ

元文三戊午年

三百四十匁七分二厘

米大豆拾九表壱斗六升壱合九勺　　十八匁かへ

元文四己未年

代三百八十五匁三分

米廿一表壱斗三升　十八匁かへ

元文五庚申

代五百九十五匁

米三拾八表壱斗三升二合五勺　　十九匁かへ

寛保元辛酉年

九百九十九匁五分九厘

米三拾八表五升三勺　　廿六匁弐分かへ

寛保二壬戌年
六百九十匁五厘
米三拾八表五升三勺　十八匁かへ
寛保三癸亥年
七百五十五匁
米三拾七俵弐斗三升二合　廿め五分かへ
延享元甲子年
八百三十め壱分六厘
米三拾八表三升九合　廿一匁五分かへ
延享二乙丑年
八百六十目七分二厘
米三拾四表弐斗三升三合　廿四匁八分
延享三丙寅年
七百目

普請拝借押へ掛

米三拾表壱斗九合　廿三匁五分
延享四丁卯年　当暮より普請拝借押へ掛高減
四百三十六匁四分
米拾八表壱斗七升　廿四匁三分　九表廿四匁六分
廿三匁六分　六表　三
寛延元戊辰年
三百六拾五匁二分
米拾七表三斗壱升弐合　廿め八分
寛延二己巳年
五百弐拾六匁五分八厘
米廿四表八升八合　廿一匁七分かへ
寛延三庚午年
代八百廿一匁六分
米三拾六表弐斗七升三合　廿表　廿二匁三分　十表　廿二匁五分
六表半　廿二匁五分

上方押へ、御宝蔵
押へ

宝暦元辛未年　改元　　去年壱斗四升一合減す
代六百八十六匁八分　　廿　十八匁七分　　十　十八匁八分
米三十六表一斗三升二合　　六　十九匁一分
宝暦二壬申年
六百六十三匁
米三拾四表三升七合　　十九匁七分かへ
宝暦三癸酉年
七百廿目
米三拾六表八升二合　　廿目かへ
宝暦四甲戌年
代六百四十五匁
米三拾四表二升壱合　　十九匁かへ
宝暦五乙亥年　　上方押へ、御宝蔵押へ除米被仰付候て減
代五百目
米弐拾四表三斗壱升八合　　廿め五分

日勤当り

宝暦六丙子年
代六百五十九匁七分一厘
米廿五表五斗六升弐合　廿五匁九分かへ
宝暦七丁丑年　今年より日勤当り
代七百廿目
米四拾表六升　十八匁かへ
同八戊寅年
代壱貫七十め
米五拾三表壱斗四升六合　廿め五分かへ
同年辛(己)卯年
九百八十九匁九分
米五拾三表七升三合　拾九匁
同十戊辰(庚申)年暮
代八百八十五匁

米五拾三俵三合　十六匁七分

増除け米

同十一己巳（辛辰）年　増除け米被仰付る
代六百三十六匁六分
米四拾六表弐斗六升六合　十三匁七分かへ

日勤増米

同十二壬午年　日勤百石十八表増米有り、百石ニ付三十表二斗六升余掛米有り
代八百九十六匁七分
米四拾二表三升壱合　廿一匁より廿め五分間に払

宝暦十三癸未年
代九百三十七匁八分
米五拾三表壱斗七升壱合　拾七匁かへ

明和元甲申年　改元
代壱貫目
米五拾四俵九升六合　拾八匁五分かへ

明和二乙酉年
代壱貫百三十三匁四分

免掛り

米五拾二表壱斗七升七合　廿二半　廿一匁四分四百八十一匁九分
　　　　　　　　　　　三十　　廿一匁七分五厘　六百五十二匁五分

明和三丙戌年
代壱貫五十三匁三分
米五拾四表五升九合　三十　十九匁四分　五百八十二匁
　　　　　　　　　廿四余十九匁五分　四百七十一匁三分七厘

明和四丁亥年
代一貫百六十二匁二分
米五拾三表弐斗九合　三十　弐拾一匁七分　六百三十二匁三分
　　　　　　　　　二十三余　廿三匁五分　五百廿匁九分

明和五戊子年　去年三表壱斗三升九合免掛り
代壱貫百七十匁
米五拾表七升　十二月七日払廿二匁九分　三十表　六百八十五匁
　　　　　　正月払廿四匁かへ　二十余　四百八十五匁

明和六己丑年

代壱貫三百五十五匁
米五拾三表壱斗二升壱合

十二月三十表廿五匁かへ　七百五十匁
二月廿三俵余廿五匁九分　六百五匁

明和七庚寅年
壱貫三百八匁三分
米五拾四俵弐斗三升四合

十二月三十表　廿三匁かへ　六百九十三匁
二月廿四余　廿四匁九分　六百拾五匁三分

明和八辛卯年
代壱貫二百三十め
米五拾四俵三斗壱升弐合

十五　廿一匁五分　十　廿三匁八分
十五　廿三匁二分　十四余　廿二匁一分

安永元壬辰年　改元
壱貫二百四十め五分
米五拾七俵弐升三合

十　廿二匁五分　十五　廿一匁六分
十七　廿二匁六分　十五　廿二匁

安永二癸巳年
代壱貫百六十五匁四分　廿六余　十一月十日　廿め四分
米五拾六表弐斗七升六合　三十表　廿め六分

安永三甲午年
代壱貫百拾匁六分
米五拾五表五升　十九匁七分　三十表　五百九十五匁
廿め五分　廿五余　五百十五匁六分

安永四乙未年
代壱貫二百九十二匁九分八厘
米五拾四表三斗四合　十一月　三十　廿二匁五分　六百七拾五匁
二月　廿四余　廿四匁八分　六百十七匁九分八厘

安永五丙申年
代壱貫七百拾五匁
米五拾五表　外役八俵六十三匁　内十二月　廿六匁七分三厘　八百五匁
内六十俵払　五月　三十三匁三厘　九百拾匁

安永六丁酉暮
代壱貫五百廿め　合壱貫七百廿八匁
米五拾七俵弐升三合　十二月　廿六匁　戌三月　廿七匁
七百九十　七百三十
外役料二百八匁
一貫五百廿め　外二百八匁
〆一貫七百廿八匁

安永七戊戌暮
代一貫五百八十め
米五拾六表二斗五升二合　三十表十二月　廿八匁　八百四十め
廿六表二斗五升二合　廿七匁六分　七百三十八匁
外役二百　一貫五百七十八匁　合一貫七百七十八匁

安永八己亥暮
米五拾四表二合　十二月二日払
廿四表二合　廿二匁八分　五百四十七匁三分五厘
三十表　十九匁五分　五百八十五匁
〆一貫百三十三匁

安永九庚子暮
米四拾九俵二斗九升　廿二匁　十一月十二日
十九俵二斗九升　三十俵徳六百六十め
四表　廿五匁　〆壱貫七十五匁

天明元辛丑暮
米四拾八表二斗八升八合　廿表　廿六匁三分かへ五百廿六匁
廿八表二斗八升八合　廿七匁かへ七百八十め三分八厘
〆壱〆三百六匁三分八厘

除米

天明二壬寅暮　弐俵除米掛ル
米四拾七表　廿俵　三十二匁四分　七百廿四匁
廿七俵三十六匁六分
〆壱貫七百七十壱文
〆五拾一匁

天明三癸卯暮

天災除掛

二貫二百四十四匁　十二月　廿表　四十四匁　八百九十四匁
米五拾表壱斗三合　十一月　三十表　四十五匁　一貫三百五十匁

天明四甲辰暮
米五拾壱表壱斗三合
内　廿一表　代三十六匁六分　七百
三十表　代三十五匁　一貫
〆

天明五乙巳年暮
天災除掛ル
米五拾表　内　三十俵　三十匁
廿俵　廿八匁　〆一貫六百五十匁

天明六丙午暮
天災除米相掛ル
米四拾六俵弐斗五升六合
内　米や八兵衛・かせや払四十五匁宛　一貫七百三十七匁

天明七丁未暮
天災除御免
米五拾一俵壱斗八升九合
代三十五匁払　〆壱貫八百
天明八戊申
米五拾五表二斗四升七合
三十四匁八分　代壱貫五百九十一匁四分二厘
寛政改元　天明九己酉十二月朔日
米五拾六表三斗七合
廿八匁五分　代壱貫四百廿五匁
寛政二庚戌　今年より江戸押へ掛る
米三十二表　三十め宛　九百六十
代
江戸押へ
寛政三辛亥暮　米三拾弐俵

寛政四壬子暮　大凶年
米拾五表　四十〔空白〕匁払

安見重八徳宗一代記

234×158mm

起天明三年癸卯　至文化九年壬申　凡三十年

壬生姓

安見重八徳宗一代記　全

鼎臣弼相続　実早川忠七男
安見与六郎徳宗
天明三癸卯歳五月十一日
養子願済　六月十九日引越
于時十九歳　十次郎　後重八
又後与六郎と号
文化九年壬申七月十八日卒
行年五十歳
法名観節了性信士
墓には安見徳宗之墓と有之

室
鼎臣弼実女
家誉
明和二年乙酉六月七日
出生継家徳宗妻となる
天保九年戊戌九月十日以天年終
行年七十四
葬金龍寺　法名秋園芳月大姉

徳泰
天明五年乙巳五月七日未刻前
伊崎に生
幼名三十郎　後号重八
退身後野叟

女子
喜美
寛政七年乙卯六月十九日生
文化十年癸酉六月廿九日縁嫁
林孫兵衛妻

女子
千代
享和二年壬戌四月十二日生
天保二年辛卯十月廿九日縁嫁
大川喜左衛門後妻
天保十三年壬寅六月十五日卒
行年四十一　無子
葬吉祥寺　墓門内右に有
法名蓮台院清苑妙秀大姉

養子内談済

家誉婚礼済

近所五拾余人招請

忠七里披き

天明三癸卯年　　弼七十歳　徳宗十九歳

三月十一日、養子内談済旨、関岡多右〔太〕衛門双方掛合有之
三月十四日、市郎大夫方喜多村弥次兵衛殿願指出す、早川忠七方同日頭〔空白〕願指出す
同十九日、御用〔月〕番大音伊織殿、願書御請取の由申来る
五月十日、山内三郎左衛門殿より、明十一日御用出殿候様に申来る
五月十一日、五つ半時出殿、九つ前時御用番伊織殿、早川忠七次男十次郎、市郎大夫養子に仕、娘に嫁娶仕らせ度、願の通被仰付候由、直に伊織殿御礼に罷出、喜多村弥次兵衛殿に参帰る
同日、八つ前時早川忠七悴十次郎召連被参、多右衛門頃日妻不幸に付、為名代関岡弥三罷越す
同日、七つ半過忠七方へ東権平・関岡弥三同道にて罷越す
三月廿日、女嘉代母子、忠七方に参る
同廿七日、忠七内証・女お吉・兄新五・弥三祖母同道にて入来
六月十九日、十次郎呼取、晴天四つ過時多右衛門召連被参る、八つ前時忠七夫婦、女吉被参る、山路小右衛門夫婦万端取計にて盃等相済、無滞婚礼相済、暮頃忠七家内披き与兵衛・権平四つ過時引取、藤崎和六一宿仕る
同廿一日、近所五拾余人招請、夜迄に相済
一廿三日、忠七方里披き、四つ時十次郎参る、妻嘉代四つ半頃罷出、関岡多右衛門方に参、左の品持参

木綿　一反　　肴代　一包　　太右衛門夫婦

退職願

徳宗家督相続

明細書指出

肴代　一包　母儀へ
妻不快故断申不参、某計八つ頃より参る
七月三日、西方先日召連参、残の所々十次郎召連参る
七月六日、某身退願喜多村弥次兵衛殿持参候所、狩の留主故取次門田善次に頼置
同八日、朝喜多村弥次兵衛殿に参る、同役申談、早々可指出候由
同十日、今日御月番伊織殿指出候所、御請取被置候段申来る
同十一日、弥次兵衛殿に御礼に参る
八月四日、山内三郎左衛門殿より、明後六日四つ時、悴召連出殿候様申来る
同六日、五つ半時、関岡多右衛門同道にて重次郎出殿候所、御月番平左衛門殿、市郎大夫切扶無相違六人扶持廿五石拝領被仰付候、市郎大夫老年迄勤仕候に付、御目録頂戴被仰付候由、被仰付る、直に御老中・頭衆両所御礼相仕廻罷帰、認仕候て、金龍寺より谷忠七方参る
同日、七つ頃、山内三郎左衛門殿より喜多村弥次兵衛組に申談候由、申来る
同七日、八つ頃、喜多村弥次兵衛殿より、明八日五つ時面会可仕旨申来る
同日、同所に鯔三尾、御酒一樽進上仕る
同八日、弥次兵衛殿面会罷出尤麻上下、名細書指出候様に被申候
同九日、名細書認め指出す
八月廿九日、七月・八月両月御扶持押へ相済証拠、和六より小右衛門へ言伝来る、即束波頭八《ハナ》平方へ頼遣
九月四日、四表三斗二升三合渡る

拝領目録銀

両学問所

御玄関番勤士

昼出番

初泊番、弁当仕組

同勤十八人寄合料理

長崎番御料理給仕

徳宗、通称十次郎を重八と改名

祖母死去

九月五日、市郎大夫拝領御目録銀相済、和六持参仕る

九月十五日、惣御用被仰渡出殿、善大夫同道にて罷出る、於大書院美作殿より被仰聞、殿様御遺領御相続、長崎御番御請持、家中覚悟筋並両学文所被建候趣意也

九月廿七日、喜多村弥次兵衛殿より明廿八日御用の儀候間、五つ半時拙宅罷出候様に申来る

同廿八日、弥次兵衛殿罷出候所、今日御館引け故、私宅にて申渡候、御玄関番勤仕被指加候、即束御玄関に罷出候て、同役申談候様に被申聞、一先帰宅仕相仕廻御玄関罷出、所々廻勤罷帰る、明廿九日昼出番相勤候様に、往来同役中廻勤仕る

同廿九日、昼出番

十月二日、初泊番、夕飯後、弁当仕組、寝具為持遣す

同九日、同勤拾八人寄合料理指出す

同十一日、長崎三番々御料理頂戴、御給仕に罷出る

同廿一日、同役中牟田十次郎と申人有之候故、重八と名改願指出す

同廿四日、龍雲院殿〔治高〕徳厳道俊大居士御一廻御忌に付、廿三日夜より御法会、諸士廿五日・廿六日拝礼、廿五日東長寺拝参罷出る

十月廿五日、辰刻祖母寒松院死去

去る廿一日朝、寒気強し、行水望被申候へ共、寒気強候故、家内より止め申候故、手水の節、ひそかに壱人行水致候とて、盥押はつし、右の二の腕すり破り、湯殿より被呼候故、皆々驚参候所、裸にて湯殿に立被居候、衣服着せ、転いたき帰候故、血出候所血止付け包候へは、即束血止り申候、夫より仏前仕廻、朝茶いつもの如く、痛も無之候由

香江道陸
渥美養律
加減薬
引薬
小握飯給
手洗・口すすぎ

同廿二日、少々腫候故、即東香江道陸に参候て申談候所、此頃不幸有之引入居候間、見舞難申候由にて膏薬遣し被申、痛しかと無之、気分も快候由、同廿三日に至腫れ増候故、気分障り無之候へ共、渥美養律に参候て、容体申談、薬二貼調合、後刻見廻可申由、然共腫れ増候故、権平方へ参候て、香江道通に権平より申入候所、後刻見廻可申由、夜に入候ても見廻不被申候、夜入養律見廻、今朝薬相改可遣由にて、夜に入加減薬二貼来を夜中相用、気色平日の通に候由

同廿四日、朝内道通方罷越候て、相頼候所、追付見廻可申由、父是習は養律方薬取に参る、昼過迄道通参り不申候故、又々是習罷越候所、最早朝飯後より罷出候由、七つ頃道通罷越候て、打身とは相見へ不申候、焼疵の様に相見へ候、脈も宜敷く、引薬可遣由にて、夜入某罷越候て取来鳥羽にて引候所、一向痛み覚不申候由、夜に入与兵衛・新五参候て咄候所、自分にも打交り咄、四つ過時皆帰候故、打臥被申候、八つ過時小用に被参候、手に障り可申と、是習後より引上抱き便用仕廻、左手にて跡ふき被申候、七つ過時又小用被参、是習後より抱き通用跡右同

今朝、龍雲院様御一廻忌に付、指急拝参用意仕候所、六つ時前又通用の節、同前に引上候所、余り高く引上け間敷被申、又跡ふき可申紙遣候様に被申候故、勝・私仕廻進し可申と申候へ共、自分に仕廻候か能候とて、自分に仕廻被申、食少給度由にて、小握飯あたため候て、二つ被給候て、手水遣ひ可申由に付、いまた湯無之由申候所、ぬるく共不苦敷候被申候故、盥をすけ湯かけ候所、手を洗ひ、口すすき、後衣類着替させ候様に被申候へ共、いまた夜深く闇候間、疵に当候間、今少夜明候て着替被申様に申候所、痛みは覚不申、手先は死居候哉、

息絶死去

葬斂方百五十目

然は無力下紐計成共着替度被申候故、着替させ申候所、是にて甚快ねふり付候間、寝可申候、勝にも夜着着候てぬくもり候へと再三被申候故、下に打付臥候体仕候所、我等も臥り可申、茶わき起き可申由にて、寝被申候、無程茶わき候故、背をなて再三越し申候へ共、答無之故引起候所、最早口開息絶候故、段々声かけ候へ共終に死去、即束養律申遣、被参候得共、事切れ候、某拝参罷出候跡の儀に候

一即刻伊崎町口豆腐屋やとひ、手野村に飛脚に指立候、金龍寺申遣、権平即束参候て、葬蓮用意しらへ、唐人町桶屋に申付る、年頃集め被置文銭三百三十め、米四表代百廿五匁、又油屋勝次預被置候米代四十三匁五分、合四百九十八匁五分有之候、葬蓮方一式百五十めにて請合候

一同廿六日、夜梅庵病気故為名代与七罷出る、同日暮方金龍寺被参

一同廿七日、六つ時出棺金龍寺葬す、号寒松院積室妙善信女

同廿八日、来十一月二日一七日に相当仕候間、法事料八十目・卒都婆七本、並十一・十二月両月斎米壱升為持遣す

十一月二日、一七日相当、同朝金龍寺にて法会仕、昨日朔日家内参寺

十一月十一日、梅庵出福、同十七日帰郷仕る、一類中かたみ分別紙書

十一月廿四日、某忌明三十日頭衆届る、同廿五日出番仕る

十一月廿五日、位牌出来、万細工屋市右衛門拵る、代七匁

十一月晦日、五七日七々廻忌一同に法事仕る

十二月十五日、父是習忌明

肥前堀落入
改易

唐人町から川端筋
二十三軒焼失
新宮浦大火
野北浦大火

御言葉御褒美

天明四年

十二月十六日、同役拾人招請仕る
十二月十五日、夜舟橋源内悴曾七薬院肥前堀落入、因幡丁水野市大夫裏這上り、声立候故、同所より引上、宿元詮義有之候て、訖度閉門被仰付、其後慈悲の上助命、御改易被仰付る
十二月十八日、夜六つ時簀子町西川隆庵、三番町岡左膳方にて大酒、三番丁筋湊町迄間、行逢人一刀宛以上五人切、自分長蔵前臥り居被召捕、西川善右衛門に御預け、其後両市中追放被仰付る
十二月廿二日、喜多村弥次兵衛殿、数馬殿御宅にて御叱り、役儀御免、組中根本孫三郎殿預り、同廿四日孫三郎殿に罷越す
十二月廿三日、西北大風寒気甚、唐人町梶原借屋中程より出火、山の上より川端筋、橋本屋倉本迄廿三軒焼失、権平風上にて遁る
同廿三日、粕屋郡新宮浦大火
同廿四日、志摩郡野北浦大火
同廿六日、西北大風寒気、鳥飼村前畠川端筋出火、七軒焼失
同十二月廿八日、山路嘉左衛門殿百石加増、御料理人並下書山田勘吉勘定所附加増、御目録数十人、御言葉御褒美に至迄百人に及ふ
一御切米五拾表壱斗三合請取、内廿表四十四匁、三十表四十五匁、右代二貫弐百四拾四匁

天明四甲辰　去冬以来毎日大風寒気強し　弼七十壱歳　徳宗弐十歳

長崎番御給仕相勤
寸志米上納御免願
学問所初講開
竹田茂兵衛
素読指南四人
亀井主水
句読師四人日勤八俵

正月元日、天気晴明寒気強、御帳御礼
同二日、大風寒気、夜に入雷鳴数声、同夜関杢次妻、文助と申者召連出奔
同十一日、御鏡開、御通ひ相勤
同十五日、長崎四番々御料理御給仕相勤、松囃子如例年相済
同十六日、谷忠七殿家内招請仕る
同十七日、小金丸何右衛門去る十五日死去、今夕吉祥寺葬蓮、父是習参寺
同廿三日、長崎四番々乗船、加藤半之丞〔中老〕・馬杉喜右衛門〔大組頭〕・槇玄番〔鉄砲大頭〕
同廿五日、喜多村弥次兵衛殿跡役、河合喜大夫被仰付、同廿七日面会
同廿七日、正大夫殿〔郡勇成・家老〕江戸出途罷越す、若松乗舟
同廿日、根本孫三殿宅御呼出、去十二月初笹栗一党寸志米上納手に不及候、上納御免願、外記殿より去作並一統の儀に候間、御免不被成候、此段可申聞被仰聞、同廿二日富永役所迄良作頼、笹栗に申遣す
閏正月朔日、学文〔学問所〕成就初講開
竹田茂兵衛・嶋村卯兵衛・安井惣吉・真藤伝次、日勤当被下、役料八表
素読指南四人右同断、此後追々人数増、段々品有、其後茂兵衛二十石加増
奥山武蔵三人扶持拾石被下、新規被召出学文預り、同所居住
亀井主水拾五人扶持五十表、役料八表宛り被下、後に百五十表被下
句読師四人、日勤八表宛り被下、其後追々人数増、同人門弟両人、拾人扶持宛り御抱へ被仰付

大風、人家多倒

田畠満作

長崎支配勘定方道案内、前原より黒崎迄

天明五年

御鏡開御給仕勤む

二月十六日、喜大夫殿判形

四月廿二日より、両親・転三人手野村梅庵方に参、五月十八日帰宅

五月廿七日より妻大病、初養律門弟〔空白〕薬用、毎日ふさき候、鱸道育薬用追々清快、八月より懐妊仕る、道育薬用

八月朔日、丑刻より大風もやう、寅刻より東南風、大木折れ人家多倒、怪我人多、田畠不破、当夏以来雷雨無之、旱候へ共田畠満作

九月、河合喜大夫江戸出途に付、浅山弥左衛門殿預りに成

九月廿九日、長崎より支配勘定方御登に付、御道案内に前原より黒崎迄相勤、十月五日相仕廻帰宅仕る

一御切米　五拾壱俵一斗三合、内廿一表一斗三合三十六匁六分、三拾表三十五匁右代壱貫八百五十目

天明五乙巳　　弼七十弐歳　徳宗二十壱歳　徳泰壱歳

正月元日、寒気、年始御祝儀如例年

同十一日、御鏡開御給仕相勤る

同八日夜、転、善大夫女おとめ召連出奔、同十二日遠賀郡山鹿村より飛脚、十日より両人参居候、迎遣候様に申来、同十三日与兵衛・新五同道にて罷越、用心銭廿目遣す、同十五日夜連帰る、又与兵衛方より拾七匁五分遣候様に申来、以上三拾七匁五分相渡

同二月五日、東藤四郎、宇美参詣に付、御初穂頼遣、検校坊より御札守来る

同三月五日、倉八・宇吉同道にて宇美参詣仕る

香椎参詣

箱崎参詣

同三月十一日、両親・新五同道にて香椎に参詣、曇天に候へ共、罷出候所、次第晴天、参詣相仕廻、護国寺参候所、茶漬・御酒等被出暫時物語、御札守申請、御初穂壱匁二分上る、又五分上候所、別段御札守遣し被申、帰り松崎稲荷参詣、箱崎に参詣、方々見物致させ橋口に参詣候て、七つ半頃帰宅仕る

落正月廿三日、金龍寺伯仙和尚退隠、残嶋神宮寺仙端和尚入院

二月十九日、花心貞香信女十七回忌、於金龍寺元庵より法事、是習参寺

二月廿二日、山路小右衛門養母死去、円応寺葬す

長崎御番給仕

三月十一日、長崎御番御給仕、斎藤権之允〔中老〕・馬杉喜右衛門・久野善右衛門〔鉄砲大頭〕

同十三日、一志庵行念坊より塩釜大明神産御供来る、三分上る

同廿四日、本長寺是習夫婦参寺、櫛田に参詣、住吉に参詣候所、是習俄胸悪敷吐四度仕る、若宮に参詣帰る、帰宅以後快

同廿五日、父子金龍寺参候て、茶実植候

三月廿一日、善大夫地行魚住奥大夫屋敷に移る

安産守

四月朔日、山路小右衛門より安産守借る、同日脇山惣右衛門より安産守借る

合込薬・地薬

同日、道育より合込薬三品並地薬来る

国中札打

同日、七つ過時手野村梅庵内証、御国中札打出候由にて一宿被致る、転召連被帰、同二日六つ半時出途、是より早良・怡土・志摩仕廻、舟にて宗像帰候由、旅宿代拾五匁、草履代百廿文、

小者に百文遣す

月盛米講
同一日、下方御舟手九兵衛仕立、月盛米講相済、米六斗二升請取

同四月、松原村庄屋正吉出福、梅庵方へ銭三拾五匁、転夏衣類頼遣す

三十郎徳泰出生
五月七日、某昼出番、髪月代妻に致させ出番仕、父是習金龍寺参寺仕候跡にて、四つ半頃少々腹痛致候故、為用心婆々申遣候、即束参る、九つ前時是習帰来候所、右の様子故道育方参候所、伊崎口にて道清に逢候て同道仕参、同人書状認候て、薬箱取に遣候、次作持参候所、道育早々被参、今夜明朝にかけ必定産候はん、脈いまた居合居候由、婆々も腹居合居候、暫時問可有由、臥り居候所、俄に仕切立候て、即時安産仕、男子出生、小右衛門内証・忠大夫母儀・儀右衛門母・林蔵妻万端世話、折節良作参かゝり万事世話仕、為用心、道清泊り候へ共、夜中無別条、脈も伺ひに不及、右の女中方皆々泊り、八つ前時出生也、次作・谷忠七方へ申遣、七過時新五被参、夜に入忠七夫婦被参、五過時被帰る、夜四つ時忠大夫内証乳付

近所衆招請
同八日、今夕忠七方より夜食来る、近所衆招請、権平も参、忠七内証、息女泊り、九日早朝被帰る

近所招請広め
同九日、小右衛門方より夜食来、近所招請広め

同十日、忠大夫方より饅頭・肴来る、近所広め

同十一日、良作方より夜食来、近所招請、同人内証、女来泊り翌朝帰り、昨昼より是習夫婦某共食傷、父子即束快、母吐逆数度、通用度々にて臥り付

同十二日、尾崎善兵衛母儀重内肴持参泊り、翌十三日夜被帰る

七夜
同五月十七日、七夜に相当候へ共、御上御忌日に付、十八日祝会仕る

三十郎徳泰《シケ》と号す

小右衛門・同内証・幾之丞・忠大夫・同内証・駒吉・忠七・同内証・同女吉・良作・権六・

腰上（産婆助手）

道育・婆々・腰上共指合不来

勝手、儀右衛門母・林蔵妻・新五・権平・秀・孫六病気故膳遣

同十九日、朝飯後所々女中

同昼、六右衛門・儀右衛門・利七・惣吉・長六・岩・与三

同夜、兵右衛門・文次・順益・円作

同廿日より、三十郎不快、両便不通す

改薬

同廿一日、夜より澄川玄祐改薬、同廿二日より少宛通用熱醒段々快、眉毛惣髪共抜る

五月十八日より、某出勤仕る

三十一日初社参

六月八日、三十一日初社参、朝五つ前時鳥飼八幡宮、儀右衛門母・ろく・新吉・秀召連行詣

一帰り山路小右衛門立寄、樽・肴代持参、同所にて吸物御酒出る

一母召連候て、吉川忠大夫方参、肴持参仕る

赤飯送

一同九日、赤飯送候覚

小右衛門・忠大夫・長六・林蔵・儀右衛門・惣吉・六右衛門・利七・葉右衛門・権七・円助

円作・順益・文次・金兵衛・道育・岩・忠七・太右衛門・弥惣・良作・左膳同人忌中故不遣・

与九郎・善兵衛・善大夫・婆々・権平、右新吉持参道育銀五匁・道清銀三匁五分・正桂銀二匁・婆々拾匁・腰上四匁

一同十二日、金龍寺召連参寺、帰り近所廻る

産衣恩賜

秋月長舒公長崎代番長崎行

大風、所々破損

宇治頼政五冊返す

一同廿二日、権平方召連参る

一同廿三日、五つ過時より、忠七方参、夕飯後与九郎方参、又谷へ帰り夜六つ半過帰宅

一産衣恩賜預る方々

帷子　紺ちらし　権平　一帷子　紺ちらし　良作
　　　　　　　　　　　単物　はな

同　浅黄ちらし　孫六　一帷子　浅黄ちらし　忠七
　　　　　　　　　　　単物　しほり

同　紺ちらし　与九郎　一単物　善兵衛

守袋　真然坊　一単じゅはん　小右衛門

一七月二日、甲斐守様長崎御越に付、御儲に五日乗船仕候被仰付る

同五日、波戸場より長崎に乗船一芦丸、同十日長崎着仕る

同十二日、寅時より卯刻迄暫時東南大風

一修理様長崎御着、同廿四日帰舟仕る

一九月七日、又大風、昨六日より大雨にて大風故、所々破損有

一九月十一日、円作頼、金崎舟に転衣類一包籠米代廿六匁八分遣

一同十三日、転出福、十六日帰郷

一九月十五日、修理様秋月より直に長崎御出

一同十七日、焔硝倉出火焼失、四人内二人即死、怪我人二人

一九月廿日、波津浦源作舟子二人来、同人寝具並米代廿七匁五分、並借用宇治頼政五冊指返し渡

博多鰯町十九軒焼

長崎奉行病気見舞
使者

笹栗支配断

格式定

博多須崎町九十一
軒焼
指火風聞騒動

旱魃不毛村数多
除米

一九月廿六日、長崎三番々乗舟候へ共、足軽一人死候故、廿七日迄滞舟、廿八日出舟

十月二日、夜五つ時大工町浄念寺観音堂出火、即束鎮火、同夜九つ時より博多鰯町出火、十九
軒焼失、同三日昼夜大雨

同五日、長崎御使者出途仕る、御奉行戸田出雲守殿病気御見廻也、当四日死去有之候返言也、
同十四日七つ前時帰宅仕る

落九月廿九日、三十郎召連、家内香椎宮参詣、新五同道仕る

九月、当六月十七日笹栗岡部吉大夫死去仕候へ共、しらせ無之候所、八月末蒲田伯母罷出、右
跡目等の儀申出る、其後書状遣候所、利左衛門罷出候故、支配断申返す、其後新七罷出候へ
共、不逢指返候所、又々蒲田姥罷出、無理一宿仕、翌日帰る、其後今平・十平悴酒肴持参候
て参候故甚怒指返す、其後利兵衛罷出候へ共、指返候所、其後知楽扱にて利左衛門・新七・
今平・利兵衛呼出大叱り、書付相渡候て相済、向後格式定

十月八日、夜大雨四つ過時雷大声二、霰降風雨草木痛破る

同九日、博多須崎町火災九十一かまと焼、多福庵も焼る、此前後博多・福岡湊町所々指火有之、
伊崎火柱立候風聞によって家々騒動、家財からけ用心す

同十一日、須崎鄀有之御船々中に、盗人住居仕候居候を召取、同類数人入込居候由、白状仕る

落七月晦日、中村孫三去年以来病気、当夏に至大切、六月末より小性町了作方へ為保養罷越候
て、七月廿日罷帰、同晦日に死去仕る、八月朔日、正光寺葬、号寂誉静運信士

十月十三日、当夏旱魃に付、不毛村数多有之、御蔵並給知・切扶共一統減米被仰付候旨御触来
る、員数は御免定の上、追て可被仰付候旨、其後御免定の上、百石に付弐俵六歩除米被仰付

米下値

姪浜三百余軒焼

大寒大雪凍死数人

（甲斐守叙任は『新訂黒田家譜』では天明六年）

天明六年

日蝕大尽

十一月廿七日、於殿中、当七月以来長崎に参候同役中拾一人に、秋月修理様より金二百疋宛り拝領被仰付候、御役人中御肴、下役人迄段々拝領品々有、御料理人・御舟方は不被下候

一十二月六日、御切米五拾表二斗九升、初三十四匁、段々下直に相成候て三十一匁に相払、一貫六百八十め払

一十二月廿日夜、通丁斎藤杢・津田治右衛門屋敷間道にて、西新町の者銭持通候所、後より切かけ候故、振向候所二刀以上三刀切、所持銭百四十日奪取逃去候、其後切手段々御詮儀有之候へ共終不知

一十二月廿五日、夜姪浜大火、三百余軒焼る

十二月廿五日より大寒、大雪三四尺より、吹込は五、六尺に至る、凍死数人有

十二月廿八日、長崎四番々乗舟、翌正月廿六日長崎着

十二月晦日、又大雪三四尺より五六尺に至、大寒也

十二月十八日、秋月黒田修理様、甲斐守叙任五位下朝散大夫長舒《ナカノブ》

天明六丙午　　弼七十三歳　徳宗二十二歳　徳泰弐歳

正月元日、日蝕大尽、八歩計かけ、暫時に晴る

正月十日、江戸より御飛脚着、天明五乙巳十二月廿六日未下刻、於一橋にお岸方御死去、殿様御実母に付、定式服忌被為請候に付、普請一七日、鳴物御忌中、月代五十日二月十五日迄、御扶持隠居一七日、隠居・二男・三男は三日、医師十日、無礼十日、小人小役人・坊主・陪

久野・野村職分

山家使者

幕府目付領内通行

臣三日、町在浦不及遠慮候、御機嫌伺ひ十二日、但、寺社十二日より十四日迄、号棲賢院
一二月朔日、お秀田嶋村西嶋十次方へ引越
三月、久野四兵衛〔一徳〕・野村太郎兵衛〔祐倫〕職分被仰付
一三月廿八日、田嶋より中村孫吉来り、家内相改道具引取
一四月朔日、笹栗村より今平罷出、二月廿六日林次妻死去仕候由
一四月四日、同所より十平倅罷出、四月三日岡部新七死去の段届る
一五月七日、三十郎誕生祝、客去十一日の通、同九日女中客
一五月十一日、田嶋孫吉方へ家内招請
一六月九日、山家御使者出途、大雨
此節長崎御詮儀有之、御目付末吉善左衛門殿並御陸目付山本貞右衛門、小人目付増田藤四郎
・山崎弥一右衛門・加瀬彦市御領内通駕に付

黒崎　高浜重兵衛　　木屋瀬　大村弥太郎
　古田文蔵引越　　坪田市平　修理様御使
　　上領伊七
飯塚　大庭貞右衛門　　御挨拶　久野四兵衛
　内野　弥市　　熊沢十郎左衛門　秋月
　　高浜重兵衛　渡部釆女
　山家　井上丹作　博多織帯地五反・肴
　　原　吉蔵　銀子持参御断

徳宗御使者勤

　御陸目付　銀三枚　増田藤四郎
山家　山本貞右衛門　同　山崎弥一右衛門　小人目付三人　銀二枚宛り
　加瀬彦市
　二口御使者　安見重八
水御見廻　海津五兵衛俄被仰付
九日、朝飯後、浅山清兵衛殿より、上使一昨日黒崎御着の到来有之候、今日山家御休泊の程不相知候、早々罷越、御使者可被相勤候旨申来る、俄に地行御足軽三好与三右衛門組〔空白〕と申者申遣す、小役人は御山下〔空白〕申者に申遣候所、御館役所に罷出居候由に付、御殿に申遣候所、追付両人共仕廻参候、九つ半過に相成、八つ時出途仕候所、大雨にて比恵の川渡り止り候て、荷付馬難渡、荷解除け歩行渡、荷をからめ候て、漸く相渡候得共、板付川渡りかたく、

席田越・四王寺越

席田越へ仕、四王寺越へ宰府に至、夜四つ過時山家に着仕候所、末吉善左衛門殿直方川止り、小竹御滞座に付、十日・十一日同所に相待居候、十二日八つ頃山家昼休にて御使者相勤、暮前同所罷立、夜八つ過時帰宅仕、右の通大雨故諸道具大破に指及、同十三日出殿御返言申上る

一同廿一日、祖母寒松院積室妙禅信女石牌雨間有之候間、今日建可申石屋より申来候間、金龍寺罷越、銘真然坊智旭書す、尤同人世話にて申付る、又雨天故十分に難仕廻、墓覆かふせ置、同廿二日・三日雨天、廿四日天気晴候間罷越、卒都婆墓覆にて廻り囲仕、掃除相仕廻、代九十二文・酒代三匁

徳泰足引初

一七月三日、三十郎今日より足引初る、八月朔日より草履はき初仕る

普請目付博多泊、御使者勤

一七月十五日、請取泊番に相当請取番に罷出居候所、明十六日普請目付博多泊に候間、御使者相勤候様にとの儀故、泊り御番引、同十六日朝飯後御館に罷出、御口上書請取、昼頃春吉御足軽一人・小役人一人御付人の由にて来り相待居候、八つ頃罷帰、七つ過時出途、博多東町と呉服町に宿仕居候故、両所に参る、金兵衛・松次召連る

普請役早川善蔵・永井又吉・山本又助

口上覚

今般就御用、領内通路被致候に付、目録の通被相贈候、以上

金二百疋宛り被下る

長崎奉行下向、木屋瀬罷出

一九月十四日より、木屋瀬、水野若狭守殿御通故罷出、同十七日罷帰る

一九月十六日、田嶋中村孫吉・西嶋十次家内招請仕る

一同日、田中治大夫母儀死去是習従弟也、同十七日大通寺葬蓮、是習参る

諸国不作に付米高値、増免

一御切米四拾六表二斗五升六合請取、当暮六表余増免、諸国不作に付米高直四十五匁宛払、右代壱貫七百三十七匁

天明七年

天明七丁未　弼七十四歳　徳宗二十三歳　徳泰三歳

正月元日、如例御祝義帳

将軍宣下

四月十五日、将軍宣下、十一代源徳川豊千代君奉称家斉《ナリ》公

三月、殿様と松平内蔵頭治政公御女英姫君御縁談御願被為済、当国到来、四月廿八日・同廿九

巡見使掛

麦作大損亡、米高値

御救米両市中二千俵

免奉行地方切扶

本家葺替

日・五月朔日御祝義御肴、五十・三十・廿・十献上
四月四日、順見使掛、月瀬宅兵衛・四宮甚大夫御馳走掛被仰付、其外口々役人被仰付、為見分役人郡々罷出候へ共、御延引に付皆々引取
五月、長崎御番黒田甲斐守様御代番の御到来有之に付、御祝義出 五月廿二日・三日・廿五日
一当夏麦作大損亡に付、米日々高直に至、右に付二百目に至、七十五、六匁迄上る、貧民白米六拾銭四合六勺に及ふ
一四月十五日夜九つ時、博多小山町出火、八軒焼失
一同月、夜須郡三並《ミナキ》村真宗住僧、同村庄屋我子を毒殺仕候由申かけ、公事仕かけ、公訴に及候所、弥露顕仕遠島
一五月廿三日、御救米両市中二千表被出、町々年寄預り置、貧民共石に付、百六十五匁に買せ可申被仰渡
一五月十二日、新茶屋出火
一四月十一日、御縁女様英姫と奉唱候間、末々名改可申御触有之
一三月十日、宇美御願解御礼、家内社参仕る
一四月四日、御免奉行新役、地方切扶より被立る
一四月廿三日、笹栗岡部利兵衛死去仕候段、同廿八日林次罷出相断る
一四月廿七日、同廿八日本家西方ふき替、五拾めかや調候所、古かや新かやより宜敷大分ふき残かや西ふき替、木屋・湯殿上指かや仕修理仕る、ふき手両人以上四人、手間下松次某日用一人、やねふき召連来三人、六人手間

幕府支配勘定通行に付使者交代出途

徳宗休士指加

（春・夏諸国大飢饉）

一五月三日、黒椀拾人前・同膳十人前百八匁に調一人前十匁八分当、茶菓子盆十枚七匁五分調る
一五月五日頃より、三十郎熱強く候へ共、機嫌能候所、十日頃より熱醒候所、疼起たくり強、十一日頃より食事給不申、草臥相見へ、気分相勝れ不申候故、隅川玄慎呼見せ、薬遣被申候へ共、一向給へ不申、乳も給へ不申、不絶臥り候所、其後追々全快仕る
一五月七日、野口彦七足軽頭被仰付
一七月十一日、六つ過時支配勘定通行に付、此間より海津五兵衛木屋瀬罷越居候所、数日に及候間、為交代同所に出途、馬一疋・人足三人渡、足軽・小人は五兵衛召連参居候間、同人より請取召連候様に被仰付、赤間迄参候所、昨日御使者相勤候由にて、同所にて五兵衛に逢候て、赤間宿より遠賀郡手野村三木梅庵方へ参候て一宿仕、翌十二日転同道仕、同所より暮頃帰宅仕る
一七月、南川卯蔵一外死去
一七月十六日、早川忠七病気大切に及、ふさき候段申来る、某不存同所に参候所、右の通にて三十郎母、三十郎内に召置候て即束参る、其後開き申、同十八日朝是習も参る、夫より居合候へ共、毎々ふさき候て次第に大切に指及候
一八月朔日、今日より休士に被指加候旨、毛利林次郎殿より申来る
一同十八日、夜四つ時火災、鳥飼と申候故罷出候へ共、掃除焼に候由
八月五日、皆田藤大夫死去、同七日夜勝立寺葬蓮、参寺仕る
同廿日、津田源次郎死去、同廿一日当浦庄屋六右衛門相果る
同廿二日、真然坊上京、博多舟乗船仕候筈候所、昨廿一日八つ頃山門より御触流し到来、当年

勧請被延

筑後穀神祭に大組頭大勢同道し参詣、御叱り

倹約触

諸国困窮の由、御座主被聞召、禁裏御伺ひ相済、江戸御掛合有之候て当年勧請被延、来申年に相極候間、諸国共相登申間敷申来る

一同廿四日、長崎乗船、同廿五日出船、大組頭林平兵衛、当秋口筑後穀神祭に大勢同道、参詣有之候故、此間より閉門に候所、去る十九日御叱りにて相済、同道面々隠居衆迄一同に御叱り、無別条長崎被参る

一八月廿五日、相嶋嶋番明石与大夫荷物、伊崎より箱崎送り参候所、持人荷物持出奔、浦中騒動仕る

一九月廿五日、早川忠七暮頃死去、某一両日以前より同所引切参居候、同廿六日是習谷へ参る、同廿七日葬蓮、博多順正寺、号霊光信士

一九月、家中被仰渡、御呼出有之候へ共、忌中故池上幸大夫聞次、其後御倹約委書御触有り

一九月廿日、安見左膳悴出生、左次郎と名付、此間正左衛門と改

十一月五日、御切米五拾壱俵一斗八升四合、御切米二枚山路小右衛門請取被呉候

十一月十一日、手野村権内悴卯六参泊、手野銭八十め相渡、十三日朝帰る、同十三日昼利吉も参る

十一月十四日、某忌中晴、月代仕頭衆に参

十一月十四日、新五忌明届候所、即束御用紙来る

同十五日、早川新五父忠七遺跡、無相違拝領被仰付旨、平左衛門殿〔立花増昆・家老〕被仰渡、頭毛利林二郎

十一月十八日、御切米の内廿一表一斗八升四合、真然坊世話にて加瀬屋三拾五匁宛相払、二口〆、壱貫七百七十め、一御切米の内三拾表、湊町醬油屋三拾五匁宛相払

徳泰膳居

十余万石損亡

津屋崎流舟来、長崎送り

天明八年

十一月廿六日、三十郎膳居へ、御客小右衛門家内四人、忠大夫方二人・新五・儀右衛門母・林蔵妻・了作・秀
同廿七日、近所女中、夜順益計
十一月廿一日、夜五つ時、大工町美作殿下屋敷内出火、八軒焼
十一月廿二日、左の指怪我仕、其後気絶仕裏に倒る、即東道清来薬用、同廿四日より香江道陸療治頼
同廿三日、頭衆申渡御用有之候へ共、右の首尾故池上幸大夫聞次頼
一関岡弥惣、中嶋金平と申者妹縁談願上る
一吉田庄五郎妹、鞍手郡植木大庄屋勘吉弟縁談願上る
十二月廿日、博多火災
十二月廿三日、如例年餅搗相済
当春手野村梅庵方与七、黒崎に引取候故、梅庵本屋敷に九月三日より斧初普請、十月末成就引移る
一当四月五月旱継、六月より蝗災漸油等入、虫去候へ共田穀空、御国中拾余万石損亡に付、家中祿百石、拾二俵二斗余内、当年六表、来暮六俵二斗余相納候様に被仰渡
十二月廿一日、宗像郡千屋崎流舟来、同廿二日役人出途、同廿六日長崎送り参る、二月初送舟帰着
天明八戊申　　弼七十五歳　徳宗二十四歳　徳泰四歳

一族外年礼往来禁

簀子町出火、町筋小家焼失

二十四ケ月江戸給仕番仰付

正月元日、去廿九日以来雨天、当年始一族外、年礼往来仕間敷、家老を初供人減少、末々侍僕召連不申候
二月十日、御飛脚到着、京極壱岐守様御母公御逝去、三日音楽停止被仰触
二月十四日、子下刻簀子町横丁浄念寺裏馬子家より出火仕り、伊織殿・十左衛門殿下屋敷、其外町筋小家不残焼失、丑の中刻鎮火、今宵より東北大風、丑下刻より大雨風、辰刻より雨止、十五日終日曇天、夜入風必至と止み、十六日より晴天
二月廿日、谷祖母八十八歳寿算祝会に付、兼て家内参候筈に候所、大雨故三十郎召連候儀難成、某計罷越
同日、九つ時、御用紙来候へ共、留守故請取不申指返す、又夕飯後来り候へ共、未帰候故指返す、又夜に入来候へ共不帰候故、暫小使相待候へ共不帰候故、谷新五宅教へ、同所に参候様に申指返す、又夜九つ頃小使来る、明廿一日出殿候様に申来る
同廿一日五つ時、出殿仕候所、平左衛門殿江戸御給仕番被仰付候、早々相仕廻江戸廿四ケ月相勤候様に被仰付、御月番並頭衆に参帰る
同廿二日、同勤吉田弥七、堅粕村に住居候間、申談罷越、其外廻勤
同廿三日、此方申談寄合、麻布御錠口津田三右衛門・荻原儀右衛門、同所御小性海津五兵衛・梅津栄、御給仕番同勤吉田弥七〆五人
同廿五日、金龍寺より使僧、此節裏松切除候、墓に障り可申候旨、兼て了簡仕候様に申来る、其後月峰妙桂信女墓打崩し、石細く打破、花心貞香信女墓倒候迄にて、損し無之候

旅行扶持請取

大黒丸三百石、上下七十人

愛宕下焼失

大庄屋・大百姓等二十七人月番逢、吸物・肴頂戴

兵糧寸志八百七十余人

同廿八日、江戸同道六人申談宰府参詣、津田三右衛門惣弁当仕出し被申候

三月五日、旅行扶持請取置候、今日打せ候所、俵の内より栗筋三膳出る

三月七日、出殿御月番平左衛門殿御逢被成、昨日より雨天、今昼より大風、夜中風

三月八日、明方より風止、晴天静也、八つ時波戸場より乗船、大黒丸三百石、乗組廿余人、上下七十人

舟場迄、早川新五・尾崎善兵衛・神保治右衛門・入江了作・中村孫吉・山路小右衛門・同小兵衛・同仁兵衛・吉川駒吉・東八平・東権二郎・池上幸大夫・小山順益・三十郎・金兵衛・松次

同九日、早朝出舟、西追風海上静也、六つ時波戸出船、七つ半時長州波江《ハエ》泊に着

同十日、小雨にて滞舟、同十一日風悪敷滞舟

同十二日、五つ時出船、九つ時赤間関着

同十三日、晴天、風悪敷滞舟、九つ時出船、暮六つ時防州向嶋着、同所より舟便の書状、四月二日に到着、三月十三日書状

三月十六日、夜九つ時、福岡呉服町荒木斎順裏木屋出火、一軒焼

同十七日、又同人裏座敷焼失、両隣木屋焼失、本家は皆半焼残る

三月晦日、小雨、夜五つ時愛宕下不残焼失、中程二軒残鎮火頃より大雨に相成風強、四月朔日風雨相止み晴天也

四月三日、御国中大庄屋・大百性・筋目者共被召出、御月番御逢被成、右廿七人御台所にて御吸物・御肴頂戴被仰付る、同日去夏飢、兵糧寸志指出候百性凡八百七十余人、郡奉行挨拶、

岩に成居冑引上

徳泰帷子地

旅行留主扶持

江戸着

徳泰母安体薬

会所にて御吸物・御酒・御肴被下、一日三座宛り一日三百人、去未飢人救、無利に余分寸志に借し仕候大富人被召出、郡奉行より御言葉御褒美被仰付

三月廿一日、博多浦田作り網に岩に成居候冑一つ引上る、四月九日浦奉行より指出、各中御覧候へ共、誰か甲共不相知候故、被指返、伊崎浦迄来る

四月十二日、長崎四番々帰船、此節番頭斎藤権之允数々過有之風聞、大組頭前田権右衛門・大頭久野善右衛門頃日叶岳にて大あはれ、谷山並竹田茂兵衛門狼藉専御詮儀

四月十七日、三月廿六日大坂着書状四月十七日に到着、新五持参

一四月十七日乗登候大黒丸帰着、同十八日御舟方斎太着、書状持参、古着等宿元迄参居候、取に遣候様に申候故、同人宿元取に遣、渋紙包並七嶋包箱壱つ、梅津栄指札にて藤甚太郎殿内、留本四右衛門方参候分為持遣、一三十郎帷子地下る

一同廿三日、除扶持三月分、廿六日分同月旅行留主扶持四日分

四月・五月、留主扶持惣合三表三斗壱合、証拠相済持参新五

同夕、波那中仕八平方持参、同廿四日右無相違請取駄賃九十六文

一同廿七日、六月分留主扶持二斗五升請取

一五月廿八日、五月八日立の御飛脚着、四月十三日江戸無事に着仕候段、並三十郎脇指、是習方烟管・筆下し来る

五月廿日、新五祖母死去、同廿一日博多順正寺葬、釈妙休信女号す

同廿六日、一七日相当廿五日送物遣す

五月十六日より、三十郎母安体薬杉道清より取候て服用仕る、廿日頃より腹痛仕、昼夜十度余

一服に人参一分入

組外定助

通用、口中小き物出来、痛強く食事難仕、尤言語不自由、下部腫れ、足裏腫れ候故、歩行難仕、難義仕候、次第重く、気そき候由に付、道育見被呉候様に申談候
六月二日、元厚見廻、明朝より道育方より薬可遣由、同三日より道育薬一日に二貼宛り、一ふくに人参壱分入、此間川口屋にて壱匁に付、五匁に調、同五日道育見廻、博多山口屋にて調可遣由、掛目二匁に付、代六匁二分、六日・七日に至気力出来、通用数減、口中出来物癒申候
二△六月六日、江戸御飛脚立、書状順益頼遣す、昨日同人方へ遣候
同日、関岡多右衛門より江戸に言伝書状持参
同十日、四つ半過、産も様有之候故、即束はゝに申遣候所、両人共参、道育方申遣候所、元厚も被参、極て次第腹痛強相成可申由に候所、次第に腹痛相止み、七つ頃婆々も引取、夜入弥居合申候
同十日、弥快、髪なと結候て如平日有之候
同十一日、四つ半過、又腹痛強候故、婆々に申遣候所、途中迄出浮居候て、即束参候所、俄仕切立輒即束産有之、胞衣も打継候て下り、少も気分相障り無之、産後伊藤節庵被参候、始終小右衛門執計にて相済、同十三日・十四日弥快候、道育見廻被申候、乳殊外はり難儀仕る
同十五日、夜前少寝冷仕、熱強頭痛仕、口中乾候由
同十六日、夜前通に候段、道育参候て申述候所、別方三貼、明朝迄に相用候様に被申聞
○同五月廿七日立、御飛脚六月十六日着、同十七日書状相届、堅固在勤仕候、御組外定助被仰付候旨申来る、方々書状来、即刻相届候、糸・針下す

五龍日記写

同十七日、今日頭痛軽く乾無之、熱余程醒気分快候、乳殊外張候て難儀指及候へ共、三十郎は一向寄付不申候、安見左十郎昨日より折々給被申候、夜入伊藤節庵被参、何さへ気遣無之候由被申候
三△同十九日、書状認候て、順益明廿日立御飛脚に遣くれ候様に持参、女房へ渡置候
同十九日・廿日、同扁少快方也、然共、又口中出来物痛、難儀仕る
同廿八日、初て髪結ひ、行水使、気分不十分候
同廿六日、伊藤楽心死去しらせ、同廿七日悔に参る
七月朔日
同二日、与九郎方参、同人六月廿日、先日指上候退役願御免無之、同役八人増被仰付候間、在府来酉秋に相成
六月廿八日、川嶋多兵衛に、川嶋久右衛門へ分知百五十石返し被下、三百五十石相成候由
七月三日より、薬人参壱分宛相加る
四△七月三日、明四日御飛脚相立候旨、順益参候てしらせに付、即束書状認、同人方へ遣す
七月四日、小右衛門家内五人料理出す、同人方より肴持参、兵右衛門に肴送る
同五日、近所女中祝茶にて夕飯、兵右衛門内・儀右衛門母・林蔵後家
六月廿九日、五龍日記写仕廻表紙かける
七月十一日、六月十八日立御飛脚七月九日八つ時着候へ共、今日御館引故御文箱不開、同十日順益後浜出方故不罷出、同十一日朝飯後態出殿、書状持参、江戸表無異の段申来る、五月十七日に遣候書状、六月八日到来候由申来る

七月十日、夜八月分御扶持方証拠持参候事
○七月廿二日、七月三日立御飛脚到来、無事に相勤候由、梅庵きせる並真鍮みかき来、三十郎

疱瘡守

に疱瘡守、ひけ抜薬来る、新五方きせる入来、小田正五郎・白水惣大夫・三右衛門・利右衛門手紙来る
五△七月廿六日立、御飛脚書状遣、梅庵頼銀子指登る
六△八月十日、御飛脚立候間、書状順益方頼遣す
○八月十二日、七月十八日立御飛脚着、六月六日・同廿日差登遣候書状相達候旨、江戸表無事在勤仕候段申来る、方々書状早々相届候
八月九日、田嶋西嶋十次妻死去仕候段申来る
七△八月十九日、明廿日江戸御飛脚相立候段、了斎申来候間、同夕順益方へ持参、明日遣くれ候様に頼置候

怪我守

○八月廿八日、八月七日立御飛脚到来、書状来三十郎怪我守下る、書状夫々相届候
○九月四日、八月十九日立御飛脚到着、無事相勤候由、中上丹作八月十七日死去仕候由、坪田市平病気にて交代なし、帰国候由申来る
八△九月十日、御飛脚立八日に書状持参、頼置銀子入封銭廿三匁添る
九月十六日、八月廿二日大早御飛脚便一筆来る、無事に相勤候由、九番と中番付に候
九△九月廿四日、大早御飛脚相立候由、廿三日順益しらせに付、早束書状認め同人方へ為持遣す
十△九月廿五日、江戸交代牧次右衛門罷越候に付、油紙包一つ頼遣す、菅伝大夫・吉田弥七両

脇差質札調

三徳

絵本四冊

ちりめん羽織

人へ干鮎一連、重八へ干鮎一連・茶一袋頼遣す、此方自然生稲三穂書状在中仕る
九月十六日、宇野作兵衛不慎に付、役義被召放、百五十石内廿石被召上、百三十石被下、御傍筒頭高畠源内役義不相応に付御役御免、高畠伝左衛門奥頭取役、当廿五日江戸交代仕候筈の所、御役御免、足軽頭被仰付、百十石当二百石取居候、香山専五御納戸御髪方廿五日交代筈の所、御役御免被仰付、四人五石、六人廿石当被下候所御免
○九月廿四日、九月三日立御飛脚到着、二封の内一封順益持参、三十郎白絹桃絹下る、壱封書状入見へ不申由、今一度詮儀可仕由、筆二対下る
九月廿四日、脇指一腰弐百目、来九月切、月三歩にて幸大夫世話にて取置候、尤質札調遣置候
九月廿八日、此間紛失、江戸より九月三日下候二封の内、壱封今日御足軽手元に分り有之候由にて、御館持参の由にて、順益今夕持参、無異の書状並脇方遣候書状、三十郎母三徳〔紙入れ〕一つ、三十郎に絵本四冊並梅庵頼たはこ入下る
九月廿七日、毛屋主水・野口彦七惣詰被仰付る
十一△十月四日、御飛脚立候旨、十月二日順益方書状頼遣す
十二△十月十二日、御飛脚立候旨順益しらせに付、書状十月十五日立に成、同人方へ遣候
○十月十四日、九月十九日立御飛脚着、無事に相勤候由
十月十三日、中村孫吉来る、九月廿二日同居の姉出奔仕候、段々詮儀仕候へ共、行衛相知不申候由
十二○十月廿五日、十月三日立御飛脚着、無異相勤候由、三十郎ちりめん羽織裏表紐共下る、良作浜は、きせる、手野小二郎持下る

減米無し

郡奉行俄に交代
坂田新五郎等郡奉行

十四△十一月三日、御飛脚立候筈に付、今朔日書状順益方頼遣す
十三〇十月十九日立、御飛脚十一月十四日着、九月廿四日御飛脚状十月四日着、十月四日書状
十六日着候由申来る、達者相勤候由申来る
十一月十九日、谷又助江戸に参候由に付、鯨のし一包、書状頼遣す
十一月六日、御切米当年減米無之、五十五表二斗四升壱合請取、八兵衛方渡置候
十一月朔日、大鶴只右衛門乱気腹切なから、夜七つ頃富山長大夫宅へ切入、夫婦寝居候枕本煙
草盆切付候故、夜着かふせ、押伏候て捕へ手負無之候、腹わた少出候、二寸計切口にて御座
候
十一月十日、宮川孫左衛門郡奉行俄御役御免、跡役勘定奉行より櫛田甚内被仰付、庄野兵左衛
門同役隠居願の通御免、跡役御普請奉行坂田新五郎、御蔵米百表二百五十石御増、郡奉行被
仰付、勘定奉行野田新兵衛・青柳卯右衛門両人被仰付、御普請奉行〔空白〕御蔵奉行新兵衛跡林
善左衛門、脇山境目奉行辻甚之丞願の通御免、跡役若松久右衛門
十一月十七日、夜尾崎源吉参候て、妹木戸久市方縁談願上のしらせ有之候
十一月十八日、谷又助江戸参候由に付、鯨のし一包書状頼遣す
十一月十七日、御切米五十五表二斗四升壱合、内十表粮米残し四十五表二斗四升一合、三十四
匁八分宛り相払、銭高一貫五百九十一匁四分二厘
十五△十一月廿二日、御飛脚立候由に付、染物・書状順益方頼遣す、封銭百五十文添遣、段々
延ひ十二月朔日に相成候由
十一月廿六日、池上幸大夫入来、連々預り置候次右衛門脇指、請返し申候由にて、元利二百拾

八匁為持被参、則請取、脇指同人に相渡返す

徳泰上下着せ

十一月廿六日、三十郎上下着せ申候、小右衛門方樽・肴・赤飯、惣五方赤飯・肴、新五方赤飯・肴、其外赤飯計配る、新五鳥飼宮迄被参

十一月廿六日、羽根戸より餅米付け来る

十四〇十一月廿六日、十一月九日立御飛脚到来、堅固相勤候由申来る

大廻り舟武具積

十一月廿六日、夜真然坊京より帰舟、十一月十七日夜大風、御国米舟並交代舟流付破舟、大廻り舟武具積居候て、むつかしく有之候由、交代御料理人三人、長州田浦にて御紙・蠟燭積居候破舟、村山源三等三人罷帰、真然坊同夜家室にて大難逢候由、昨日玄界迄来、今日終日かゝり、暮頃波戸着舟仕る

十一月廿七日、十二・正御扶持方、壱俵二斗四升計来る

十六△十一月廿九日、明十二月朔日、御飛脚立候筈に付、順益方書状頼遣す

十七△十二月十一日、御飛脚立候故、十二月十日書状順益方遣、手野より肴代入書状相届る相延十八日立候

十二月八日、是習初て髪月代、当九月より顔出来物仕る、雨天金龍寺参寺仕る

十二月七日、手野より助太郎悴罷出、金一両二歩送り遣し、同九日帰、同九日より雪、同十日大雪

絵本・江戸絵

十五〇十二月廿二日、十一月廿九日立御飛脚到着、無事相勤候由、手野頼腰指したはこ入一、谷へ参候きせる・絵本・江戸絵下る

十二月廿三日、如例年餅搗相済

十二月廿四日、御馬屋後に参、去る十九日より与九郎大病、先中風仕出に候
十八△十二月廿八日、御飛脚立候由に付、順益方書状頼遣候

天明九年

天明九己酉　　弼七十六歳　徳宗二十五歳　徳泰五歳

正月元日、夜前より大風、寒気強、折々水雪降る
同二日、晴天寒気強し、明日御飛脚立候故、順益方書状頼遣す
十九番△同三日、御飛脚立、去冬御飛脚相止み、今日一同に書状遣候由
同七日、夜六つ過時、呉服町出火表具屋、早束鎮火
十六○同十三日、昨日去十二月十八日立御飛脚着候、順益書状相達す、但、十一月廿二日に遣
　候書状相届不申由、申来る
同十五日、晴天暖也、松囃子目出度相済、三十郎・新五召連見物参、暮頃罷帰る
廿△正月十七日、御飛脚立候由に付、十六日順益方書状頼遣す
正月十七日、今日より雪大風、昼夜吹詰め大寒、折々雨添、同廿八日迄同し
正月十七日、御飛脚段々延引に相成、正月晦日に立つ

安明間記写

正月廿一日、安明間記写初、同廿六日に写終る
正月廿二日、未刻姪浜火災三軒焼失、住吉神人も焼る
同廿三日、箱崎出火二軒焼失

（一・二五　寛政改元）

十八○二月四日、夜江戸御飛脚着候へ共、五日御館引け、同六日書状相届候、無事相勤候由申

江戸より書状不来

徳泰母松原山神他祈禱

金子三両指登

来る

十九〇二月十日、正月廿日立御飛脚着候由、忠大夫書状持参、安全の由

廿一△二月十七日、御飛脚立候間、同十六日権現様御鏡餅送り遣す

二月十九日、大神円作此間より浦廻罷出候所、今日帰浦仕候由にて、手野三木梅庵書状相達す、梅庵母正月廿九日死去、当年八十九歳長寿庵に葬、号〔空白〕信女、与七此節も不来候由

廿〇二月廿二日、二月三日立御飛脚着候由、忠大夫書状持参、安全の由

二月十四日立御飛脚、二月廿九日着候へ共、書状不来候

二月十八日立御飛脚、三月六日着候へ共、書状不来候

二月、菅伝大夫方、順益聞合参候へ共、不相知候、同九日、三十郎母吉田弥七留主に参、内証に面談仕候へ共不相知候、箱崎松原山神・稲荷宮・不動尊其外祈禱

廿二△三月四日、御飛脚立候由に付、三月三日順益方書状頼遣、同六日に御飛脚立候由、金子三両指登せ候

三月九日、古川藤九郎江戸被仰付候由に付、新五頼書状、其外言伝物頼遣す

三月十六日、橋口天満宮・松原山神・箱崎八幡宮参詣、箱崎御普請朱塗最中也

三月十八日、手野より転出福、順了同道、同十九日同人同道、宰府参詣、同廿日金龍寺参寺、同廿一日罷帰る、此節梅庵より為見廻金子一粒送り来る

三月廿一日、古川藤九郎入来、明後廿三日出途仕候由

廿四△三月廿四日、御飛脚立候、順益順見使掛り若松罷出候間、同人同役に頼置候間、大音権左衛門殿長屋迄遣候様に、同人妻参候て書状遣候様に請取帰る

廿一〇三月廿三日、三月三日立御飛脚着候書状来、無事に相勤候由

加番舟

三月廿日、長崎加番舟出る
四月朔日、早川新五今日勤士被仰付候
四月朔日、御奉書天野与大夫付者、矢野市左衛門持参着
四月朔日、順見使城下御通の筈候所、雨天故段々御道中御延
四月四日、長崎一番々舟乗船、斎藤三郎大夫〔中老〕・林平兵衛〔大組頭〕・加藤吉左衛門〔鉄砲大頭〕、此節平兵衛舟、藤田
善七郎干潟乗上、遠慮仕候由

巡見使御通り

一汁一菜

四月五日、順見使小笠原主膳・土屋忠四郎・竹田吉十郎、大名町通御通り、家老中上の橋に罷
出御目見へ有之、此節一切受用無之、質素御認め一汁一菜、寝具木綿物也、同夜姪浜泊り、
同六日前原へ御通駕也
廿五△四月八日、御飛脚立候由に付、七日に順益方頼遣す
廿二〇四月十五日、三月廿四日立書状相達、金子請取候由申来る

願解松原山神おこせ持参

四月廿二日、松原山神おこせ持参、願解又参詣仕る

十三日割飛脚

廿六△四月廿九日、十三日割御飛脚立候に付、順益方書状頼遣す
四月、中西与九郎病気に付、退役願被仰付る
廿七△五月七日、御飛脚立候由に付、書状遣す
五月十八日、倉八権平病気に付、退役願被仰付る
廿五〇五月十七日、五月二日立御飛脚着、四月廿七日民部卿様御入、無滞相済候由
廿八△五月廿五日、御飛脚立候由に付、廿四日順益方書状遣す

徳泰に脇指・絵本

箱崎馬出二十五軒焼失

廿六○六月七日、五月十七日立御飛脚着、無異に相勤候由
六月十二日、菅伝大夫五月朔日江戸立、当九日着候由三十郎脇指・絵本、言伝下る
六月十四日、伝大夫方肴遣、同廿一日是習同人宅祝儀に参る
廿九△六月十八日、御飛脚立候故、十七日順益方書状頼遣す
廿七○六月廿四日、六月五日立御飛脚着、無事に相勤候由
同日、菅伝大夫入来、三十郎絵五枚持参有之候
六月廿五日、松本茂右衛門江戸より着の由にて入来
六月廿六日、不動尊奉加銭三匁上る
三十△六月晦日、御飛脚立候故、廿九日順益方書状頼遣す
六月廿八日、不動堂普請成就、護国寺護摩執行、行願寺・養源寺介添
六月廿八日、権藤伊右衛門養子願被仰付る、青木市郎右衛門次男、平吉と相改候由
同日、鈴木七蔵一人二石・脇山才次一人二石・田丸甚次二石、此外三人直礼被仰付候へ共、名失念
閏六月十日、丑の下刻、箱崎馬出町出火、廿五軒焼失、岡の方は酒屋切、浜は妙徳寺門切に焼止る
同十四日、吉塚町出火、四軒焼る
廿八○閏六月十四日、初六月十七日立御飛脚着、書状忠大夫持参、安全
廿九○閏六月廿日、閏六月朔日立御飛脚着、無事相勤候由
三十○閏六月廿四日、閏六月七日立書状到着、無事相勤候由

三十一△閏六月廿八日、御飛脚立候故、廿七日順益方書状頼遣
閏六月廿八日、中西与九郎悴市大夫、須恵村田原養伯女縁談願、今日指出候由
閏六月廿七日、裏木屋湯殿上ふかせ候
三十一○七月六日、閏六月十八日立御飛脚着、安全の由
三十二△七月十一日、同十日夜順益方書状頼遣す
三十二○七月廿日、七月三日立御飛脚着、安全の由
毛屋主水・吉田市郎次・中村源五・櫛橋源之允病気の由、御玄関番三宅次郎左衛門、七月朔
日死去の由申来る、松前蝦蘇もめの儀申来る
七月廿四日、中西市大夫縁談願の通被仰付
七月廿七日、亥時地震
七月、早川新五母儀当春以来病気に候所、日増大切に及、重八妻看病毎々逗留参る
六月、於長崎林平兵衛大病死去有之候、野村太郎兵衛内室同死去
三十三△八月二日、御飛脚立候に付、朔日に順益方書状頼遣す
八月四日、子刻太閤道作出出火、二軒焼失
三十三○八月十日、七月廿三日立書状到来、安全、筆三対、元正間記二冊下る
三十四△八月十三日、御飛脚立候に付、同十二日順益方頼遣す
八月、於新堀に甲斐守様御嫡男御出生、号金十郎様と
八月、野村勘右衛門死去、吉田六郎大夫内死去
三十五△八月廿七日、御飛脚に付、廿六日順益方書状頼遣

地震

元正間記二冊下る

徳泰疱瘡守下る

不動尊縁起誌奉納

田畑満作、大山笠博多十余本、町役所停止命

小児歌舞妓

成敗者十二人

三十四○八月廿八日、八月八日書状到来、三十郎疱瘡守下る

九月朔日、早川新五継母死去、同二日葬送、号釈妙光信女と言、重八他家継候故、半減五日忌、同人妻三日遠慮、新五十日忌也、家誉此間より引切参居る

九月廿八日、不動尊縁記誌奉納、筆者養源寺智迥

九月、当年大風不吹、御国中田畑共満作に付、農商民賑ひ、六月以来大山笠祇園会同前、博多拾余本、福岡大西町・新大工町・湊町に拵の望候所、町役所より停止、夫より両市中小児に業習せ、方々昼夜歌舞妓・操等、其後在々浦々共催候、諸士上下男女、右見物日々さはかし、十月に至止ム

九月八日、粕屋郡浜男御薪船当浦破損、久敷御詮儀有之候

九月八日、亥刻、はな米屋六右衛門裏納屋三間七間焼失、無類焼

三十六△九月十三日、御飛脚に付、十一日順益方書状頼遣

三十五○九月廿二日、八月晦日立御飛脚着、無事の由、元正記三・四、二冊下る

三十七△九月廿二日、十三日割立候故、一筆遣す

九月廿六日、重八妹お吉、此方引越被参る

九月晦日、成敗者五人、此前廿六日四人以上九人

十月十三日、藤田伝之丞養子離縁願相済

三十八△十月朔日、御飛脚立候故、九月廿九日、順益方書状頼遣す

三十九△十月十五日、御飛脚立候故、十四日、書状順益方頼遣す

十月十七日、成敗三人有之、以上拾二人

田川弥兵衛御暇、祭日参り沈酔博多社家町者

慮外者

額切付

庄屋届

郡奉行届

町奉行三好市郎兵衛役所届

打伏召捕下知

大目付より尋

十月十九日、倉八権平死去三十二、早々罷越、明夜金龍寺葬送、悴勝次郎八才

十月廿五日、寒松院様七回忌、於金龍寺法事仕る、朝は倉八初七日に付、非時に法会、善大夫・新五・権次郎・某四人、手野村梅庵より香奠・野菜代・餅米・果子等為持人指出候

十月廿六日、田川弥兵衛御暇被下る、去る九月十日西町祭日参り、沈酔《ちんすい》にて土手通帰候所、谷に居申木挽逢候て、道案内仕候様に申体、酔人と存、奉畏候と申走行候、其後博多社家町者、六本松逗留仕、方々家上《やね》細工仕候所、田嶋村より作事仕廻、六つ頃帰候所、弥兵衛六本松道にて逢候て道尋候所、私田嶋村より六本松帰候、此道御出可有申所、慮外者と抜討に切付候所、額に切付候故、討返、土手上にて互に組合候所、土手下田に落候所、下にて弥兵衛下に成候故、突放し引返し田嶋村逃帰、今日家作仕候家に逃入、追手参候と申、打倒れ候所、額より血走出候故、百性驚近所走廻り、庄屋に届候所、大勢打寄、先々相手追来るの由、一村起り立、出口〳〵相堅め、早東六本松に申遣、外料呼、血を止め郡奉行相届候

田川は起上り、刀拾取候へ共、鼻紙袋失候所、津田三右衛門在江戸跡扶持証拠失候、夫より六本松吉田多門方参候て、湯を望候て給候所、流に成、血に染居候故、家内より怪我共被致候哉尋候所、土手にて狐化し候はんと致候故、切付候由にて帰り、前後不覚打臥候

田嶋村より六本松申遣、同所より博多申遣、大勢迎参、手負請取帰候て、町奉行三好市郎兵衛役所に届候、若相手参候儀可有候、如何可仕哉伺候所、其町は申に不及、近町申談、鳴物相図仕、打伏召捕候様に下知有之候

同十一日、同十二日迄其分に候所、田川弥兵衛切候評判有之、町方よりも右の段申出故、大

月番立花平左衛門申出延引
弥兵衛閉門
兄分力丸半七等
身柄指出求む
町人二百人計り四方取巻
中洲畠逃行
田川御暇・六人御叱り
一石宛減

目付より無足頭根本孫三郎に尋有之候所、存不申由にて、十三日弥兵衛呼出、尋有之候、十日夜討洩の由に付、口上書認候様に被申渡、去る十日夜に入候て、田嶋土手にて慮外者討捨可仕候所、暗夜にて見失討留不申候、相手呼出し居候、御詮儀の上、彼者御渡被下候様に認め指出候、先指控被居候様に、同十四日御月番平左衛門殿指被出候所、加様の儀即束十一日朝可申出候所、只今迄延引、其上十日宵暗夜にて相手見失候段、不得其意候、加様の儀は、其元能々しらへ可被指出儀と被仰聞候故、孫三郎遠慮被致、弥兵衛閉門被仰付候

同十五日、兄分力丸半七・妹聟幸田幾次・剣術師吉留和平太・相弟子松隈左平・知音岡崎弥吉以上六人打寄、此分にては相済申間敷、同十六日夜博多怪我人宅へ各装束・弓針灯燃し、我々御側筒者共怪我人逢候て、御尋一儀有、指出候様に申候所、此所居候て療治成不申故、故郷在方指返候様に申、いや〳〵左様無之候、公義役人偽を申かと問答の内、兼々約束太鼓・鐘・ほら貝吹立候故、追々走集、得物〳〵引提、凡二百人計四方取巻、戸に手を掛候を合図に打倒せと口々にのゝしり候故、七人大驚き、一人〳〵大勢中を逃出、中洲畠に逃行候故、大勢鯨波《とき》を上け、追掛候勢を見せ候故、ほう〳〵逃散候、右の始末故、田川御暇、方人六人御叱り、一石宛減禄被仰付候

三十七〇十月十八日、御飛脚九月廿九日立の由に候へ共、書状相違不仕候

十月、村上清右衛門頃日中風病起る

十月廿四日、長州船浮島沖にて破舟、穢多善九郎荷物也

十一月朔日、御切米五拾六表三斗七合、新五請取被参候

島番大小取られ拝禄指上

不身持にて二石減

脇指抜き取られ御暇

久野外記歩行不丈夫、陸士前後立

払手が郡奉行胸に当たる

陸士慮外召籠

杉山主水役所子共

同二日、米屋八兵衛方持参預け置
四十△同三日、御飛脚立候故、順益方頼遣す
同五日、米屋八兵衛より米六表付け来、内三表狩野屋預け置候
十一日、○大嶋番窪田伝蔵島者共打擲大小被取候故、一類中より拝禄指上願上る
○帆足平次郎不身持に付、実父添田市次郎より異体病気、拝禄指上け願、其後二石減禄、跡式御立被下候
○長野三四郎当九月甲斐守様長崎御出の節、御旧臣申立、御縁も有之候申上、役所にて御目見、御料理・御目録頂戴、陪臣にて御縁申立、此方様にも不申上候て、右の段不届に付、遠慮被仰付、其後御叱りにて御免
野間又六沈酔、馬場桑嶋才大夫屋敷に参候とて、夜中御馬屋内に入、御倉錠前動候故御馬取追出候て事済候所、此節御叱り、在宅津田〔空白〕不身持にて二石減禄、原文右衛門春吉町扇屋〔空白〕と借銀相論有之候
郡九郎右衛門才判悪敷、退役願田代六郎兵衛才判にて無事相済、木戸久市小姓町にて伊藤宅兵衛中間より脇指抜き被取候評判、其後御暇被下
九月廿日、外記殿歩行不丈夫の間、出殿・退城共御次使御陸士衆心を付呉候様に御頼に付、前後立候、九月廿日御退館の砌、御陸士鷹取伝蔵先に立候所、大目付部屋より横合に富永軍次郎〔郡奉行〕罷出候故、はいと言ひ払候所、軍次郎胸に当、たち〳〵跡へ寄候、然共外記殿御出掛故、役所に帰候て、手紙御陸士頭詰所へ、当番御陸士慮外仕候間、追て御掛合可申候間、召籠被置候様に申遣候所、杉山主水役所使子共に御免可被下申遣候故、郡奉行中不得其意、即束大

手裏の払は法

陸士中一同蜂起

小姓頭預け

重八、市大夫と改名

徳泰刀脇指

日付衆彼者下し被下様に被申出候故、大目付衆主水を呼、先延慮可申付旨被申渡、伝蔵に右の段主水申聞候所、私儀何さへ慮外仕候儀無御座候、外記殿御先払、若払不申候は丶、外記殿行当に相成候、払候故無別条候、為其御先払に候、手裏にて払候は法にて御座候、遠慮仕候儀相成不申由にて罷立候、帰候て同役相談候所、一同に口上書指出候へ共、主水手元に止め、指出不被申候、外記殿手寄者より申入候所、少も心遣仕間敷候、某見及居候と被仰候故、御陸士中一同仕、御指出無之候は丶、直に大目付衆可指出候や、蜂起仕候故、五奉行負にも難成、御陸士不調法無之候故、上へ相達候て、御才許付不申故、舟曳与左衛門御小姓頭中に人扱に相成候て、暫同人預けにて相済候

三十八〇十一月六日、十月十七日立御飛脚着、安全の由、元正記八下る、六・七到来不仕候

四十一△十一月廿日、御飛脚立候故、十九日順益方書状、金子五両入相頼候所、相延廿二日に御飛脚立候

十一月十五日、亥時過、大名町高浜次郎右衛門馬屋出火、即束鎮火

四十〇十二月朔日、十一月十五日立御飛脚着、十一月二日名改願指出候所、同四日に願の通市大夫と改候由、井上十右衛門戸塚より出奔、勝野平蔵、玄番殿金子盗取出奔の由申来る

四十二△十二月四日、御飛脚立候故、書状・帯地指登候

十二月十一日、原瀬十郎去る七日に着候由にて、三十郎刀脇指・袴被届候、同十二日祝儀届物謝礼旁是習肴代持候て、同人宅に参候所、同人は此方被参、暫時物語有之候由

四十三△十二月十五日、御飛脚立候に付、十四日順益方頼遣

四十一〇十二月廿二日、十一月廿七日立御飛脚着、金子請取候段申来る

米値段下

無足頭交代

寛政二年

郡正大夫、平馬と改名広め

松囃子、湊町にて博多者と大喧嘩

紺屋町で口論、切られる

十二月廿六日、米屋八兵衛、米御切米初三十め仕候所、段々値段下候て、廿八匁五分相払候由

四十四△十二月廿八日、御飛脚立候故、廿七日順益方書状遣候所、年内相延

十二月、野村勘右衛門死去跡、竹中伝右衛門〔無足頭〕殿被仰付、郡九郎右衛門跡、建部新右衛門〔無足頭〕、根本孫三郎跡月瀬十郎右衛門〔無足頭〕、根本御馬廻頭

十二月廿五日、尾崎善兵衛妹、大原弥市悴縁談願被仰付、廿八日聟入、同夜嫁入仕る、翌正月離縁仕る

寛政二庚戌年　去〔空白〕月　天明九改元　弼七十七歳　徳宗二十六歳　徳泰六歳

正月元日、能寒気甚

四十八△同三日、御飛脚に付、二日順益方書状頼遣

同四日、大雪尺余、同日大神円作頼、手野書状遣す

四十二〇正月十二日、十二月十九日立御飛脚着、忠大夫持参、安全の由、去冬郡正大夫、〔勇成・家老〕平馬と名被下候段、町飛脚中来、八日広め

正月十五日、松囃子、昨日迄雨天、今日晴天目出度相済、湊町幸屋にて大喧嘩、博多者半死に致、髪毛抜取、又長倉脇建部屋敷脇にて又大戦、湊町馬方万蔵牢舎

四十三〇正月廿六日、当正月六日立御飛脚到来、無事越年仕候由、年始頂戴御熨斗、三十郎母・妹子柳枝、是習夫婦肴代一封下る、忠大夫持参折節、新五参合、方角書状請取被帰

正月廿六日、亥刻於紺屋町人行逢、口論悪口仕、逃行候を切候所、行連参居候平馬殿中間頭を

破傷風死

同勤江戸交代噂

一口香江戸遣す

海陸安全札守

切、追掛候へ共、是又逃行、其後手巾にて包、方々尋候故、気絶仕、瘡口風入破傷風にて死、
悪口仕候者は数馬殿家来の由、切手詮儀候へ共不相知
正月廿七日、去る廿日、江戸交代同勤被仰付候由にて、近松作左衛門被参、外大塩逸平・池田
市郎大夫同勤被仰付候由噂に候
正月廿二日、米屋八兵衛より金一歩五粒取候て、入江良作頼候て手野に送遣す
四十四○二月十二日、一昨十日御飛脚着候へ共御館引、今日書状正月廿二日立、弥安全勤候由
四十七△二月十五日、御飛脚立候故、十四日順益方頼遣
二月六日、三十郎浜にて放馬飛来候故、逃候とて倒候故、其上飛越通候、左の頬・右の目尻痓
付候、左の足痛候故、香江道通申薬用候所、十日計の内平癒仕候
二月六日、夜辻堂にて杉山清大夫悴弟分、悪者討捨候由
二月十二日、夜明隣家長六方出火、可仕破候へ共漸々打消候
四十八△二月廿日、御鷹方徳永伝平俄江戸罷越候故、一口香一斤半二袋相頼遣す、其後段々出
途延引仕候由
二月十四日、久野有清〔猶青・久野善兵衛〕死去
四十五○二月廿日、二月四日立御飛脚着、堅固相勤候由
四十九△二月廿日、御飛脚立候故、海陸安全札守数々、十九日順益方頼遣
五十△三月四日、十三日割御飛脚立候故書状遣
二月四日、二月十六日立御飛脚着、安全の由、勝野平蔵牢破り、又出奔仕候由申来る
三月三日、大村弥太郎、麻布御小姓被仰付候由にて被参る

五十一△同夜、近松作左衛門・大塩逸平同道にて被参、弥明後五日に出途仕候由、香椎宮御札守書状共頼遣す、池田市郎大夫病気の由にて引入、御断も不申候

玄関猿守

四十七○三月十六日、二月廿七日立御飛脚着、安全の由、三十郎に玄官猿守下る

三月十九日、池田市郎大夫御断に付、中西作之丞江戸被仰付候由

五十二△三月廿二日、御飛脚立候由に付、廿一日順益方頼遣す

徳泰疱瘡

三月廿一日、夜半より三十郎熱強、疱瘡病と相見候

右疱瘡記別に書故此所不記

四月五日、中西作之丞五月初出途仕候由にて被参

四十八○四月九日、三月十八日立御飛脚着、安全の由

五十三△同十日、十三日割立候由に付、順益方頼遣

徳泰一番湯

四月十一日、三十郎一番湯

宝満山衆徒大峰入

同日、宝満山衆徒大峰入、御城並下御館に参、御庭にて護摩会有、桜峰七つ前参、高宮に一宿

交代人不足

平馬殿相頼

四月十五日、三月廿八日立御飛脚着、交代人不足に付、頭衆迄毎々願見候へ共相済不申、乍然平馬殿内々被仰聞赴有之候故、相頼居候由申来る

江戸出途

五十○四月廿九日、四月十日立着、当七日交代、近松作左衛門・大塩逸平着、某も平馬殿御世話にて被指返候筈に候、御法の通九日・十日出途の筈の所、御小姓堀尾久次・大村弥太郎十日に着筈候間、来る十二日一同に出途仕候、柏原貞左衛門・海津五兵衛同道申談候由、申来る

大坂着

五十一○五月四日、柴田葉右衛門、大和武作方へ参候所、大坂より書状参居候由にて持参、四

月廿五日五つ時着坂仕候、天気次第乗船可仕申来候

黒崎より先触到着

五十二〇五月七日、寅刻黒崎より先触到着、四月廿六日乗船仕候て、同晦日川口出船、五月六日帰国、七日昼黒崎着にて先触指出候由、同七日夜青柳迄参、一宿仕候由申来る

江戸より帰着

五月八日、晴天、昼頃酒・重内為持順益参る、早川新五・山路小兵衛・同仁兵衛・池上幸大夫・東八平・吉川忠大夫・〇山路小右衛門・三十郎・吉川駒吉召連候て、途中迄迎に出向ひ、八つ頃帰着仕る

九日、御館引け故不罷出候

月番御逢

十日、出殿、御月番平左衛門殿御逢被遊る

寛政二庚戌年五月より

江戸帰り道中、舟中扶持

五月、江戸帰り道中・舟中扶持渡証拠済、頭の奥継取候て勘定所改御用判裏判取、一枚証拠指出

拙者儀江戸詰方相済被差返候に付、除居候御扶持方米請取申事

一米三俵壱斗八升壱合は

戌四月廿六日大坂乗船より同六月晦日迄、日数六十四日分、四人扶持分

寛政二戌五月

根帳

右相済、五月廿六日御蔵米無滞請取、跡扶持二人扶持、六月分根帳相済居候故、別段渡し

弐斗七升五合　五月廿七日に請取

道中滞分

永倉奉行証拠裏判

夫銀苦身

御銀奉行裏判証拠

諸品みだりに高値で売ること禁

須恵皿山薪残払

不動守不行跡

又

拙者儀江戸詰方帰候節、富士川満水に付、道中滞分、御扶持方米請取申候事

一米四升四合は　御扶持方米、人数四人　滞日数一日分

寛政二　五月　名判

永倉奉行　右一枚証拠裏判

拙者儀江戸詰方帰候節、富士川満水に付道中滞分、夫銀苦身請取申事

銀壱匁四分分

一丁銭八拾四文　人数四人滞　日数一日分

寛政二　五月　名判

御銀奉行　右裏判証拠に成

一五月廿五日、薬院養巴町高屋左次右衛門自殺、二百五十石、其後高屋久右衛門被下、五百石に相成候

一天下諸品直段不直に候、向後妄高直段売申間敷候、御触

一御側筒津田了四郎乱心自殺、万代何右衛門老父行方不知、四月廿日過より失る、五月朔日帰り来、同三日に死す

一四月中頃より毎日不祥天気に候所、五月廿九日より天晴る

一六月朔日、触来、須恵皿山薪残相払、相対調候様御触也

一同九日、去る五月廿日野口彦七於江戸、奥頭取に被仰付候しらせ来る

一六月十四日、夜不動守了本、去年以来不行跡に候所、頃日伊崎町吉右衛門方浄留利〔浄瑠璃〕座にて

抜衣追院

徳泰痢病

大神円作妻口説仕出候故、大勢にて打擲、疵付候故、香椎護国寺大悲山養源寺立会にて、抜衣にて追院、跡堂伊崎浦庄屋預り

一勘定所半礼付許山幸八乱心、馬ヤ谷居住、天神山に参自殺仕る

六月三日より某病気、道育薬用、七月十四日清快仕る

七月廿六日、夜より三十郎大熱、同廿七日昼頃隅川元信見廻被申、崩痢には相成申間敷、痢病に候はん由、薬調合候へ共決て給へ不中

八月十日頃、昼夜六十度余通用に付、痔出候て難儀仕、十五・六日頃より段々通用減候て快気仕る

八月初より某痢病、昼夜七十度余通用、道育薬、九月に至候て全快仕る

八月八日、野口彦七子息崩痢にて死去

八月十八日、宗旨判今日手野村行願指出、同廿二日願の通被仰付

八月廿三日より、手野村梅庵方に参る、跡聞池上幸大夫に頼置

七月、東八平次男出生、半次郎と名付

八月十九日、藤崎権六死去仕候段しらせ、同廿二日悔に参、同廿五日一七日相当候故、地行一番丁蓮生寺是習夫婦参寺仕る

八月、近藤孫太郎死去

九月、横田孫平先日足軽組被指加、三人六石被下候由にて来る

九月四日、手野より返る、同五日竹中伝右衛門殿取次に届遣、鶏一疋遣、其後伝右衛門殿に帰着届に参る

長髙公将軍家斉に初御目見

式日御登城、祝儀出

月並御登城祝儀

長髙公元服、御祝儀出

久野外記急死

妹お吉屋敷走込

九月、金龍寺伯端和尚入来、当年より五ケ年勧化奉加噂有

九月十六日、安見意定奥方十七回忌、参寺仕、年々拾五匁宛寺納可仕申置候

九月十五日、殿様初御出殿、奥の御間にて御目見、種々御頂戴、家老三人立花平左衛門・大音
伊織・〔空白〕三人御目見仕る

十月二日、於御城姫君様御逝去、三日鳴物停止

十月朔日より、式日御登城被仰付候に付、御肴代献上、御祝義出

十月三日、倉八不三居士十七廻忌、金龍寺是習参寺

同十九日、倉八権平一回忌に付、非時是習参寺

十月廿五日、御吸物頂戴、幸大夫同道、一日三座宛、一座百人、十一月二日迄済

同廿九日、月並御登城、御祝義出る

（又十一月廿日とも言）十月廿五日、殿様御元服御到来、廿五日・廿七日、御肴献上御祝義出

十一月朔日、入江良作悴兵吉疱瘡のしらせ、同二日姥見廻被参

十一月二日、御切米押へ残　三拾四俵〔空白〕斗〔空白〕升、八兵衛方へ請取、同十五日三拾め宛払
代〔空白〕

十一月七日、中村孫吉参り、郡方坂田新五郎組に被仰付候由

十一月十日、久野外記殿急病死去

十一月、於江戸矢野貞七出奔申来る、片山左七縊殺さんと仕候由、風聞有り

十一月十六日、夜半頃美作殿使、当夜五つ頃妹お吉出奔仕候、此方に参居不申哉申来る、同十
七日朝早々、新五方参候所、同人夜前泊番の由、昼大西陶山嘉大夫方へ参候所、夜前太郎兵

衛殿御屋敷、笹倉七兵衛方へ走込居候由、其後無異暇出る

十二月朔日、荒戸四番町関喜左衛門跡目自殺、隣家久佐孫兵衛裏畠に死居候由

十一月廿五日、同廿七日、十二月二日迄御吸物頂戴

御吸物頂戴

十二月、殿様被改筑前守斉政と、其後斉隆公被為改る

筑前守叙任、斉隆と改名

十二月、又御吸物頂戴、此節四座宛り、某病気にて不罷出

十二月廿五日、御袖止め御到来有之候

斉隆公御袖止

寛政三年

寛政三辛亥　弼七十八歳　徳宗二十八歳　徳泰七歳

正月元日、曇折々雪、方々年礼相勤る

正月廿二日、同廿三日・同廿五日旧臘殿様御袖止御祝義、尤勤休共麻上下にて御帳

正月廿二日、山中求馬、小川権左衛門殿〔中老〕に御預け

二月十四日、養源寺被参、某両人にて庭拵へ仕る、即日仕廻候

三月廿五日、七つ頃手野村梅庵より為飛脚久助来る、去る十九日より転病気に候所、同廿四日夜死去仕候段申来る、即刻頭衆へ右届け書状指出、金龍寺に罷越候て葬送の儀申談、右当町桶屋〔空　白〕に申付る、暮頃早川新五頭衆に罷越候て、同所に参候段申届る、同廿六日鶏明頃久助召連、銀子為持手野に参る、暮頃同所着仕、夜中万事相しらへ、同廿七日夜内に手野村出途仕る、此頃雨天続き、別て夜前より大雨に付、河東川難渡候故、赤間に廻り参る、同所より送りに仁作・伊三次両人、其外惣吉名代良作、代人忠七代人甥、其外若手面々以上拾八人

手野村転死去

米田橋風呂屋留止

明石善大夫八十歳
身退、一石加増

勤士中御館御帳

罷越す、暮頃箱崎着、直に金龍寺へ参る、暮頃同寺煮染・握飯為持遣す、右送礼相済引取、米田橋風呂屋留止、上下皆々水風呂に入る、此方にて六つ半頃右拾八人膳出す、膳後不動堂座敷借り、右人数一宿仕る、同廿八日五つ頃皆へ朝認め出す、昼弁当夫々に仕調相渡す、拾八人昼四つ頃出途仕る、同廿八日金龍寺一七日法事料為持遣す

同廿九日、近所女中茶、同夜近所男客仕る

同晦日、金龍寺にて法会、号転法宗輪信士、某・八平・治助・玄庵計参寺

三月廿三日、於江戸岸田文平御小姓頭被仰候旨、五月四日触来る

三月廿七日、明石善大夫身退、願の通被仰付、八十才迄相勤候に付、御法の通御切米一石加増、
四人十八石、悴与兵衛御無足組被仰付

四月、権藤伊右衛門養子平吉、離縁願被仰付る

四月初より日々雨天、五月五日に至麦朽くさる

四月十七日、夜博多順正寺本堂自火焼失

同十八日、夜天神丁伊藤辰之允母隠宅焼失、其後母儀自害、座頭の入水

五月八日、中名嶋町火災、無程鎮火

同十一日より、中西与九郎次男辰五郎疱瘡

同十二日、平馬殿従江戸帰国、舟にて浜屋敷着故迎に参

五月廿四日、山中求馬大嶋流刑、留主居姫嶋被流

六月、安見正左衛門次男出生

八月二日、殿様雲雀五十御拝領御到来、九月朔日頭分面々於御本丸尤麻上下御祝儀、勤士中御

平勤・休

斉隆公額直し

寛政四年

館御帳、平勤・休の面々、頭々宅にて御祝儀申上る
九月十二日、中西与九郎死去、同十四日、香正寺葬蓮
九月十四日、入江良作死去、去る六月末より出郷仕居候所、腫気萠故帰福仕、夫より数医相改
候へ共、次第に大切に及、死去仕、同十五日夜材木町明蓮寺に葬、号釈浄祐信士
九月　御舟頭磯山新平、小倉地にて舟中に自殺仕る
九月十三日、殿様御前髪御取被為遊候御到来、十月十一日より御祝義出
十月十一日、丸山次左衛門室死去、普請二日・鳴物五日停止被仰付候、お岸方姉、殿様伯母也
十月十九日、金龍寺二日より江胡有之、今日菩提戒三十郎召連候て罷越候所、赤飯等出る
十一月十一日、妹お吉、明石半大夫悴孫太郎縁談願上る
十一月十六日、夜五つ過、御新造御玄官前木屋出火一軒焼る、早く仕留め御殿無別条
十一月廿八日、お吉かね付、妻参相仕廻
十二月廿一日、夜四つ時、姪浜網屋丁火事、四軒焼る
十二月廿九日、夜八つ頃本町皿屋何某倉焼失、同夜明方御山下屛の内、御舟手家三軒焼失、大
風雪少々ふる、当暮御切米三拾二表〔空白〕請取

寛政四壬子　弼七十九歳　徳宗二十九歳　徳泰八歳

年頭
正月廿三日、早川治助御用、妹明石半大夫縁談、願の通被仰付

徳宗江戸改勤御褒美

野北浦・畝町大火

物詰十余人逼塞

はたか城

毎日地震十余度、

島原大地震

同廿五日、明石半大夫悴孫太郎方、笹倉七兵衛夫婦同道にて嫁入、諾謀陶山嘉大夫
正月、江戸在勤、改勤御褒美被仰渡
正月、野北浦半余焼失、畝町不残焼失
正月廿九日、明石孫太郎方里披
二月十二日、夜九つ頃、御舟方惣助母を切殺、即死仕る、自分も少瘡付候へ共不死、同十三日
舟頭頭磯部安右衛門見届、療治かけ候様に、母か死骸礼式不仕、旦那寺に葬り候様被申付、
浄慶寺埋む、組合中間中三、四人不明様に番仕る
二月十八日、明石孫太郎家内招請仕る
二月廿一日、夜毛屋主水・陶田新左衛門・樋口仁兵衛御役御免、遠慮被仰付、同夜帆足肥留御
役御免、其外惣詰十余人逼塞被仰付
二月廿三日、井手勘七・梶原甚十郎江戸出途被仰付
二月十八日、当三日於江戸、心珠院〔継高二女〕様御逝去に付、三日作事止・七日音楽停止被仰付
二月九日、早川治助妻縁、御側筒弓組高津兵五郎女願指出す
二月廿六日、三木梅庵養子春桂呼取、自分岡信暗と改ム
閏二月十日、向ひ御舟手惣助親殺に候得共、常々孝心、誠狂病に付、今日成敗被仰付る
同十六日、手野行御願相叶、今朝迄雨天に候へ共、夫婦共出途仕、昼より晴天、七つ過着候由、
同十八日、付参候文八帰り来る、同廿五日帰着仕る
二月初より、御城鄣植物切払、はたか城に付、其外大腰掛並馬場松切除け、小松植替
三月朔日より、毎日地震十余度、同五日迄昼夜震ふ、肥前国高来郡嶋原大震動、降災に候

安井三蔵奥頭取二百石宛

沖の島御供所焼失

付火

能古島出火、八十軒焼

筑陽記写済

異国船漂流

三月、江戸より松下新之丞・梶川佐左衛門御呼下押隠居、拾石被減悴に被下、各九十石に成四月五日に被仰付

三月、儒者安井三蔵四人十五石蔵米百俵、奥頭取二百石宛り被下、江戸被指立

三月十四日、樋口仁兵衛切腹仕、跡屋敷尾崎与三兵衛に被下

同晦日、陶田新左衛門四百石、藪兵蔵三百石御暇被下、根本源大夫押隠居、二百石内十石被減、惣詰十六人、拾石宛り減石、毛屋主水一人御免

三月、野口左助父春洞死去、円応寺葬

三月、家上繕仕る

四月二日、早川治助縁談被仰付、婚礼夫婦参、迎召連参る

四月四日、沖の嶋下の御供所焼失

四月五日、谷町時枝治兵衛長屋、二番丁櫛橋仁左衛門長屋付火仕候得共、両所共早束鎮火

四月六日、早川治助妻里開、夫婦共参る

四月廿三日、昼八つ時より野古嶋出火、夜六つ過鎮火、八十軒焼る

四月廿六日、早川治助妻親、濁池高津宮屋敷引移り、同居仕る

五月朔日、筑陽記写相済、養源寺〆表紙かけ成就

七月十二日、夜より風雨強、同十四日中位風にて静る

七月廿三日、折々雨、夜に入東大風、暁八つ過静る

当六月初より、賤舟沖に見へ、註進に付、筒役面々其外役人大勢追々出途候所、六月廿五日南風強く吹候て、舟吹流し相見へ不申に付、頃日皆々罷帰る

大風雨
田方虫付
二十余万石損亡
米払底、下民飢に及
両市中一万俵御救米指出
近所の家不残大破
皆無同前
凶年手当
非常御救米手当行届かず
一国政事上下持合

七月廿五日、大雨、同夜四つ頃より北大風、暁方西に成、同廿六日五つ頃静る、田畠家屋破れ、樹木倒る、当夏中南風吹候故、田方虫付、如例年油入候得共、旱故油流れ不申、虫去り不申、殊外痛居候所、此節風にて不残白穂に相成、早田少計相残候、先御国中廿余万石損亡と相見候由、右に付両市中米屋米買不申故、下民飢に及候故、段々御詮儀有之候得共、元来米払底故、両市中御用聞被仰付、関・大坂米買に出舟、先両市中壱万俵御救米被指出、石に付百五十四匁に売候様に被仰付、先日以来一俵に付、六十め余仕候所、右被仰付候故、五十五、六匁に相成候

一此方家上〔やね〕当春修理仕置候故、少も痛不申候、先日大風に四壁痛不申候故、油断仕候所、廿五日暁方西にかわし候節、家所々土落、四壁垣倒候故、同廿八日治助加勢にて修理仕、近所の家々不残大破、舟破損流舟も有之候

　　御触　八月九日

当年田方一統虫付、非常の損亡に可相成や相聞候所、此節両度莫大の大風故、損亡の段追々相達候、未損亡高は相知れ候得共、皆無同前の儀に候と相聞候、享保十七壬子の損亡同前に相見候、依是御家中末々に至迄、訖度覚悟仕候て、取継の儀千一に候、ケ様に非常の天変の時節は不及申に、内外欠略はいか様の省略難就仕候ても不苦敷候、取継候覚悟可仕候、天明七未年秋免下りの内、上より御償被下、御用捨の分、凶年手当に可貯候段、其節被仰付候に付、銘々貯置候面々も可有候、又は公私の物入にて、無是非難行届義も可有候哉、且又、於御上も連々非常御救御手当も有之儀に候へ共、一統の儀故、左様に行届かたく可有之候、然は如此の時節は、一国御政事上下持合無之候ては、難相叶事に候、御家中

北国米一万俵調帰

知行・切扶割当の儀、享保十七年例も有之候条、此節御扶助の儀、得と詮儀の上追て可相達候

同

当年田方虫付、一統毛上不宜敷候所、両度大風以の外田方相障候、此末何程損亡可相成不相知候、依之米相場及高料、末々者及難儀候段相達候、就右、米直段折合候迄、一俵に付六十文銭五拾目、売買候様に町方に被仰付、同日、其後四拾五匁売買候様に被仰付、御救米両市中被相渡候故、四十三匁に相成、両市中米調参候舟追々帰、北国米四十め余調帰、

高一万俵

八月九日、殿様以上使、御鷹の雲雀御拝領被遊候旨、並於御本丸、若君様御誕生に付、御七夜御祝義御登城の節、御頂戴物被遊候御到来、依之麻上下着用、九日・十一日・十三日御祝儀可中上候

九月八日、朝伊勢田道益死去の段養源寺よりしらせ、于時七十五、即東頭に届十日忌

同八日、野口左助江戸より下着に付、為迎箱崎参候、同日昼妻平産仕る、某箱崎留主、小右衛門夫婦世話、元厚被参、安産にて何無滞肥立

同九日、倉八不三後室光昌院死去、同十二日金龍寺葬

同九月十八日、笹栗岡部利左衛門死去、于時八十才「〔後筆〕二代目ならん歟」

十月三日、板付治右衛門母儀死去の段、同十日中西市大夫より書状届く、号〔空白〕

十月二日、香椎護国寺住持智忍逝去、後住養源寺へ極る

十月二日、高照山御鳥居建つ、同廿日供養被行

十月五日、安見正左衛門伯父円大夫死去、于時七十、同七日金龍寺葬
十月廿六日、鳥飼八幡宮下遷宮
十月、養源寺、護国寺入院願上る
十一月朔日、香椎護国寺後住願の通、養源寺被仰付
同四日、養源寺護国寺入院、石堂迄送りに参、同所より帰る
十一月八日、明九日先伊右衛門年廻に付、明石可久参候て、同所にてふさき、夜入行駄にて帰る、其後段々快
同十一日、手野村源七参候て、去る九日昼八つ頃隣家徳四郎と申者家出火、然共風能田方に吹出、隣忠七方も無別条、一軒計焼失の段しらせ、同人一宿仕、同十二日に帰る
同十四日、毛利林次郎〔無足頭〕殿、笹栗の者共由来書指出す

勝馬村焼失

同日、志賀嶋枝村勝馬村焼失
同十四日、江戸より御直書到来

当年損毛

当年損毛達御聴、御気毒思召候、家中在町共難儀に不及候様執計候様に、御直筆に被遊被下候

地島へ八十人余乗流舟、長崎送り

十一月十五日、地嶋流舟八十人余乗居候由、役人段々被指出、長崎に送り参候所、呼子辺より唐舟帆かけ逃出候、追々註進に付、又々舟数多被遣候所、追付無別条長崎送り届候

幕府御用金御用達

十一月十一日、五つ時御用にて御登城、御病気に付、御名代西尾右京殿御出殿
先達御上御用金被成御用達にも相成候に付、御用番鳥居丹波守様御達有之、御刀一腰、御時服三十御拝領被仰付候、国家老三人、御時服二つ宛被下候

強震二度

波津浦沖殊外鳴、豊前小倉強震

用心除銀

祝振舞、時節不弁十石宛減知、御役御免

寛政五年

年始往来禁

十一月十五日、御登城の上、御残被成候様に被仰出、鳥居丹波守様を以て御家の格式は輙御改かたく候へ共、御親しみは格別に被思召、御内の格式各別に被仰付候由、勤休共来正月三日・五日・七日御祝義可申上候由

十二月朔日、夜五つ頃地震強両度震ふ、遠賀手野村辺、昼夜十二度驚計地震、寺の石塔多倒、芦屋祇園鳥居額落、井樋石唐戸損、波津浦沖殊外鳴候、手野村堅炭釜上少々損候由、豊前小倉別て強震ひ、けふる、鼠色先黒猪首毛の如し、周防長門国寺社民家損候由

十二月二日、早川治助内証着帯、紅白帯・肴代夫婦持参仕候、内所より赤飯送り来る

十二月十七日、当暮御切米拾五俵

同廿二日、用心除銀百拾五匁、証拠仕出す

同廿六日、頭々宅御呼出、家中渡世方各別に思召候得共、此上は御上にも御手に不被及候、万事指置取継候様に被仰渡

同十二月廿六日、三好清左衛門五百石・伊丹次郎兵衛百五十石・林作左衛門二百五十石・林吉左衛門五百石

右拾石宛り減知、御役御免、根本惣平四百石・横地右作・権藤伊右衛門御叱御役御免、右林吉左衛門足軽頭被仰付、祝振廻時節不弁仕方也

寛政五癸丑　　弼八十歳　徳宗三十歳　徳泰九歳

正月元日、晴天、当年始互に往来不仕、末々諸士供遠慮、御館計罷出、御老中・頭にも不参候

御新造館成就

正月三日、去冬御結構御祝義帳罷出る
正月廿六日、安見知楽死去、同廿八日金龍寺葬、父子共参寺
二月三日、一七日に相当候得共、無法会、参寺不仕候
正月廿八日、夜より明石孫太郎内証被参、同廿九日夜帰宅の節、三十郎是非泊りに可参由にて付参、二月朔日家内年礼に参候て召連帰る、初て泊り也
正月廿九日、白水惣兵衛より悴中嶋市太郎死去のしらせ、同二月朔日大円寺葬送、夕飯後参寺仕る
正月十日、田嶋西嶋十次身退願相済、七十余才迄相勤候由にて青銅拝領、同十五日代人西嶋〔空白〕江戸に出途仕る
二月四日、石原清七一昨二日身退願指出候由しらせ
二月六日、唐舟追心《(試)》味に、はなに古舟目当、舟上より数放有之、同十二日・十八日にも有之候
二月十日、御新造御館成就に付、家中見習に拝見被仰付候、嫡子召連候儀勝手次第に御触、三十郎召連拝見罷出候
二月十一日、山路小兵衛婚姻夫婦共参、同十二日同人より樽代肴被送る
同日、小右衛門油屋勝次被召連、以前の通出入仕候様同人取持、追付肴一鉢送り来、親喜大夫より樽・肴・木綿一端送り来る
同十三日、夜小兵衛方へ料理持出し遣す
同十五日、里開、親喜大夫・小右衛門方持出候料理、夫婦共参る、家内三人には三膳送り来る
同十七日、宗旨判形罷出る

二月十九日、花心貞香信女廿五廻忌に付、於金龍寺法会、参寺仕る
同廿三日、入江与七方家内被参
同廿五日、手野村春桂被参滞留、宮崎柳庵脇指柄拵頼来る
同廿六日、安見正左衛門方仏事、茶案内有之候得共不参
同廿四日、夜九つ時地震
同廿六日、夜雷鳴風雨、同十五日より親父胸痛いたし候に付、鱸道育薬用いたし被申
三月四日、春桂罷帰る、書状等言伝る
同七日、親父不快、一円相遣候儀無之に付、道育より他医見せ、転薬等いたし候様申来り候間、山鹿順庵へ参り、面談いたし、同人今日見廻被申、薬所望いたす、同夜六つ時過、親父不快殊外不相勝、今日山路小右衛門方へ早束申遣候、家内追々被参、早川次助殿・東八平方へ右相勝不申段申遣、両人共早束被参、順庵弟子被参、次第に折合申候
同八日、手野村へ右の段入江与七方相頼書状遣す、今日折合、順庵弟子見舞
同十二日、早川次助内室今朝五つ時平産被致、男子出生の由申来る、右に付見廻祝儀に使遣す
同日、明石半大夫妹召連見廻に被参、香椎護国寺より快然の札守・供物等為持遣す
同十三日、朝妻不快、血下り殊外気分相勝不申、右に付小右衛門殿方へ申遣す、家内皆々参り被申、甚大切に相成、早束鱸元厚へ申遣、早束被参、東八平方抔へ申遣、同人も早々参、朝鮮人参・御種人参加へ相用候に付、小兵衛殿川口屋へ参被申、人参調被参、一帖に朝鮮人参七厘・御種壱分加へ用候所、昼頃折合申す、的野元徳見廻被申
同十四日、弥折合候、親父も弥折合、同十四日暮前手野村伯父被参、滞留、同十五日両人共折

(以降異筆、徳宗か)
弼胸痛
地震
弼不快、他医転薬、鱸道育
妻不快
鱸元厚
朝鮮人参・種人参
的野元徳

合
同十九日、手野村より迎の者出る、餅米・麦粉外に品々来る
同廿日、伯父帰り
同廿四日、雨雷、転法宗輪信士三回忌相当に付参寺、回向相頼候事
同廿六日、妻不快、段々快候に付、今日迄にて薬引候事
同廿八日、真野元清方へ、此間世話相成候挨拶に、肴一折・鯛三遣す
四月朔日、小右衛門方へ、大鯛一折、快気祝妻持参
同二日夕、護国寺見廻被申、茶・そはこ持参

弼死去

同三日、親父病気相勝不申候に付、小右衛門方へ申遣候所、早束家内被参、山鹿順益方へ申遣す、早束弟子被参、極大切の模様故、東八平・正左衛門・入江与七・次助方へ知らせ遣す、いつれも追々被参、段々人参等相用候得共、養生不相叶、暮頃死去被致候事
同四日、雨天、早朝に頭毛利林次郎殿・一族中・其外心易面々へ知らせ遣す、手野村伯父方へも中村孫吉相頼書状遣す
一明五日の取納の儀、金龍寺へ申遣、夕飯後同寺の和尚被参
一葬式の儀は、当所桶屋十右衛門へ申付る、一細百拾五匁にて受る

葬式

同五日、晴天、取納六つ時前、行列左の通り

紋付挑灯　白張
同　　　　同
香爐持上下

刀持上下　鎗持　市大夫　同吉留玄庵　同早川次助　同中西市大夫
駕　四人　草履取　紋付
脇差持上下　挟箱持　三十郎　同東八平　同東権太郎　同明石与兵衛
同権藤伊右衛門　同入江与七　同山路仁兵衛
同安見正左衛門　同中村孫吉　同大神円吉　明石孫太郎　庄屋儀右衛門　其外近所の面々
・小山順益・護国寺は行烈の先に参る
　寺へ上物左の通り、絹綿入壱つ
　一大小鎗受返し代、六匁寺納いたす
同六日、晴天、参寺

初七日

同七日、晴天、参寺、初七日の法事料三拾目為持遣す、参寺の人数も申遣す
同八日、参寺、晴天、朝小右衛門方家内不残茶振廻、同昼、正左衛門・可久・伊右衛門・伝之丞・池上幸大夫・孫太郎・東権大夫・次助・東藤四郎
同夕、吉川忠大夫・持田正五郎・狩野円七・入江与七・中村孫吉・小山順益・大神円吉・高津兵五郎・一志庵了快
同九日、晴天、法事参寺の面々左の通り
　吉留玄庵・東八平・市大夫・三十郎
　斎後参寺左の通り
　少林寺代僧・大円寺円海・佐々倉六郎右衛門・宮崎弥市・山路小右衛門・同小兵衛・権藤伊右衛門・倉八惣右衛門・安見正左衛門
同日、昼晴天、茶、庄屋儀右衛門・御加子惣吉・近所の女中

一七日の卒都婆七本、一志庵了快相頼、壱本に付八分充、五匁六分渡す
同十日、晴天、参寺、御扶持方証拠東八平へ相頼、遠賀内浦村長源寺被参、手野村の書状持参、
右の返事調、少林寺へ為持遣す
同十一日、七つ時頃より雨、参寺、平馬殿へ悔使の挨拶、小右衛門参に出候、参寺いたす

挨拶状

同十二日、天気、東八平参、挨拶状書調候て参寺いたす
同十三日、雨天、参寺いたす
同十四日、晴天、参寺、挨拶状夫々へ配る
同十五日、晴天、参寺、四十九日迄の回向料拾五匁寺納仕る

形見分け

同七日、形見分け、左の通り遣す
木綿綿入壱つ東八平へ、嶋丹後羽織壱つ同権太郎へ、夏羽織壱つ吉留玄庵へ、郡内嶋下着壱

とろめ袷

・印籠壱梅庵老へ、とろ免袷羽織同春桂へ、ひとへもの壱つ庄屋儀右衛門へ、袷壱つ又八へ、
嶋帷子壱つ同人母へ、古着紺綿入壱つ同人へ
同十六日、曇、参寺、今日殿様五つ時御着城、昼頃より雨天

諸士御目見

同十七日、雨天、参寺、今日明日諸士中御目見被仰付候事、昼より晴れ
同十八日、晴天、参寺、手野村より人参る、香典・野菜代来る
一橋刑部卿〔斉隆実兄〕様御不例に付、御見廻使中早御無足頭立花長大夫殿江戸出立
同十九日、晴天、参寺、今日八平被参、殿様御着城御祝儀として御肴代献上に付、同人相納遣
す、玄庵入来形見分遣す、仁兵衛山賀へ被参由にて入来
同廿日、雨天、参寺、今日手野村の人帰る、菓子半斤、形見分けの品々送り遣す

一橋刑部治卿逝去

加子正市直礼舟頭

一美作殿継目御礼として江戸出立、○正左衛門内方より見廻に重内来る、○夕小右衛門夫婦振廻す
同廿一日、雨天、参寺
同廿二日、曇り、参寺、昼より小雨、夕飯後家内参寺、扣角斎鼎臣居士斎米弐升寺納仕る
同廿三日、大雨雷、参寺、三七日隣家の家内茶
一、一橋刑部卿様去る八日御逝去の由、昨廿二日御到来有之に付、昨日より三日作事止、来月朔日迄音楽停止触来る
同廿四日、曇り、参寺
同廿五日、雨天、参寺
同廿六日、曇り、参寺
同廿七日、晴天、参寺、仁兵衛、山賀より昨夕帰りの由、竹の子来る
同廿八日、曇り、昼頃小雨、参寺
同廿九日、雨天、参寺、油屋勝次方へ米壱俵、四拾九匁に遣す、尤代預り遣す
同晦日、雨天、参寺、四七日隣家家内茶
五月朔日、晴れ、参寺
同二日、曇り、暮頃より小雨、参寺、今日先達て唐人送りの節、参り出情致候御加子正市被召出、三人拾石被下、直礼舟頭被仰付、井手正市改る、同御加子嘉八・三八、八石被下、無礼舟頭、水夫八人の内四人は一生壱人扶持被下、残り四人は役目除る
同三日、雨天、参寺、三十郎忌明、近所廻勤

四十九日餅

笹栗の者、市太夫・正左衛門厄介

笹栗拝借銀

頭一割利足五ケ年賦上納

同四日、雨天、参寺
同五日、晴れ、参寺
同六日、晴天、四つ時殿様長崎御出駕、家内参寺、夕円応寺隠居円海・東八平茶振廻、四十九日餅唐人町へ申付、寺納仕る、代弐匁五分
同七日、晴天、三十五日参寺、昼近所の衆へ茶、夕小右衛門・仁兵衛・断小兵衛茶振廻、安見知楽居士百ケ日相当由、正左衛門より知らせ、小右衛門・小兵衛より野菜来る
同八日、晴天、参寺
同九日、晴天、参寺
同十日、曇り、参寺
同十一日、雨天、参寺、東八平御扶持方証拠引替持参
同十二日、雨、参寺
一笹栗の者共、去秋非常の損毛に付、渡世方難相立に付、御銀子拝借の旨、段々相願候、今拙者・正左衛門方厄介に相成居候に付、同人より右拝借の儀相願候得共、先年御書付相渡り居候事故、市大夫より右の儀は相願不申候ては不相済候に付、市大夫より相願候様、正左衛門支配頭加藤直右衛門殿噂の由、正左衛門噂に付、同人連名にて拝借願差出す
七月七日、今日願の通り、此間差出置候笹栗拝借銀被仰付候事
附承届候
一容易難被相成儀に候得共、去年非常の損毛に付、以別儀銀子五百目拝借被仰候、上納の儀は、当丑冬より頭壱割の利足を加へ、五ケ年賦に上納候様可被申聞候事
丑七月

笹栗村田畠拝領

一兼て頼置置候扣角斎位牌、了桂持参、代八匁
同十一日、明十二日扣角斎様百ケ日被相当に付、回向料四匁、卒都婆代寺納致す
同十六日、正左衛門方より笹栗の者共、拝借銀被仰付候に付、受取証こ差出可申に付、判形致候様証こ為持遣す、則左の通の証こ弐枚来る
一拙者厄介、表粕屋郡笹栗村抱、二股松と申所へ罷在候四家の者共、先年已来田畠拝領被仰付置候、然処、去秋田畠一統の損毛に付、家内の者渡世必至と難相立候に付、拙者共両人相救呉候様相歎候得共、何分自力に難及、依之、御慈悲の上、彼者ともへ御銀子壱貫目拝借被仰被下候様相願候得共、容易難被相成旨に付、以別儀、拝借被仰付候に付、借状の事

一銀五百目ハ　元銀
五拾目ハ　頭壱割利足
〆銀五百五拾目ハ　五ケ年賦
壱ケ年に銀百拾匁充
丑より巳の年迄

安見正左衛門○
安見　市大夫○

篠原次大夫殿
皆田藤七郎殿
野田新兵衛殿
杉山清大夫殿

青柳卯右衛門殿
中嶋忠太殿
拙者共厄介、表粕屋郡笹栗に罷在候四人の者共、去秋非常の損毛に付、依願御銀子拝借被仰付被下、受取候事
一銀五百目ハ
寛政五年丑七月
安見正左衛門○
安見　市大夫○
喜多村嘉兵衛殿
森　惣右衛門殿

寛政六年（以後異筆、徳泰か）

寛政六年甲寅　徳宗三十一歳　徳泰十歳
正月元日、儀式如例

寛政七年

同七年乙卯　徳宗卅二歳　徳泰十一歳
正月元日、儀式如例

喜美出生

六月十九日、女子出生、名喜美、後林孫兵衛妻

寛政八年

同八年丙辰　　徳宗卅三歳　徳泰十二歳

正月儀式如例

寛政九年

寛政九年丁巳　　徳宗卅四歳　徳泰十三歳

徳泰元服

徳泰西学問所入門

正月元日、儀式如例

三十郎徳泰当年元服、山路仁平理髪

十一月、西学問所へ入門致、長野瀬市紹介

寛政十年

同十年戊午　　徳宗卅五歳　徳泰十四歳

城下大火、御銀蔵火、西学問所焼失

正月元日、儀式如例

同月廿九日、夜浪人町より出火、唐人町・通丁・杉土手・新大工町焼、御銀蔵に火入夥敷大火、西学問所も焼失、稽古相止、永野瀬一方にて稽古致

寛政十一年

同十一年己未　　徳宗卅六歳　徳泰十五歳

正月元日、儀式如例

寛政十二年

寛政十二年庚申　徳宗卅七歳　徳泰十六歳

正月元日、儀式如例

徳泰東学問所入門

同月八日、三十郎東学問所へ入門致、倉八惣右衛門紹介

剣術入門

三月十日、三宅太三右衛門方へ三十郎剣術入門、林宗助紹介

寛政十三年

寛政十三年改元、享和元年辛酉　徳宗卅八歳　徳泰十七歳

正月元日、儀式如例

享和改元

二月廿一日、享和と改元

享和二年

享和二年壬戌　徳宗卅九歳　徳泰十八歳

正月元日、儀式如例

千代出生

四月十二日、女子出生、名千代、後大川熹左衛門後妻

享和三年

享和三年癸亥　徳宗四十歳　徳泰十九歳

正月元日、儀式如例

享和四年

享和四改元、文化元年甲子　徳宗四十一歳　徳泰廿歳

文化改元
香椎宮奉幣使下向

正月元日、儀式如例
二月廿七日、改元文化、香椎宮奉幣使下向有之、四辻中将殿、其後御祭礼夥敷参詣、諸人群集
家内皆々参詣致

文化二年

文化二年乙丑　徳宗四十二歳　徳泰廿一歳
正月廿二日、山路小右衛門死去

文化三年

文化三年丙寅　徳宗四十三歳　徳泰廿二歳
正月元日、儀式如例

無足頭小河吉衛門

同月十二日、御無足頭小河吉右衛門殿より御切紙来る、御用の儀有之候条、明後十四日四つ時
御館へ罷出候様、御月番四郎大夫殿〔浦上正恒・家老〕被仰聞候旨申来る

御到来奉行被仰付

同十四日、御用召にて罷出候処、御到来奉行被仰付候旨、御月番四郎大夫殿被仰渡候事、同役

友納嘉市・角又四郎・荒巻忠次、一族中並御用聞の町家追々祝儀、夜四つ過相済

江戸詰方差立申来

同十五日、同役並御買物奉行・御座敷奉行為祝儀参候事

同日、小河吉右衛門殿より御切紙来る、江戸為詰方仕廻次第被差立候旨申来

初御用会

同廿一日、初御用会、同役並手付も参、山路小右衛門妻死去

二月二日、同役両人見立祝儀として参候様申談置、暮頃より両人共に参

御謁相済

同三日、御謁相済引取、直に御家老中其外役人中廻勤、今日も御用聞の町人、為見立数十人参、

夜四つ過引取、一族中如例

出立

同四日、晴天、六過頃出立、箱崎迄見送りの面々、村上甚十郎・南川豊八・大原良助・中村文蔵・宮田孫市・早川次助・明石孫太郎・入江与七・中村孫吉・吉川兵助・安見三十郎・高津兵助は先に参、相待居申候、手付小使・町人数十人、伊崎より文右衛門・源六・惣右衛門等参、出立跡内にて惣右衛門・吉川忠大夫・大神利助・一丸中円・宮川彦三、其外箱崎より帰の面々は、一同祝盃有之候事、同日箱崎より帰後、三十郎諸方より出立為祝儀、使参候方へ為返礼参候事、隼人殿〔野村祐倫・家老〕・六左衛門殿〔大音厚年・家老〕・四郎大夫殿・御用聞三好甚左衛門殿・喜多村弥次右衛門殿・原吉蔵殿・藤井源右衛門殿・熊沢八郎大夫殿・田代半七殿・毛利又右衛門殿へ参

二月廿一日、安見正左衛門妻死去、同廿四日夕葬式、金龍寺へ三十郎見送

三月十八日、去る何日大坂着左右有之候事

江戸大火、諸大名類焼

同三月四日、江戸着、一昨日より江戸大火にて町家諸大名処々類焼

同十七日、吉富玄庵居士十三回忌法事、大円寺へ非事法事、三十郎参寺致

五月四日、同苗正助弟八十之丞、伊丹左一郎病気に付、養子願差出候由、知せ有之候事

同十六日、同役荒巻忠次江戸着、翌日祝義三十郎参
六月四日、権藤伊右衛門悴善大夫、兼て病気の処、養生不叶死去致
十月八日、関岡弥三老母死去知せ有之
同月十一日、三十郎、林喜平次方へ馬術入門、村上甚十郎同道
三月十九日、吉富洞雲居士三回忌、大円寺斎法事、三十郎参寺致

徳泰馬術入門

文化四年丁卯　　徳宗四十四歳　徳泰廿三歳

文化四年

正月元日、儀式如例
三月廿四日、宗輪信士十七回忌に付、金龍寺にて回向頼候事
六月十六日、十七日功崇院様三十三回御忌御法事に付、諸稽古相止
八月廿一日、東八平死去知せ、阿部作平より申来
十月廿五日、寒松院廿五回忌に付、金龍寺へ回向頼、三十郎参寺致
十二月朔日、南川道衛門死去、同四日夕葬式安国寺、三十郎参寺致

文化五年戊辰　　徳宗四十五歳　徳泰廿四歳

文化五年

正月元日、儀式如例
同四日、佐々倉半助より、老父六一郎死去致候旨知せ来

秋月甲斐守長舒公逝去

長順公御乗出御用懸

真含院（重政室）逝去

長順公元服御用出精（斉清と改む）

二月四日、甲斐守様御逝去に付、普請三日、鳴物十日停止の旨御触有之候事
同十三日、中西市大夫母死去知せ有之候事
同三月五日、二月十六日立御飛脚着、去十三日御用召にて、殿様御乗出し御用懸りにて、半詰へ越し被仰付候旨、申来候事
四月五日、御触状来る、先月十八日真含院様御逝去被遊に付、来る十七日迄鳴物停止、作事七日停止の旨触来
八月廿六日、神保治右衛門父廿五回忌法事、極楽寺へ三十郎参寺致
九月十八日、九月三日立御飛脚着、去る廿六日御用召にて、御乗出御用出精相勤候に付、御目録の通、金百疋拝領被仰付候旨申来
同月廿九日、同苗正助妹、杉山新五郎妻縁談願差出候由、知せ有之
十一月六日、鈴木吉作同役被仰付候由にて被参、角又四郎去る朔日山奉行転役被仰付候、其代り吉作被仰付也
同月十日、十月十七日立飛脚着、十月七日御用召にて、御元服御用出精相勤候に付、御目録金百疋拝領被仰付候旨申来る
同月廿六日、山路仁平妻出産、男子出生、弥一郎也
十二月廿二日、野口藤九郎隠居左助病気にて死去、廿四日夕円応寺葬式、三十郎参寺致

文化六年己巳　徳宗四十六歳　徳泰二拾五歳

正月元日、儀式如例
同月十八日、鈴木吉作より江戸交代被差立候旨知らせ来
同月廿二日、山路浄哉居士七回忌法事、茶案内有之、円応寺へ参寺致
同廿三日、手野村より梅庵病気不勝の段申来
同廿六日、同苗正助より智楽居士十七回忌法事執行知せ有之、金龍寺へ三十郎参寺致
二月六日、佐々倉半助老母死去、知せ有之
同九日、同苗正助御用召にて、御足軽頭被仰付候旨知せ来

徳宗、市大夫を与六郎と改名

同十四日、正月廿五日立江戸御飛脚着、与六郎と改名致候段申来る、同月廿八日鈴木吉作江戸
出立有之候事

徳泰、三十郎を重八と改名

同廿四日、三十郎愛宕へ参詣、自分改名の儀、法印へ御鬮窺頼置候、其後重八と相改候事
三月二日、同役友納嘉市御用召にて、年来出精相勤候に付、御切米二石御加増被仰付候旨、知
せ来る
四月朔日、脇山惣右衛門江戸出立
同月三日、扣角斎十七回忌金龍寺法事、明石与平・権藤隠居参寺
同六日、倉八惣右衛門より妻出産、男子出生の段知せ来

徳宗江戸より帰着

五月五日、夕飯後黒崎よりの先触来る、明六日着筈の由申来
同六日、五つ頃より箱崎へ打迎に参、九つ半頃宿元帰着、一族・近所・御用聞の町人追々客来
多
同七日、御謁出殿、痛所にて廻勤不致引入

三木梅安死去

薬院村烽火台から狼烟挙大騒動

無足組休士より長崎詰方始まる、後停止

同八日、引入届致、痛所薬用、追々快癒
六月朔日より出勤致、引取より方々廻勤
同六日、役頭衆へ土産配る、又八使す
六月十七日、暮頃手野村使来、梅安病気養生不叶、昨日死去被致候段申来る、使の者夜泊る、翌朝頭衆・役頭衆へ忌中引の段届る、手野村へ重八使の者召連、為悔参候事
同廿日、重八在郷より致帰宅候事
同廿五日、忌中今日迄にて、明日出勤の段届る
七月九日、頭衆宅へ御呼出にて御達、上ケ米の事也
同廿八日、火災の由に候得共、薬院村に有之放火台、狼烟《のろし》挙候由にて、御殿惣出仕有之、翌日も引日候得共、騒動にて御殿不引け、全く誤て放火挙候由、追々事静る
八月九日、早川次助殿、長崎為詰方波戸場より乗船に付、同所へ参見立、近年無足組休士より詰方始り、追々交代致候事、後年相止候事
九月三日、手野村より三木梅仙出福致、来泊る
九月十三日、御用聞藤井源右衛門殿、御月番新右衛門殿〔野村祐文・家老〕御宅にて御咎、放役被仰付候由、知せ有之候、江戸詰方中不慎の事也
同月十二日、柴田兎角隠居死去知せ有之、九十余歳也、同十三日夕金龍寺葬式、重八参寺致
同廿日、三木梅仙より、老母去る十六日死去致候段申来る
十一月八日、三宅太三右衛門、於江戸御切米十八石御加増被下候旨知せ来、去月九日の事由

文化七年

徳泰兵学入門

文化八年

文化七年庚午　　徳宗四十七歳　徳泰廿六歳

正月元日、儀式如例

同六日、次助殿長崎より帰舟、父子共祝儀に参

同廿七日、頭衆宅へ御呼出し御達、拝領米の事也

二月六日、明石孫太郎父、八十八の賀筵案内有之、父子共に参

二月十六日、頭衆宅にて拝領米差紙渡る、権藤平右衛門妹、林作左衛門悴妻へ縁談願書差出候由申来

二月十四日、同苗正助より、明日御用召の名代頼来、翌日罷出候処、兼て差出置候退勤、願の通被仰付候事

四月十七日、同役友納嘉市、御用召にて御山奉行被仰付候、御用引取より直に参

四月廿日、重八、平野喜左衛門方へ兵学稽古入門致、小河半七同道

六月十八日、霊源院殿百回御忌御法事拝礼罷出候事

十一月三日、権藤自笑、七十賀筵案内有之参

十二月廿三日、武蔵守永道刀、簀子町天王寺屋より相求る、代銭弐百三十目

文化八年辛未　　徳宗四十八歳　徳泰廿七歳

正月元日、儀式如例相仕舞、御帳に出殿

斉清公初御目見

山笠御覧

朝鮮通信使対馬聘礼応接使城下通行

閏二月朔日、同役鈴木吉作江戸着、為祝儀参
同廿七日、内橋村目医師高木順厚見舞、妻眼気見せる、薬遣す、追々重八内橋村へ薬取に参
三月十六日、御着城
同十七日、初御目見相済、三宅太三右衛門御供にて帰着、重八為打迎昨日箱崎へ参、吉川五助も同様帰着
四月十二日、内橋中村正宅参、薬調合遣す
四月廿一日、殿様長崎より御帰城
五月十七日、殿様東照宮御参詣に付、早出方
六月十五日、御上、山笠御覧被遊候事
同十六日、野口藤九郎老母死去
同廿三日、朝六つ時会所出方、対州下向御役人脇坂中務少輔帰路、御城下通行に依て也
同廿五日、藤井源右衛門殿、卒中風急病にて死去被致候に付参、暁方引取
同廿六日、敬徳院〔斉隆〕様十七回御忌御法事に付、今日拝礼、明石孫太郎長崎へ乗船、重八波戸場迄見立に参
七月八日、引け出の筈の処、朝より発病、眩暈の気味強、同役忠次方へ出方頼遣す、翌日より少し宛居り合
同十三日、暁より又々頭痛・眩暈強塞き、朝に成居り合、吉富へも申遣参、昼頃江藤養英・谷仲栄へ見舞頼、養英薬用頼、薬遣、翌日より次第に折合候得共、頭痛強枕不上、井上仲育・木原文律へも針療頼

八月十五日、吉川五助昨朝より漁に参、船中にて中風発り漸帰舟
同廿一日、手野村より梅仙見舞に出福致
同廿七日、拙者引入に付、鈴木吉作助役被仰付候由にて参、同人近来御錠口へ転役致居候事
九月始、漸間内歩行致候様に相成候事
同月五日、珠月恵玉信女五十回忌に付、金龍寺へ回向頼、重八参寺致、同月末頃より二宮養雄へ転薬の儀、村上又左衛門世話にて同人見舞、薬遣す、十月始より又々玄碩薬用に相成、山路仁平へ相頼、二宮養雄方へ、吉留へ、又々転薬の儀申入候

徳宗退役願差出

十月八日、病気寸度快無之に付退役願書差出、同月十一日に御月番御受取に相成候旨、頭衆より申来

徳泰剣術目録引渡

十一月朔日、重八、三宅太三右衛門より剣術目録引渡有之に付、麻上下着用にて朝飯後より同所へ参、七つ半頃相済引取候事、同日杉原九助・古田吉助同様に相済候事
十一月廿六日、御用召にて名代早川次助罷出候処、退役願の通被仰付候処、御月番主膳〔隅田興茂・家老〕殿被仰渡候事
十二月九日、博多居住医坂巻文慶方へ見せ候様、西伯母・次助姪勧候に付、今日重八、文慶方へ参、見舞の儀相頼申候事、同十二日文慶見舞申候事
同月十七日、吉富玄碩老母死去致候事、同十九日夕大円寺葬式、重八参寺致

文化九年

文化九年壬申　徳宗四十九〔五十〕歳　徳泰廿八歳

宝満山伏大峰入

肺癌の症

徳宗終命

徳泰芸術指南書付差出

正月元日、儀式如例、御帳出方、病気に引入の段、旧冬より頭衆へ届置候事
三月十日、権藤平右衛門妻死去、同月廿六日、関岡太右衛門死去
四月朔日、三宅太三右衛門妻死去、同日重八参り掛り居滞り世話致
同月十一日、与六郎頃日西次助殿方へ滞留参居候て、今日帰宅、今日宝満山伏大峯入、御城内に来、重八見物に参
同廿二日、重八、真野元清方へ参、同性薬用の儀相頼候処、明日見舞可申旨、同廿三日元清見舞、薬遣す
五月十一日、長崎船帰、次助殿帰宅被致候に付、重八参
同廿九日、村上又左衛門死去、近来病発肺癌の症
六月二日夕、村上葬式、大通寺へ重八参寺致、朝より終日雨烈不止、道路艱難甚
七月十八日、暁より与六郎病気不勝頭痛強、朝に成次第に折り合候処、朝飯後より又々頭痛強塞き、其なり不覚終命致候事、早々近所並一族中へも知せ遣、次助殿・孫太郎も被参、頭衆へ届、孫太郎参候事、同夜納棺致候事
同十九日、孫太郎、頭衆へ重八芸術指南有之、書付差出候事、同昼金龍寺蘭州和尚被参候事
同廿日夕、金龍寺葬式、戒名観節了性信士、見送りの面々別に記す、同廿三日・廿四日・初七日茶案内の面々、是又在于別記、在勤中の同役、其外心易き面々へも案内申入候事
八月朔日、吉川五助死去
同月廿三日、五七日・七々日取越法事、一同相頼候事
九月八日、忌中今日迄に御座候旨、兼て組合聞次高屋源之丞より頭衆へ届置候事

徳泰遺跡拝領

初面会

明細書・印鑑頭衆へ差出

妹、林孫兵衛との縁談

同八日、昼頃頭衆より高屋源之丞殿当の御切紙来る、明十日四つ時、一族同道にて御館へ罷出候様申来る

同十日、五つ時頃、高屋源之丞同道にて御館へ罷出候処、九つ過頃御用始り、御席へ罷出候処、御月番新右衛門殿より、与六郎遺跡無相違、拝領被仰付候旨被仰渡、引取頭衆詰所へ参御礼申上る、初面会の儀、明五つ時加藤吉之丞宅へ罷出候様、月番頭山内幸三郎殿被談、引取御家老中廻勤、月番頭へも参、翌朝五つ時頭加藤吉之丞殿宅へ麻上下着用罷出、面会相済、其後東辺廻勤

同十二日、名細書・印鑑頭衆へ被差出候事

同廿三日、此頃妹縁談、林孫兵衛方より相談申来居候に付、次助殿方・孫太郎方・同苗方へ相談に参候事

同廿六日、永田平助為仲妁、林方より弥妹縁組相談故、宜敷候段平助申参候事

十月朔日、殿様江戸御発駕に付、松原へ出方致、暁七つ頃より参組合同道、五つ過御通駕相済

十月六日、除り居候御扶持方米受取、都合米七俵壱斗三升三合

同月廿日、明石孫太郎老父半大夫病気、死去致

同廿八日、了性信士百ケ日に付、金龍寺へ回向頼

同三十日、頭衆宅にて拝借の切手相渡、高二貫八百八拾目銭切手受取

十二月十四日、殿様御鷹の雁御拝領に付、御祝儀出の触状来る、十二日・十五日・十六日の間御帳に付候様

十二月廿七日、御仕置斬罪者有之に付、所持の高田全行の刀、様《ためし》に出すに付、見物に参、昼過

に帰

徳泰紀

240×162㎜

起文化十年癸酉
至弘化三年丙午　凡三十四年

徳泰紀

提要

文化九年壬申　九月廿日、遺跡相続、于時徳泰廿八歳
同十年癸酉　三月廿一日、学問所加勢役見習被仰付、同六月廿六日妹林孫兵衛妻に願被仰付
文政二年己卯　十二月九日、加勢役助被仰付
同三年庚辰　六月十四日、指南加勢役被仰付
同四年辛巳　十一月八日、猪之吉生る
同五年壬午　八月廿八日、指南加勢役勤中、百石地方当被下旨、御用召にて新右衛門殿被相達
同七年甲申　二月廿九日、政女生る、後塚本三右衛門妻、同年二月四日伯父早川次助死去
同九年丙戌　四月七日、竹女生る、同年九月十七日桝木屋宅地求る
同十一年戊子　八月九日、夜大風古今未曾有大変、転家多国中人民圧死多、同廿四日又大風
同十二年己丑　二月十六日、祖母死去九十三歳、同年六月廿八日桝木屋丁の家宅へ移徙《いし》
天保二年辛卯　十月廿八日、妹千代女大川喜左衛門後妻縁組、願の通被仰付
同三年壬辰　二月十二日、弥十郎生る、前田八助養子左大夫と改、同年八月廿二日指南本役当
　時助被仰付
同八年丁酉　十一月二日、年来被賞勤功、御切米御加増被下弐石

同九年戊戌　九月十日　老母死去、行年七十四歳
同十三年壬寅　六月十五日　妹大川喜左衛門妻死去、同年八月廿六日諸士中御呼出にて御政事改正御達、同年十月廿三日叔母明石元太郎祖母死去
同十五年甲辰　四月四日　退勤、願の通被仰付
弘化三年丙午　六月朔日退身願指出、七月廿六日願の通隠居被仰付、家督無相違賎息に拝領被仰付

徳宗嫡子
安見重八徳泰――室　藤田源吾二女
天明五年乙巳五月七日未刻前生
幼名三十郎　後重八と改
嘉永七年甲寅八月十八日卯下刻
以天年終命　于時七十歳
為隠居剃髪野叟と号
葬金龍寺　法名安休野叟居士
初屋静観堂退身閑居庵を貧楽窩

某　早世　市太郎　法名智源孩児　文政三年庚辰九月廿一日出生　同年十月廿四日卒　葬金龍寺

徳義　幼名猪之吉　後儀兵衛　文政四年辛巳十一月八日生
継家後市郎右衛門

女子政　塚本三右衛門妻　文政七年甲申二月廿九日生

女子竹　文政九年丙戌四月七日生

某　幼名熊次郎　後弥十郎　天保三年壬辰二月十二日生　後市之丞

宗旨判形頭衆宅

無足頭馬杉喜右衛門
学問所加勢見習
平勤当り

御番入
無足頭水野市太郎

文化十年癸酉　　徳泰廿九歳

正月元日、儀式如例
正月三日、御帳へ罷出、東西廻勤仕舞
同七日、三宅太左衛門方剣術御殿稽古へ出方致
正月廿七日、去年来頼置候具足銅鍜《しころ》張り出来致
二月五日、去年来拵に出し置候大小、拵出来致仕はめ
二月十八日、宗旨判形に付、頭衆宅へ罷出る
二月廿七日、孫太郎方叔母参、喜美へわけ致さる
三月六日、安田磯八来り、学問所加勢見習に出役、名元申出に成居候段、内分知せ置候段申来候事
三月廿一日、昼過御無足頭馬杉喜右衛門殿より申談御用の儀有之候条、今日私宅へ罷出候様申来、御受致罷出候処、学問所加勢見習被仰付候旨、御月番新右衛門殿被仰聞候旨、尤勤中平勤当り被下候由、被相達候、右に付、自分頭・御月番にも御礼に参、学問所一手少々参、暮頃帰宅
同廿二日、早朝より学問所へ罷出る、夫より四つ頃引取、指南役・加勢役・見習迄廻勤致し暮頃帰、尤御用人衆へも御礼に参候事
同廿三日、今日より当時日々調子に出方仕候事、同廿八日より御番入に相成候事
四月六日、御無足頭水野市太郎殿より長崎非常無時、揃受持申談置候得共、此節学問所出役に

長崎三番受持繰替

松原出（藩主の城下到着・出発を箱崎松原で送迎する。庶民にとって「松原出」は軽絹羽織着用と同じく特権となる）

斉清公学問所御入会読聴

妹、林孫兵衛（百五十石）婚姻

付差除、陸路三番受持繰替の趣申来候事
同七日、御着城に付、松原へ罷出る、五つ過御通駕相済、御帳へ罷出直に引取候事
同十五日、小南甚三郎妻・皆田藤七郎妻死去
五月五日、六つ半時揃にて御礼被為受、五つ過御礼相済引取
同六日、永田平助来り、林孫兵衛方より兼て申合せの妹縁談、来る八日に願書差出可申旨相談
　に付、同日に相究候事
同八日、願書頭衆迄差出候事
同十日、願書御月番六大夫〔矢野幸篤・家老〕殿被受取置候旨、申来る
六月七日、殿様学問所へ被為入、会読被為聴候事
同廿四日、月番頭永嶋権兵衛殿より明後廿六日御用召御切紙来る
同廿六日、御用召にて罷出候処、兼て差出置候妹縁談願、願通被仰付候旨、御月番主膳殿被仰
　渡候事、今日双方肴代取遣迄の事、明夕荷物遣候事
同廿九日、双方出会、直に引越、婚姻相整候事、此方にて同苗久兵衛・孫太郎・次助殿・重松
　李之助・山路仁平出席致候事、林方にて林喜平次・同五平・桜羽三兵衛出席有之候事
七月十八日、了性信士一回忌に付、金龍寺に法事執行、早川幸大夫・明石小兵衛計参寺致、逮
　夜より今日昼迄茶客致
八月八日、祖母薙髪、鶴千院と号候事
同十九日、判形罷出、加藤吉之丞引入に付、山内仁大夫〔無足頭〕殿宅
同廿二日、鳳陽院〔治之〕様三十三回御忌御法事拝礼出方

貝原益軒百回忌

香椎宮座主護国寺智宏流罪御免、大島より帰島

剣術御覧

鎗術御覧

後桜町院崩御

同廿七日、貝原益軒先生百回忌、金龍寺へ参寺致、上よりも御代参有之候事
同廿八日、馬場より里開に付、皆々参候事、林樹作・同五平・永田平助参候事
九月七日、権藤平右衛門母死去
十月二日、阿部半助来、護国寺智宏昨日流罪御免にて、自大嶋帰嶋致候由知せ来候間、即夕松源院へ参り対面致候事
十月廿二日、夜早川次助殿妻死去知せ有之候に付、早速参候事
十一月十八日、三宅太左衛門方門弟中剣術御覧に付、御館へ罷出、四つ半頃相済、御月番六左〔大音厚年〕衛門〔家老〕殿より御挨拶有之に付、御礼廻り致
同廿七日、三宅方御覧残の分、今日御覧被遊候に付、御館へ罷出、暮前引取
閏十一月九日、越前守吉門脇差身求る、代銭百二十七匁五分
同十八日、高田方鎗術御覧に付、五つ時より御館へ出方、九つ頃相済引取、御礼廻り先日の通り
同廿八日、仙洞御所崩去に付、作事今日より五日、来月二日迄作事止に付、学問所稽古引けの旨御触状来る
十二月廿三日、脇山只七御用召にて数年の勤功被賞、直礼被仰付候事
同廿六日、兼て津田久次郎へ頼置候具足拵出来致、取寄る
同日、村上甚十郎御用召にて、足軽頭被仰付候事
同卅日、七つ過時御帳出方致、来年頭元日六つ時揃の旨御触状来、尤休の面々は三日六半時揃

学問所開講
妻縁願出
亀井南冥焼死
旧功の家名跡立

○文化十一年甲戌　　徳泰卅歳

正月元日、六つ時揃にて御礼被為受、八つ過御礼仕舞引取、廻勤少計仕舞
同四日、学館へ出方
同八日、学問所開講に付、六つ半時より出方、四つ時過御規式相済、九つ半頃引取
同十四日、館出方、同十六日より学問所稽古始り候事
同廿八日、旧冬より兼て申合置候大賀喜大夫娘縁組、津田久次郎仲妁にて内談申合、今日願書差出候処、即日御月番受取に相成候事
三月朔日、昼地行伝承寺の門にて、柏原新五郎貞左衛門子叔父、御傍筒内海春七と申者切害致
同二日、昼頃大西新地亀井昱太郎父道斎、火災にて焼死致
四月二日、同苗九郎兵衛より明日御用召にて、弟佐八召連罷出候様、大目付より申来候旨知せ来にて、早速参
同三日、引取より九郎兵衛方へ参、九郎兵衛弟佐八、今度大鶴只右衛門名跡御立被下、同人へ四人扶持十三石被下、御城代組に被差加候事
同日、木村善左衛門実家石松七蔵名跡、二男勝寿へ御立被下、三人扶持十石被下、御城代組へ被差加候旨知せ来る、吉田平兵衛弟富八、吉田清右衛門名跡御立被下、五人十七石被下、石矢火役被仰付候旨知せ来
同五日、御無足頭水野市太郎殿より御用の儀有之候条、明後七日四つ時御館へ罷出候様、御月番被仰聞候旨申来

脚気

四月五日、神保次右衛門死去、悔に参
同七日、五つ半頃御館へ罷出、四つ過御用始り、妻縁願の通被仰付候旨、新右衛門殿被仰渡、御礼廻御月番計、自分頭・月番頭へも参、学館へも参届候事
同十七日、藪遊萍殿隠居、死去被致知せ有之
同十九日、今日双方出合致、此方にて同苗九郎兵衛・孫兵衛・仁平、彼方にて白水源六・陶山小八郎出会有之候事、同夕藪殿取納に付、金龍寺参寺致候事
五月十八日、三宅太三右衛門一周忌に付、極楽寺へ参寺致、居残寺挨拶仕舞、直に学館へ出方、引取より三宅方へ参候、太左衛門今日御用召にて、剣術御師範被仰付候事
六月十六日、夜五つ過より暴風東南風、同夜中庄出火、吉岡久右衛門宅焼亡
同廿六日、藤田長助より御用召にて罷出候処、被賞勤功、壱人扶持弐石御加増被仰付候旨知せ来
同七日、頃日脚足痺強、脚気の気味有之候に付、吉富玄碵方へ参、服薬申談、薬取来候事
七月十八日、了性信士三回忌法事、金龍寺執行、同朝九郎兵衛・次助殿・小兵衛参寺有、昼夜宅にて茶客有之
九月八日、明日重陽御礼、殿様御不例後に付、不被為受候旨、頭衆より申来、重陽御帳計
同十二日、当番にて罷出居候処、公義にて竹千代様御卒去被遊、御到来有之に付、作事・鳴物停止に付、稽古十五日迄引け事
同廿四日、去る十八日・十九日御神事御停止中にて相止居候て、今明日御神事に付、今明日稽古相止候事、同役池田左大夫御用召にて、隠居家督被仰付、父老年迄相勤候に付、御目録拝

組合年齢差出

免下り

文化十二年

斉清公婚礼御祝儀献上

領被仰付、自分是迄の通、学問所加勢見習被仰付候旨、被仰渡候由、知せ有之
九月廿七日、江戸御発駕、七つ時過より松原へ罷出、五つ過御通駕相済引取、御帳へ罷出帰宅、
頃日より兼ての痺の気味弥快に相成候事
十月十八日、同役中野藤助御用召にて、指南加勢役被仰付、跡役見習天野弥守被仰付候事
同晦日、明石与六母兼て病気にて養生不叶死去候段知せ来
十一月三日、組合宮崎弥右衛門方にて打寄、年齢差出申合、頭衆へ同五日に差出候事
十一月八日、吉富玄碩より祖母病気、養生不叶死去致候段知せ来、同十一日夕大円寺葬場参寺
致
十二月廿六日、頭衆へ御呼出にて、免下り多分の所、御扱にて六俵余御掛被成候旨、御書付達
有之
十二月廿五日、殿様御登城、御姫様御着府御祝儀出の御触来、廿五日・廿七日三日の内御帳に
付候様

○文化十二年乙亥　　徳泰三十壱歳

正月元日、御帳へ罷出、東西廻勤致
同八日、開講五つ時より罷出、九つ時頃御規式相済、御月番主膳殿へ参、竹田易吉宅へ無滞相
済候為祝参、七つ過引取
同九日、御触来、旧冬七日、於江戸殿様御婚礼被為済に付、御祝儀御帳に付候様、九日・十一

日十三日三日の間為御祝儀御肴代とも献上致候様、来る十一日限、頭衆手元迄差出候様申来、
殿様御聟入、御舅入被為済候に付、御祝儀御帳に付候様、又々御触来る、何れも麻上下着用
にて罷出
二月朔日、馬場林孫兵衛妻平産、女子出生致候段知せ来に付、早速参、夜八つ頃帰
同四日、馬場へ夜喰遣す、暮前より母参
同五日、明石与六より老父病気、養生不叶死去致候段知せ来
同八日、同苗九郎兵衛より妻平産、男子出生致候段知せ来
同十五日、隣家吉川幸八祖母病気死去致
同廿五日、妻不熟に付、離縁の儀兼て申合置候に付、今日願書頭衆へ差出候処、御帰城の上差
出候との事にて見合候事

妻不熟離縁願出

三月十日、権藤平右衛門父自笑、病気死去致候事
同十三日、御暇御拝領、長崎御番被仰蒙御祝儀、御帳罷出
同十四日、中村周庵父三十三回忌茶案内有之、引取より参
同廿四日、転法宗輪信士廿五回忌に付、金龍寺へ回向致
四月十一日、御上御着城に付、暁七つ頃より松原へ罷出、五つ時過御通相済、御帳罷出引取
同十五日、同苗九郎兵衛より悴死去致候段知せ来る
同十七日、東照宮二百回御忌御法事にて、昨今お山参詣、賑々敷有之候事、廿一日迄にて相済
候事

東照宮二百回忌法事、お山参詣

同廿一日、津田久次郎方、兼て申合置候妻離縁願、明日差出候間、其段大賀方へ通達致呉候様

無足頭郡徳左衛門

妹見習加勢

掛合候事
五月二日、兼て差出置候願書、御月番御受取に相成候段申来、同夕入江与七母、兼て病気極大切に相成候段申来、早速参、死去致九つ頃帰候、翌三日夕葬式明蓮寺へ参寺致
同十八日、三宅太三衛門三回忌に付、参寺致居候処、留守に祖母甚不快の旨申来候に付、早々引取候処、居り合居申、玄碩も見舞、夜に入弥居り合快
同廿二日、御婚礼被為済候御祝儀、御吸物・御酒頂戴被仰付候に付、罷出、四番座九つ前引取
七月二日、御無足頭郡徳左衛門殿より御達、御用にて罷出候処、兼て差出置候離縁の願の通被仰付候旨、御月番主膳殿被仰聞候旨被相達候事
八月十二日、学問所加勢役石松甚三郎一昨日死去、今夕取納に付、正光寺へ参寺致
同十九日、判形山内仁太夫宅出る
同廿日、夕西新町にて田中伝八、御駕の者と四人喧嘩致、一人打果す
九月九日、御不例後に付、御礼不為受御帳計
同十四日、入江与七父二十五回忌、明蓮寺へ参寺致
同十五日、妹千代当時藤井甚太郎殿方へ、見習加勢の為参る約束致に付、今日母同道致、参候事
九月廿四日、中村周庵父死去致候段、知せ有之候事
同廿六日、周庵方葬式に付、香正寺へ参寺致
同廿八日、神保五助より祖母死去致候段、知せ来
十月廿五日、寒松院三十三回忌に付、金龍寺へ回向頼、参寺致

十一月七日、関岡喜八方婚姻祝儀に参

福岡城下大火

十一月廿六日、夜八つ半頃浜の町野村殿浜屋敷より出火、本町・大名町・雁林の丁・養巴丁・紺屋町・薬院町・東西小性町・川端・林毛・八反田・原の丁・中庄出口迄焼失、夥敷大火、早速罷出所々見舞、九兵衛・惣右衛門方類焼に付、見舞使遣、玄碩方も同様昼頃迄追々使遣す

免下り御免

同廿九日、頭衆御呼出しにて、当年免下り六俵余懸り候処、御仕組にて御免被仰付候条、弥欠略取守候様被相達

十二月朔日、同苗方隠居、聟杉山新五郎方参り居候間、同方へ見舞参候事、同夕薬院薬研丁壱軒焼亡

免下り返米差紙渡

同十九日、頭衆宅にて当秋免下り御返米差紙被相渡、加藤三郎左衛門不快引入に付、馬杉喜右衛門殿宅にて相渡、米六俵壱斗七升壱合

講取当

同廿日、吉田平兵衛方講取当、懸銭受取、銭四百四拾目余

同日、吉永源八郎父死去致候事

同卅日、七つ時頃御帳出方致、廻勤如例

文化十三年

○文化十三年丙子　　徳泰三十弐歳

正月元日、御礼六つ時揃罷出、八つ時相済引取

同四日、館出方如例

同八日、開構出方六半時揃、四頃相済、引取より竹田の方へ賀祝七つ過引取
二月三日、今日より部屋の方取繕取掛、屋上壁取除
同五日、日雇六人にて部屋・湯殿・本屋へ荷片付る
同十二日、日雇今日迄にて仕舞、作料前後百三拾目、大工手間八拾目

妻縁願差出

二月廿五日、妻縁願書頭衆へ差出、櫛橋又之進〔祐広・家老〕殿家来、原田藤大夫と申者娘、花房藤九郎仲妁也
三月三日、夜四つ過孫兵衛方より小児不快の旨申来、即刻参候処、養生不叶死去致候事

斉清公学問所御入
不快引

同四日、殿様学問所へ御入に付、不快引仕候事、昨日の不幸勿論不及遠慮候得共、不快引にて出方遠慮致候事
同十五日、嶋村宇八退身願の通被仰付、殿様御鷹の雁御拝領被遊に付、御祝儀御触来
同廿三日、建部孫作殿へ初て参、学問所思立に依也、加藤半次郎殿同道にて参
同廿九日、山内仁大夫殿より、明朔日御用の儀御座候条、四つ時御館罷出候様御切紙来
四月朔日、五つ半過より御館へ罷出、九つ過御用始り、妻縁願の通被仰付候旨、御月番外記〔久野一鎮・家老〕殿被仰渡、御礼廻り仕舞、花房藤九郎同道にて原田藤大夫方へ参候、同方より藤大夫父子此方へ参候事

建部孫作無足頭、
同人組

四月七日、山内仁大夫殿より、建部孫作御無足頭被仰付候条、同人組申談、来る十日五つ半時面会罷出候様申来
同廿四日、頃日母口中痛に付、青木梅軒へ薬用申談置候処、今日見舞薬遣す

大書院で孟子会読
聴

同廿八日、於御館大書院孟子会読被為聴候に付、六つ半頃より出方、八つ頃引取

五月五日、六つ半時頃より御礼出方、五つ半過相済引取、廻勤如例
去ル二日、中村孫吉娘、御城代組時枝長助妻縁談相済候に付、為祝儀肴遣す
五月廿二日、馬場より隠居病気、不勝の段申来候間、暮頃より参、夜四つ過死去致候に付、暁
頃帰候
同廿五日、夜馬場葬式に付、谷長栄寺へ参寺致
七月十三日、三宅源六初七日に付、大通寺へ参寺致
八月九日、妻不熟に付、離縁の願書頭衆へ差出候事
妻不熟離縁願
八月十一日、真野元生方へ参、頃日脚気の気味足痺れに付薬用頼、見舞薬遣す
閏八月五日、池田佐大夫御用召にて加勢役被仰付候事、同日西川瀬一・藤伝一郎加勢見習被仰
付候事
同廿七日、建部孫作殿より為達、御用の儀有之候条、拙宅へ罷出候様申来候に付、引入居候条、
名代山路仁平相頼差出候処、兼て差出置妻離縁の願の通被仰付候旨、頭相達候事
同廿九日、当浦庄屋儀左衛門死去致候事
九月五日、兼ての脚気塩梅少宛快、近所歩行の儀相願置候処、今日聞通相済候段、同役山中進
平より申談候事
九月廿二日、殿様江戸御発駕、兼て引入居候条、松原出方仕不申旨届置候事
十月六日、明日より出勤仕候段学問所へ届る
同十一日、頭衆宅にて三ケ条御法令書拝読
三ケ条法令書拝読
同廿六日、森平之丞学問所加勢見習寸志被仰付候事

十一月十五日、広羽小右衛門より老母病気の処、養生不叶死去致候段知せ来
同十七日、昨夜より藍嶋へ漂流船来り候注進有之、櫛田大助出張致候事
同廿日、頭衆宅へ呼出候にて、御達書読聞有之、御家中一統拝領米被仰付候段、達有之候事
十二月十四日、殿様御着府、御登城被遊候御祝儀、御帳出方
同日、頭衆宅にて拝領米被相渡、御差紙にて後、米九俵壱斗九升六合
同廿日、餅搗近年今日に仕舞候事
同廿九日、御鷹の雁御拝領の御祝儀帳罷出
同晦日、昼頃御帳へ罷出、廻勤如例

相島漂流船
家中一統拝領米

文化十四年

○文化十四年丁丑　　徳泰三拾三歳

正月元日、五つ半頃御帳へ罷出、廻勤致
正月四日、館出方如例、引取より廻勤
同八日、六つ半頃より罷出九つ前相済、御月番又之進殿へ御礼に参、引取より例年の通竹田へ参、暮前に帰
同十日、同苗九郎兵衛より妻病気、大切に及候段申来に付、即参候処、昼頃死去致、同十二日夕葬式金龍寺へ参寺致
同十四日、小川藤右衛門・清水音右衛門・時枝長大夫御用召にて、小川・清水御加増、時枝御上下拝領被仰付候に付、祝儀に参

同廿六日、同苗九郎兵衛方祖父智楽居士廿五回忌法事、金龍寺へ斎参寺致
二月十六日、宗旨判形、頭衆へ罷出
三月三日、御帳出方
同廿五日、御暇御拝領御祝儀、御帳罷出
四月三日、扣角斎廿五回忌に付、金龍寺にて法事執行、斎参寺、同苗九郎兵衛計、同昼護国寺
　智宏・入江与七茶案内致
四月十一日、御着城に付、六時頃より松原へ罷出、四つ過引取
五月五日、御礼不被為請、御帳計
同六日、孫兵衛方より今暁平産、女子出生致候段知せ来に付母参

斉清公御館で会読聴

同十二日、殿様御館にて会読被為聴候に付、六つ半頃より罷出、四つ過時相済引取

郡平馬出奔、名跡断絶

同廿五日、郡金右衛門・同徳左衛門・同九郎右衛門より知せ有之
　以手紙得御意候、拙者共被相達御用の儀有之候条、今廿一日八つ半時竹田安兵衛〔大目付〕宅へ可罷出旨申来、則罷出候処、同苗平馬儀異体に付、拝知差上度段、一族中より相願置候処、平馬儀致出奔候に付、名跡断絶被仰付候旨、申渡有之、奉恐入候、此段御知せ申述候、以上
　　五月廿一日
同廿七日、作事止にて、来月三日迄稽古引けの旨申来

郡磯之丞新知四千石

同廿八日、郡磯之丞殿より知せ来、廿二日の事
　以手紙得御意候、拙者儀今日御用召にて御館へ罷出候処、拙者家筋、長政公已来被召仕候儀に付、格別の思召を以被召出、名跡御立被下候、依之新知四千石被下、大組に被差加、

秋月表へも被対旁、右の通被仰付候旨、御月番主膳殿被仰渡、誠以難有仕合奉存候、右為御知申述候、以上

五月廿二日

六月十六日、公儀淑姫様御卒去に付普請五日・音楽十日停止に付、十八日迄学問所稽古引の旨申来

七月七日、不快引入致居候に付、御帳出方不仕

七月廿五日、御用人衆より学問所にて諸生御達御用に付、五つ時より出方

八月十六日、宗旨判形に付、頭衆宅へ罷出

同廿七日、尾崎善蔵母死去致候段知せ来に付参

同廿九日、尾崎取納、長円寺参寺致

九月九日、御礼不被為受、御帳計

同十九日、松平伊豆守様御卒去御到来に付、鳴物三日停止に付、神事能相止、廿二日に興行

十月十四日、殿様学館へ御入、会読被為聴、九つ時過引取

十一月二日、妻縁願書頭衆手元へ差出、吉富玄碩仲妁にて、藤田文大夫妹

同十八日、頭衆宅にて、当秋免下り、御家中へ所務減被仰付候筈の所、御厭を以御免被仰付候旨達有之

同廿二日、嶋村孫六より同性只今死去致候段知せ有之

十二月八日、御用召不快に付、名代山路仁平罷出候処、兼て差出置候妻縁、願の通被仰付候旨、被仰渡候事

斉清公学館会読
妻縁願差出
所務減御厭

御馳米

文政元年

斉清公学問所御入

同十六日、御馳米受取、八俵弐斗三合、建部孫作殿宅にて

同十七日、双方出会、夕婚姻相整候事、同日林孫兵衛・山路仁平・宮田孫市・吉富玄碩世話致
相済

同十八日、館出方、引取より昨日挨拶所々参

同廿日、餅搗例年の通

同廿九日、歳暮御帳出方、七つ時頃罷出

○文化十五年戊寅　改元文政元年　　徳泰三十四歳

正月元日、六つ半頃より御礼出方、八つ過相済引取

同八日、開講、痛所不罷出

二月十一日、宗旨判形頭衆宅へ罷出

二月十七日、殿様学問所御入、六半頃より罷出、九つ過済

同十九日、花心貞香信女五十回忌法事、金龍寺にて護国寺隠居より執行致候に付参寺致

同廿一日、同苗九郎兵衛母十三回忌、茶案内有之参

五月五日、御礼五つ時より罷出、四つ過相済引取

同廿六日、当月四日、文政と改元有之候旨触来

七月五日、先月中より脚気の不快差起、痺強候に付、今日より引入、保養致

七月七日、御帳出方、引入届致

斉清公学問所御入

月番頭毛利長兵衛

頭衆宅毎月面会

免下り御厭

祖母八十歳御恵養、菓子拝領

七月十三日、石原宗八郎より、昨日御月番宅にて重き御咎被仰付候旨、知せ有之
七月十八日、了性信士七回忌、金龍寺にて法事、同苗九郎兵衛・明石小平・早川忠七計参寺、此間より引入居候得共、今日計出勤届致、当番頼参寺致候事
同廿一日より又々引入届致候事
八月四日・五日頃より痺強、小水不通、片足不叶
同十八日、宗旨判形、組合馬場作兵衛へ相頼、八月廿八・九日頃より通用増、壱升余通る
九月十日、殿様学問所へ被為入
同廿二日、御発駕、不罷出
同晦日、月額致
十月六日、月番頭毛利長兵衛殿より、祖母当年八十歳相成候段申出置候処、其後無別条居申哉の段問合申来候事
同十日、今日頭衆宅にて毎月面会始る
同十九日、今日より出勤致候事、七月四日より十月十七日迄、中にて一度出勤致
十一月廿日、山中進平加勢役被仰付、跡役長野正三郎見習被仰付候事
十二月七日、頭衆宅にて当年免下り御厭にて、御家中へ御懸不被成候旨、御達有之候事
同十日、御差紙受取、米四拾壱俵壱斗九升六合
同十三日、御着府、御登城御祝儀出御帳
同十五日、御館へ御用人衆より御達御用にて罷出る、九つ過時頭衆詰所にて達、祖母八十歳に相成候に付、御恵養被下御菓子拝領被仰付、大饅頭七つ頂戴致、御礼御月番新右衛門殿計罷

出

同廿日、餅搗例年の通
同廿七日、油屋幸助へ御切米廿俵、代五百九拾四匁に払
同卅日、九つ時頃歳暮御祝儀、御帳出方致

文政二年

○文政二年己卯　　徳泰三拾五歳

正月元日、五つ半過より御帳へ罷出、廻勤少々
同四日、学問所出方如例、引取より廻勤
正月八日、開講五つ半頃より出方、九つ過相済、御月番又之進殿へ御礼へ参、夫より竹田へ賀祝七つ過引取
同廿一日、山路仁平父十七回忌茶案内有之参
三月廿三日、去る廿一日於御構御産御堕胎に付、殿様廿五日迄御遠慮被遊候旨触来

御構堕胎

四月十日、天野弥守父、頭衆宅へ御呼出しにて、役儀御免被仰付候事
四月十九日、御着城に付、六半頃より松原へ罷出候、九つ時引取
閏四月十七日、於御館会読被為聴に付、六つ半頃より罷出、九つ過引取

御館会読聴

五月五日、御保養にて御礼不被為受、御帳計
五月十四日、孫兵衛方出産、男子出生致候段知せ来、母早速参
六月五日、小金丸市助昨日御用召にて隠居家督被仰付、老年迄相勤候に付、御目録拝領被仰付

斉清公学問所御入
斉清公室安産

候由知せ来
同十五日、村上甚十郎より妹、野田勘之丞妻異体病気、自殺相果候段知せ来、尤昨日の日付、
同日中嶋藤太妻病死
同廿二日、敬徳院〔斉隆〕様廿五回忌御執越御法事、廿三日宵朝御執行に付、廿五日・廿六日拝礼罷出
候様御触来
同廿九日、時枝長十郎より同性只今死去致候段知せ来
七月廿日、永井周蔵病気に付退役願差出置候処、昨日願の通被仰付候事
八月十二日、江藤源之進加勢役被仰付、跡役片山伝蔵見習に被仰付候事
九月六日、桜羽三兵衛死去知せ有之、一昨四日の日付手紙、翌日為悔参
同九日、殿様御眼気に付御礼不被為受、御帳計
同十一日、中村周庵御用召にて、奥御番医被仰付候由、知せ来
同廿二日、次助殿祖父三十三回忌取越法事、茶案内有之参
同廿七日、吉浦与大夫京学出立、為見立祝儀参
十月九日、奥山鉄八退役、願の通被仰付候事
同十二日、浜新兵衛加勢役被仰付候事
十一月二日、御切米安田磯八へ頼置、受取米四拾壱俵壱升弐合
同十日、殿様学問所御入、六つ半頃より罷出、四つ半頃引取
同十一日、去る廿二日御前様御安産、御姫様御誕生被遊候御到来に付、御祝儀九日・十一日・
十三日御帳へ罷出候様御触来

純姫と名付

肴一種差上

吸物・酒頂戴

鶏会

指南加勢役助勤

日勤当り、隔日番

職人町・大名町・薬院御門等大火

青柳駅大火

同十八日、於江戸先月廿八日御姫様御七夜御祝被為済、御名純姫様と被為付候段、御到来有之候、右為御祝儀麻上下着用、三日の間御館へ罷出御帳に付候様、殿様へ御肴一種宛差上可被申候事

同廿五日、御吸物・御酒頂戴、五番座九つ時揃、八つ過引取

同日、御切米弐拾壱俵壱斗弐合、五百弐拾弐匁七厘に払、壱俵に付、弐拾四匁五分替

十二月三日、山中進平・浜新五兵衛・池田左大夫・西川瀬一・天野弥守、亭主共八人鶏会

同八日、夜馬杉喜右衛門殿〔無足頭〕より貴殿事申達御用の儀有之候条、明九日四つ時拙宅へ可被罷出候、此段申達候以上、御切紙来

同九日、四つ時馬杉喜右衛門殿宅へ罷出候処、吉浦与大夫京都滞留中指南加勢役助勤被仰付候旨、御月番新右衛門殿被仰聞候旨被相達、引取直に学問所へ申達、其後廻勤致、翌朝出掛にも指南本役迄所々廻勤致、日勤当りに相成候て、隔日番に相成候事

同十五日、安東新平御用召にて、年来勤功被賞、新知百石頂戴被仰付候事

同廿日、餅搗例年の通

同廿五日、夜九つ頃より職人町木付殿掛屋敷より出火、東職人町過半・名嶋町半分、大名町田代半七殿・黒田市兵衛殿・野村勘右衛門殿・田中久七殿・河村五大夫・土手町小林四郎左衛門・牧惣大夫殿・建部藤左衛門、薬院御門にて火留る、早速罷出所々見舞、中村周庵類焼に付見舞遣す

廿九日、歳暮御帳七つ時罷出、昼青柳駅大火

斉清公学問所会読聴

御殿会読聴

月番頭杉山文左衛門

学問所指南加勢役、儒者役

同役初打寄

○文政三年庚辰　徳泰三十六歳　市太郎生る

正月元日、六つ時揃にて御礼出方、八つ過相済引取

同四日、学館出方例の通、引取廻勤致

同八日、開講出方、痛所にて不罷出候事

三月十日、殿様学問所被為入、会読被為聴、六つ半頃より出方、四つ過相済、引取より大音の山亭へ会集、暮に及引取

三月十九日、同苗九郎兵衛後妻、周防文蔵女縁組申合、願差出置候処、今日御用召にて願の通被仰付、知せ有之

四月三日、於公義嘉千代様御逝去に付、今日より五日の間作事止に付稽古引

同十七日、御殿にて会読被為聴、当番切出方に付、非番にて不罷出候事

五月五日、五つ時揃にて御礼出方、四つ半頃相済引取、後東西廻勤、暮頃帰

六月十二日、浅香彦三郎方へ参居候処、御用召御切紙到来、明後十四日四つ時御用の儀有之候条、御館へ罷出候様、御月番新右衛門殿被仰聞候旨、月番頭杉山文左衛門殿より申来

同十四日、五つ過より御館へ罷出、九つ過御用始り、御月番新右衛門殿より学問所指南加勢役被仰付、儒者役中申合、諸生輩引立候様被仰渡、御家老中御礼廻勤、学問所へも参申達、谷辺廻勤仕舞、一旦帰宅、又々西辺廻勤致、暮て帰宅

同十五日、昨日廻勤残平尾・春吉・博多迄参帰宅、暮頃より安田磯八・山中進平祝義に参

七月十日、同役初打寄、暮前相済

御館会読為聴
妻男子出産
下考調子
名付祝儀
出生小児死去
治之公室瑤津院逝去

九月九日、御帳計
同十日、於御館会読被為聴、六半時出方、八つ半頃引取
同廿一日、夜前より妻少々腹痛、番出掛馬場へ参、母呼に参、夕飯後八つ過出産、男子出生致、近所より皆々世話にて相仕舞、今日学問所引取遅、引取の上承知致、早速所々知せ遣す、学問所下考調子受持に付引取遅
同廿二日、殿様江戸御発駕に候得共、血忌引に付不罷出
同廿八日、血忌済出勤致
十月十一日、名付祝儀、一族中・近所案内致、市太郎と名付
同十二日、三宅太左衛門妻死去、悔に参、十三日夕取納極楽寺へ参寺致
同十四日、安田磯八御用召にて、御祐筆御用部屋頭取に被仰付
同廿四日、出生小児胎毒にて頃日不塩梅の処、今朝六つ半頃養生不叶死去致、同夕直に金龍寺へ遣、号智源孩児
十一月十一日、御切米渡、請取米、五拾壱俵弐斗九升六合
十二月十三日、当番罷出居候処御触状来、去る廿四日御満衛様御逝去被遊候御到来に付、左の通
鳴物今十二日より来正月朔日迄二十日、作事今十二日より来廿五日迄二七日、山海猟今十二日より来十八日迄一七日、店卸一七日、学問所出方諸稽古今十二日より来廿五日迄二七日、諸士月額明後十四日迄遠慮、右に付御機嫌伺十二日・十三日・十四日
同十五日、御切米差紙払代、弐拾壱俵弐斗九升六合、五百弐拾五匁五分、一俵に付弐拾四匁替

同晦日、四つ時頃御帳へ罷出、引取後廻勤例の通

文政四年

○文政四年辛巳歳　　徳泰三拾七歳　猪之吉生る

正月元日、五つ半頃より御帳へ罷出、廻勤、殿様御鷹の雁御拝領に付、御祝儀御帳出方二日・三日・五日

同四日、館へ出方如例年

同八日、開講出方、六つ半頃より出方、九つ半頃御規式相済、御月番新右衛門殿へ御礼に参引取

同十七日、天野弥守同道にて名嶋へ参詣致、宗栄寺へ参暮て帰

二月十一日、建部孫作殿宅にて宗旨判形

建部宅宗旨判形

三月七日、次助殿頃日不快に付、夜西へ参居候処、薬院原の町出火に付、西より走帰、薬院へ見舞帰候上、又々西へ参、翌朝帰宅

同十五日、愛宕山後岳山へ同役中見習迄打寄会集、暮て帰

四月九日、殿様御着城に付、六つ時より松原へ出方、五つ頃御通駕相済引取

同日、馬場より産有之由知せ来候間、母早速参候事

同十一日、脇山只七江戸より帰着

同十九日、藪平三郎無足頭成り、相組と相成、今日初面会罷出

藪平三郎無足頭成相組

五月五日、長崎御越座にて御礼無之、御帳計

御館詩経会読聴、会読問者勤む

五月十日、於御館詩経会読被為聴、五つ頃より罷出、九つ半頃相済引取、会読問者勤る
六月三日、井土佐市〔周磐〕御月番宅にて重き御咎被仰付、役儀被召放候事
七月五日、早川次助殿退身、願の通被仰付、悴忠七へ家督被仰付候事
同廿六日、同役片山伝蔵御用召にて御納戸勤被仰付
同廿八日、西川瀬一・月形三太郎御用召にて同役被仰付、早川又一郎本役見習被仰付、関甚之
助加勢見習被仰付候事

学問所目付

八月六日、浜新五兵衛御用召にて指南本役助被仰付候事、同役高井多中御目付被仰付候事
八月七日、心外了無居士百五十回忌、岡部伊織殿事、金龍寺にて法事有之、非事参寺、同日同
苗九郎兵衛方にて内祝有之候に付参
同十七日、頭衆宅にて判形相仕舞
九月四日、肥塚才次郎加勢被仰付
九月九日、御礼不被為受、御帳計

矢野安大夫・黒田市兵衛職分成

九月廿九日、矢野安大夫殿・黒田市兵衛殿御職分成り、祝儀に参
十月四日、竹田貞之允御月番宅にて重き御咎被仰付
同十九日、頭々宅へ御呼出しにて、去寅年御達の通、弥相守候様談有之候事、書付在于別

押米御免

十一月三日、頭宅御呼出にて、是迄の拝借の押米御免被仰付候達有之候に付、御元じめ安大夫
殿・市兵衛殿・五左衛門〔林直統・家老次〕殿へ御礼に参

斉清公学問所大学会読聴

同三日、殿様学問所へ被為入、大学会読被為聴、六つ半時より罷出、九つ過頃会相済引取
同五日、同役打寄、御切米差紙受取、米五拾壱俵弐斗弐升三合

猪之吉出生

同七日、夜八つ半頃より妻産催、七つ頃出産、男子出生、隣家仁平家内世話、母馬場へ参居候条、早速申遣帰来

同十四日、血忌明に付、出勤届致

名付祝儀

同十九日、名付祝儀致、猪之吉と名、隣家仁平方計、其外婆計呼候事

同廿八日、月形三太郎方へ祝儀に参、去る廿五日御用召にて老父七助隠居、三人扶持拝領被仰付候事

十二月二日、御上御疱瘡に付御機嫌伺、朔日・二日・三日罷出候様触来る

産宮参り

同九日、猪之吉産宮参り致せる、隣家仁平方へ寄

御馳米受取

同十二日、御馳米頭衆宅にて受取、米七俵壱斗三合

同廿五日、御疱瘡被為済候御祝義出、並御肴献上、組合中より一同差上相済候事

十二月廿九日、夜八つ過馬場林五助宅出火一軒焼亡致、早速馬場へ見舞、帰掛りの途中にて、荒戸二番丁戸川左五左衛門宅裏木や出火、早速鎮火、明方に帰宅

同卅日、七つ頃御帳出方、廻勤近所計

文政五年

○文政五年壬午　　徳泰三拾八歳　猪之吉弐歳

正月元日、朝五つ半頃より御帳へ罷出、雪風烈に付、廻勤近所計

同四日、館出方如例

同七日、夜五つ頃三番町佐藤三六宅出火、一軒焼亡

同八日、不快にて開講出方引入

同十六日、御疱瘡御尋御奉書御到来、御祝儀御帳出方

閏二月朔日、宮田孫市悴安吉、病気大切知せ有之、早速参候処、無程死去致、何廉世話致

二月廿三日、於御館、中庸会読被為聴、当番切罷出、非番にて不罷出候

御館中庸会読聴

三月十九日、天野弥守へ猪之吉吹貫拵頼、両日懸り出来る

三月廿日、中村周庵死去致候段、時枝文蔵より知せ有之

四月五日、御上御疱瘡御快然御祝、御吸物・御酒頂戴被仰付候に付、九つ時より罷出、九つ半過相済引取、四番座

五月十九日、浅香彦三郎妹、時枝文蔵妻に縁組兼て申合相済、弥取極、願書頭衆へ差出候様、双方へ参申合致

四月廿八日、浅香彦三郎世話にて信国吉包刀求る、代銭弐百七十目、浅香平太郎方迄為持遣す、三宅源八所持の刀也、尤拵入付

信国吉包刀求

同六日、同役柚木伊大夫年来勤功被賞、御用召にて御切米弐石御加増、御無足組に被差加候事、許斐三吉も同様

七月十六日、時枝文蔵方先月廿六日願済、今日双方出会に付参

同十九日、浅香彦三郎妹引越に付、文蔵方へ参世話致候事

八月五日、興雲院様弐百回御忌御法事に付、今明拝礼被仰付、病気にて不罷出候事

長政二百回忌

同九日、御法事被為済候、恐悦申上、御帳へ罷出

同廿五日、同役松田与八郎方御用会、暮て帰

御用会

同廿六日、暮頃波奈へ御扶持方証拠頼に参居申候処、留守へ御切紙頭衆より参、明後廿八日四つ時御館罷出候様、御月番新右衛門殿被仰聞候旨申来、同夕安田磯八方へ参、内々模様承り合候事

同廿八日、学問所中惣御用に付、稽古引る、朝五つ過より罷出、九つ過頃御用始り、小書院にて御達有之、御月番新右衛門殿より此節御詮議を以、学問所指南加勢役相勤候間、百石当り被下、御礼順大目付支配被仰付、学問所目付の次席に被仰付候段被仰渡候、尤同役中一同に御達、大目付所へ参、裏判所へも参、御礼廻り、御家老衆・御用人・大目付計にて引取、留守へ一族中、近所の面々会集、祝暮に及引取候事、此節より指南本役の面々は、百五十石当り被下候事

（指南加勢役百名当り大目付支配）（指南本役百五十石当り）

九月朔日、御殿へ罷出、裏判所へ此節結構被仰付候差出致、此節同役中結構被仰付候自祝にて、銘々宅へ打寄致候事、当月三日徳太郎方・同四日伊大夫方

九月五日、御本丸御宮拝参被仰付候条、五つ前時より罷出、四つ過拝礼相済引取

（本丸御宮拝参）

同七日、御神祭被為済候御祝被遊、御目見被仰付候条、五つ半時揃にて罷出、九つ時頃引取

同九日、御礼不被為受、御帳計

同十五日、御神祭御祝儀にて、御能拝見被仰付候事、御能三日被仰付、某中の日に拝見被仰付、七つ半時揃にて罷出、夜六つ半過相済引取、御赤飯・御煮染・御酒被下候事

（御能拝見）（赤飯・煮染・酒被下）

同廿一日、御神祭被為済候御祝、御料理頂戴被仰付候御奉書到来に付、前為御礼市兵衛御宅へ参候事

同廿二日、殿様江戸御発駕、六つ前より松原へ罷出、五つ半頃御通駕相済引取

料理頂戴

三ケ条法令達

江戸屋敷内学問引立

門松立

文政六年

同廿五日、御料理頂戴に付、五つ時揃にて御館へ罷出、四つ半頃頂戴相済、引取に市兵衛殿へ
御礼に参
十月朔日、大目付所へ御呼出しにて、三ケ条御法令達有之候事
同十二日、中嶋藤太御用召にて、先日より同役の通被仰付候事
同十四日、岡部千大夫、江戸御屋敷内学文為引立出立致候事
同廿八日、御切米日割分受取、米三拾七俵壱斗五升八合△
○後十二月廿四日、馬場より昨夜産有之段申来に付、母早々参
同廿八日、守次の刀求る、代銭百七拾四匁、同朝門松立る、当年より初る
同卅日、八つ半頃御祝儀御帳へ罷出、廻勤如例
△前十月廿三日、転法宗輪信士年忌に付、金龍寺へ回向料為持遣頼置
同廿五日、御着坂御祝儀、御帳出方致
十一月四日、次助殿次女、小金丸寿八妻へ縁組願今日相済
同七日、猪之吉誕生日祝、隣家仁平方並婆々近所計呼候事、同九日同祝、餅搗一族中配り候事
十一月廿七日、尾崎善蔵病気、養生不叶死去知せ有之候条悔使遣、頃日引入居候故也
十二月十日、隣家孫市娘病気にて養生不叶死去致候条、世話致候事
同十一日、隣家仁平悴幾之丞元服致候に付、為致呉候様被頼に付、元服為致候事、尤当番に付
出方前に致候事○

○文政六年己未〔癸未〕　徳泰三拾九歳　猪之吉三歳

斉溥公養子

有定居士百回忌

御館宗旨判形

新間方死去

斉清公実母様唱

正月元日、儀式如例、五つ半頃より御帳出方、引取より廻勤致
同四日、館出方如例、引取より廻勤致
同十三日、御養子被為済候御祝儀、御帳出方
同廿七日、若殿様御疱瘡被為済候御到来有之、御祝儀御帳出方
二月八日、中山有定居士百回忌法事有之、金龍寺へ参詣致
同廿一日、御館にて宗旨判形
同廿九日、母・千代連候て仲原村志賀宮へ参詣致、八つ半頃帰
三月廿四日、転法宗輪信士三拾三回忌に付、金龍寺へ回向頼
四月九日、御着城に付、六つ過より松原へ罷出、四つ過御通駕相済引取、九つ時
同十三日、朝五つ過より同役江藤源之進・森平之丞同道にて太宰府へ参、直に宇美迄参帰
五月五日、御礼不被為受、御帳計、廻勤如例
八月三日、当番早出致居候処御触来、御新間方昨日御死去御披露有之、殿様へ御機嫌窺罷出候様中来に付、引取より直に罷出、御触状左の通

御新間方病気の処養生不被相叶、今二日死去有之候、右は殿様御実母の義に付、以来様唱に被仰出候、尤御定式の通、五十日・十三ケ月の御忌服被為請候、就右、中老初式日出仕の面々今二日御館へ罷出、奉伺御機嫌候様可被相達候、組支配の面々は御機嫌為伺、勤休共今二日・来三日・四日右三日の内罷出、御帳に付候様可被為達候事

八月二日　大目付へ

猪之吉膳居り祝儀
御館会読聴

御新間様御病気の処、御養生無御叶、今二日御卒去被成候、依之殿様御忌中に付、左の通停止可被相触候事
一鳴物停止五十日　一普請停止二七日　一山海猟漁一七日　一店卸一七日
一学問所出方並諸芸稽古二七日
一諸士中四十九日迄、髪月額遠慮可仕候事、諸士部屋住の面々二七日、月額遠慮可仕候事
但、被召出相勤居候部屋住の面々は、諸士の通月額遠慮可仕候事
一御扶助有之隠居は二七日、御扶助無之隠居並諸士の二男三男は一七日、月額遠慮可仕候事
一御目見医師三七日、月代遠慮可仕候事
一御目見以下右同断、一小人・小役人・坊主は一七日、月代遠慮可仕候事
一陪臣は一七日、月額遠慮可仕候事、但主人月代遠慮不及候面々の家来は勿論、月代遠慮の沙汰に不及候事
一町・郡・浦御扶持被下候者、右同断
右の通可被相触候　以上
八月二日
同廿二日、御館にて判形
同廿八・九日、御神事延引致居申候、今日に成候に付館引け
十一月七日、猪之吉膳居り祝儀致、客来、仁平方計
同十七日、御館にて会読被為聴、朝五つ時より罷出、八つ時頃引取
十二月六日頃、前後猪之吉熱気強、今日より麻疹に成る、八日・九日に懸け仕舞

同廿四日、大西五十郎父死去知せ有之、弔詞参
同卅日、七つ頃御帳へ出方
○文政七年甲申　徳泰四拾歳　猪之吉四歳　政女生る
正月元日、儀式如例、六つ半前より御館へ罷出、九つ半過御礼相済、引取より廻勤
同四日、館出方、例年の通
同八日、六つ半頃より学問所へ出方、四つ過開講相済、御月番諸左衛門〔黒田興栄・家老〕殿へ参、直に竹田へ自
祝にて参、七つ過帰
同卅日、馬場より孫助不快不勝の段申来、早々参
二月朔日、今日も馬場へ参、孫助弥不相勝
早引取
同二日、当番に付早引取致、馬場へ参居申、夕飯後より弥大切に相成、暮前死去致
同三日、今日も馬場へ参居申候、夜八つ半頃帰居候処、西より伯父次助殿極大切の段申来候に
付、暁頃参、最早死去に相成居候に付、昼過迄居り帰宅、所々忌服受の段知せ遣
同五日、夕馬場取納、参寺致不申
同六日、西取納に付、夕飯後より参、順正寺へ供致候、四つ過頃帰
同十日、西初七日に付、順正寺へ朝六つ半前より参寺致、帰路谷長栄寺へも参寺致、孫助墓所
同十三日、忌明に付頭衆・学問所へも出勤候段届遣
同廿二日、御館にて宗旨判形

お政出生
猪之吉上下着初
政胎毒気上攻
御館会読聴
斉溥公引越、吸物・酒頂戴

同廿九日、夜八つ過より妻出産催、翌晦日五つ時頃出産、女子出生、お政と名付
二月十六日、猪之吉上下着初、出生名付祝一同に致、婆女近所計客致
三月廿六日、孫助遺跡御用召にて被仰付、朝より参、夜に入帰宅
同廿七日、昨夜より政胎毒気上攻に付、玄碩も見舞、甚大切の様子に候処、薬用・針療にて夜中少々甘《くつろ》く
同廿八日、廿九日久保玄貞・谷仲淵懸りに相成、引薬・針療等致居り合
五月二日、政脇下へ腫物出来、濃汁夥敷出、次第に甘く、同三日・四日に懸け追々愈《いよいよ》快
同五日、御礼不被為御受、御帳計、廻勤如例
同卅日、於御館会読被為聴、五つ時より出方、九つ半過引取
六月十八日、功崇院様五十回御忌御法事、崇福寺に拝礼に罷出、朝五つ時より罷出、九つ過帰
同廿八日、猪之吉朝より下利にて急症塩梅、玄碩・仲淵へ申遣、早速見舞薬遣、夜九過より次第に居り合、翌日に成り漸癒快
七月十八日、了性信士十三回忌に付、金龍寺にて法事、明石辰三郎・明石小平・早川忠七計参寺、逮夜より今日迄一族中茶案内致
同廿九日、痛所有之、引入此頃より母並猪之吉、湿瘡にて須崎の大塚養案へ薬用頼
八月十九日、夕飯後より妹千代兼て脚気症の処、不図衝心致候模様に相見へ候間、早々玄碩方へも申遣、玄碩針療、権藤東山へも見舞候処、無別条居り合、次第に快
閏八月朔日、若殿様御引越御祝儀に付、諸士中御吸物・御酒頂戴被仰付に付、二日目今日初座の筈に候得共、痛所にて引入居申候故不罷出

同二日、三日頃某湿瘡に成り、悪寒強、膝足大に腫れ寐付、五日頃より母も湿瘡強く寐付、七日頃よりは重八足は腫れ強、自由不出来、猪之吉も同様かゆがり手に余り候に付、文大夫来候に付、愛宕宮へ御守札頼出来る

同廿四日、養秀見舞、重八へ摺り薬遣可申候間申談、母は頃日より湿内攻心にて腫強不気分、其後洞雲見舞、薬自分方より遣可申旨申合帰、母へは種々薬遣す処、其後日を増通用増候て快

九月十七日、竹田助大夫より知せ来、一昨十五日御前にて年来出情相勤候に付、格別思召を以、御陸士頭格被仰付、為御合力、年々三十俵宛被下候旨被仰渡の由、嶋村孫六よりも御用召にて奥頭取格被仰付候旨、同日に知せ有之、有村勝八よりも、同日御用召にて炮術・鎗術・射術出精致候に付、御上下拝領被仰付候旨知せ有之

同十九日、村上甚十郎郡代勤、兼て退役願差出置候処、今日御用召にて願の通被仰付、同廿日九つ半時外記殿宅にて内行不宣、惰弱不埒の次第有之に付、大体被仰付候旨、達有之候段知せ来る

同廿二日、江戸御発駕候得共、引入にて不罷出

同晦日、湿瘡漸平癒致候に付、出勤届致

七月廿九日より引入、八月全月、九月晦日に出勤

十月朔日、同役中同道にて嶋村孫六方へ祝義に参

十一月廿九日、頃日猪之吉熱気有之、水痘致

十二月十一日、若殿様初御目見被為済候、御祝儀御帳罷出

湿瘡膝足腫

愛宕宮御守札

竹田助大夫陸士頭格、合力三十俵

嶋村孫六奥頭取格

斉溥公将軍初目見

吸物・酒頂戴

同十九日、若殿様初御目見被為済候御祝儀にて、御吸物・御酒頂戴被仰付候間、初座五つ時揃に罷出、四つ過相済引取

同廿九日、若殿様月次御登城、御袖留御祝儀の御帳出方

同晦日、五つ半過御帳へ罷出、廻勤如例

文政八年

○文政八年乙酉　徳泰四十一歳　猪之吉五歳　政女二歳

正月元日、儀式如例、五つ半頃より御帳出方、廻勤致暮頃帰

同四日、館出方如例

同八日、五つ過より館出方、四つ半過開講相済、御月番外記殿へ御礼に参、直に竹田へ自祝に付参、暮頃帰

同廿五日、小金丸寿八妻死去為知有之、次助殿次女也

同廿六日、安見知楽居士三十三回忌法事、斎参寺致

斉溥公叙任元服

二月十三日、若殿様御任官、御元服御祝儀御帳罷出

同十五日、朝飯後より竹田茂兵衛案内有之、同役中吉田七左衛門殿浜屋敷にて会集有之、暮に及引取

吸物・酒頂戴

同十六日、御吸物・御酒頂戴、五つ時揃にて四つ前相済

同廿二日、宗旨判形御館にて相仕舞

三月朔日、同役中久野の別業にて会集

厄祝餅

斉清公学館会読聴

文政九年

四月三日、扣角斎三十三回忌回向、金龍寺にて、名島より隠居茶案内致来る
同十三日、御着城に付、朝六つ時過より松原へ出方、四つ時頃帰
五月朔日、辛嶋三六方へ同役打寄、箱崎八幡へ参詣致、暮て帰
五月六日、厄祝餅搗一族中配る
同十七日、三宅太三右衛門十三回忌、極楽寺へ参寺致
六月八日、金龍寺本堂再建棟上に付案内有之参、九つ過帰
七月九日、広羽小右衛門年来出精被賞、御切米弐石御加増被仰付、中風症にて近来寐付に相成
　居申、名代にて相済
同十一日、入江与七御呼出にて、年来出精に付、御切米一石御加増
八月廿一日、御館にて宗旨判形
九月九日、御礼不被為受、御帳計
十月十日、藤田文大夫悴昨夜来暴痢にて死去致候由に付、引取より直に参
十一月四日、学館へ被為入、会読被為聴、六つ半頃より罷出、九つ頃相済八つ頃引取
十二月廿八日、若殿様於江戸、御鷹の雁初て御拝領被成候御到来に付、御祝儀御帳へ出方
同卅日、七つ過御帳へ罷出、廻勤如例

○文政九年丙戌　　徳泰四拾弐歳　猪之吉六歳　政女三歳　竹女生る
正月元日、儀式如例、五つ時頃より御館へ罷出、八つ時頃御礼相済、引取より廻勤

竹女出生

御殿中考試聴

宇久島にて疱瘡祝持出振舞

竹女宮参

同四日、学館出方如例
同八日、六つ半時より学館出方、四つ時頃開講相済、御月番外記殿へ御礼に参、直に竹田へ自祝有之参、八つ時頃相済、岡崎太次郎今日同役に再勤被仰付候に付、直に参、暮て帰
二月四日、次助殿三回忌法事、順正寺へ参寺致
同廿五日、猪之吉熱気有之、痘序の模様に付、吉富玄碩へ申遣、見舞頼
同廿七日、猪之吉熱醒発痘致、廿九日より弥痘無相違由玄碩名付る、三月朔日より同十三日迄に懸け相仕舞、湯引く、三月廿日より政女熱気有之、痘序に相成る、四月朔日・二日頃に懸仕舞
四月七日、暁妻出産女子出生、竹女と名付る、同夕政女疱瘡にて脇山只七泊り居候て、段々世話致
同廿一日、御殿にて中考試被為聴に付、朝五つ半時より罷出、九つ過相済引取
同廿八日、疱瘡相仕舞、祝にて近所客致
同廿九日、疱瘡祝持出しにて、玄碩・洞雲・仁平・只七・浅香彦三郎同道にて宇久島へ持出振舞、九つ頃より参、暮頃帰
五月五日、御痛所にて御礼不被為受、御帳計
同九日、竹女宮参に付祝客、仁平方並婆計
六月二日、暁更より猪之吉発熱下利、早速玄碩へ申遣、見舞薬遣、昼より又々熱出、下利夥敷、大に心痛、洞雲も来、暮前より少々熱解候、次第に快、夜中弥快復安眠致居り合、柴田元恂も見舞、翌朝より快癒

桝木屋屋敷求
代銭一貫二百目

屋敷隣畠地借用

ちん竹植る
家作差図作り

同晦日、同苗九平妹、杉山新五郎妻死去為知有之、悔に参
八月廿一日、御館にて宗旨判形
九月九日、御礼不被為請、御帳計
同十七日、当五・六月より脇山只七へ相頼、相談致懸り居申候桝木屋の丁中村才吉郎屋敷、相求候相談弥相決、今日脇山只七へ相託代銭壱貫弐百目、先方へ相渡、屋敷明日請取候様申合致候事
同十八日、脇山只七同道にて桝木屋丁屋敷へ参、中村才吉郎実父重松儀郎より屋敷受取候事、屋敷証文何廉も受取
九月廿二日、江戸御発駕、七つ過より松原へ出方、五つ過御通駕相済引取
同廿九日、西川瀬一来候に付、桝木屋へ参、同所真鍋波門方へ始て参
十月朔日、伊大夫・鉄八・源之進同道にて伊崎惣右衛門船より志賀嶋へ参詣致、往反舟にて暮て帰
同十五日、二条左府様薨去御到来有之、今十四日より作事三日、鳴物七日停止の旨御触来、明日迄館引
同廿日、兼て御用聞建部孫作殿へ申入、桝木屋屋敷隣畠地、御座敷奉行受持に付、壱間半通り借用の儀相願置候処、聞通相済、御座敷奉行牛原卯右衛門より立会にて今日引渡受取候事、借用証文御座敷奉行へ当、兼て差出置候事
同廿二日・三日両日、日雇に桝木屋借用地へちん竹植る
十一月二日、大工助八へ家作差図作り頼候に付、朝飯後より同人、文大夫同道にて来、桝木屋

図取

穂種かき植

春吉大火

文政十年

へ参図取出来、暮頃迄懸り、全く出来致候事

同六日、桝木やへ参、柿木植る、穂種かき也

十二月四日、夕天野弥守・山中七大夫来、咄居候処、近辺川口屋八兵衛借やより出火致さんとする、早速鎮火

同七日、当番、昼九つ頃より春吉出火、烈風にて大火に成、夕飯後土手際にて焼終る、当番中に付火元へ不参

同廿九日、朝飯後御帳罷出、廻勤如例

○文政十年丁亥　　徳泰四拾参歳　猪之吉七歳　政女四歳　竹女二歳

正月元日、儀式如例、五つ過より御帳へ罷出、廻勤

同四日、館出方如例

同八日、六つ半頃館出方、四つ半過御規式相済、御月番新右衛門殿へ御礼に参、引取より竹田へ自祝に付参、七つ過帰宅

同十一日、重松杢之助死去致候段知せ有之に付悔に参、翌夕慈眼庵へ葬式参寺致

同廿一日、山路浄哉居士廿五廻忌、茶有之参

同廿六日、同役中村徳太郎御用召にて、年来勤功被賞、御切米弐石御加増被仰付、同日西川瀬一御月番新右衛門殿御宅へ御呼出しにて重き御咎、役儀被召放候事

二月廿一日、御館にて宗旨判形致

葬場挨拶
宇久島渡

同廿九日、皆田宗大夫より父藤七郎死去知せ有之、悔に参、翌夕勝立寺へ葬場挨拶被頼、参寺致
三月七日、当番にて罷出居候処御触来、一橋儀同様御薨去御到来有之に付、作事七日・音楽十五日停止の旨、殿様へ御機嫌伺罷出、引取
四月九日、昼頃より母猪之吉連、片粕村薬師開帳に付参詣致、博多辺所巡拝致、暮頃帰
同廿八日、御着城に付、朝六つ過より松原へ出方、四つ過帰宅
五月五日、御痛所にて御礼不被為受、御帳計
五月十三日、江藤源之進・柚木伊大夫同道にて浜辺通、宮浦・韓泊・桜井迄参、朝六つ半頃より暮六つ頃帰
同十五日、朝飯後より岡崎太次郎・中村徳太郎・櫛田大助・江藤源之進同道にて宇久島へ渡、暮前帰
六月三日、関岡磯之助押て隠居被仰付、其跡へ森源吉養子に相済候条、為祝儀参、友納嘉一郎方へも学問所見習被仰付、為祝儀参
同六日、暮前より猪之吉不快、玄碩方へ参薬取来、下利一両度発熱甚敷、夜中玄碩方へも参、翌朝洞雲見舞、追々快復
同廿五日、敬徳院様卅三回御忌拝礼罷出、六つ半頃より出方
同廿六日、同苗九平より明日御用召の知せ来るに付、夕一寸参、同廿七日昼頃より九平方へ参、御側筒頭被仰付、夕飯後迄滞、夫より直に三宅太左衛門方祝儀に参、同方去る廿五日御上へ剣術御免状皆伝差上候に付、自祝也

宇久島避暑

学問所作事中師役宅稽古

西浜大花火揚

毛利長右衛門宅学問所輪講

野村新右衛門宅学問所輪講

同廿八日、徳川民部卿様御逝去に付、鳴物停止・普請止に付館稽古引

同十五日、早川又一郎・許斐三吉・池田左大夫・櫛田大助・江藤源之進催しにて、宇久嶋へ避暑、夕飯後より夜九つ過帰

同十六日、又々夕飯後より岡崎太次郎来、嶋村孫六・中嶋藤太・奥山鉄八・柚木伊大夫、泛《はん》舟《しゅう》宇久嶋迄参、夫より直に波戸場へ参、帰四つ過

七月七日、京都にて御前様御実母御死去に付、去る二日より今八日迄、音楽停止御触有之候事

同十二日、学問所御作事に付、稽古今日迄にて引る、引け中師役宅にて向寄に稽古承り候事

同十六日、夕飯後暴雨雷鳴、箱崎にて弐人震死の由

同廿六日、安東新五郎より、父病気養生不叶死去致候段知せ来る

八月四日、秋月にて甲斐守様御嫡修理様、去月十九日江戸にて御卒去被成候旨御到来に付、朔日三日迄音楽停止

八月五日、同役岡崎太次郎方にて打寄、七つ時頃帰、同夕西浜にて大花火揚り候に付、馬場へお辰・猪之吉・母共に見物に参、九つ過帰

同七日、毛利長右衛門〔元威・中老〕殿宅にて学問所輪講有之候条、九つ時より出方致、七つ頃帰

同十三日、早川又一郎江戸詰方見立にて、同役中久野氏の別業にて会集、昼四つ過より暮迄に済

同十八日、新右衛門殿御宅にて学問所輪講有之候条、同所出方、七つ過引取

同十九日、若殿様御暇御拝領、御祝儀出方致

同廿一日、石原宗林死去知せ有之

同廿二日、御館にて宗旨判形致
九月九日、御礼不被為受、御帳計、廻勤如例
斉溥公初入国
同廿八日、若殿様御初入、朝六つ前頃より松原へ出方、五つ過御通相済、御帳罷出、四つ過引取
十月五日、学問所御作事相済、今日より講読稽古共に初る
初御目見
同十二日、若殿様初御目見被仰付に付、五つ時揃にて九つ頃相済引取、御月番丹下〔斎藤勇則・家老〕殿へ御礼に参
吸物・酒頂戴
同十六日、御吸物・御酒頂戴被仰付、五つ時揃四つ過相済
松田与八郎家譜編集手伝
同廿六日、伊丹又兵衛・清水十三郎同役被仰付、尤清水は助役、松田与八郎御家譜編集手伝被仰付
同廿九日、明石孫太郎二男辰三郎、江守弥右衛門死去後養子願済
十二月廿五日、夕飯後より館出方、暮頃引取、来年開講、御両殿様被為入候に付、其取調子也
同廿八日、朝飯後より村上善十郎方へ参、同人弟延太郎、小田千次郎養子に内談相済候に付、仲妁被頼、今日弥囉〔もら〕ひに参、直に小田方へ参申談候事
同廿九日、七つ前御帳へ罷出、廻勤如例

文政十一年

○文政十一年戊子　徳泰四拾四歳　猪之吉八歳　政女五歳　竹女三歳
正月元日、儀式如例、六つ半頃より御館へ罷出、御両殿様御礼被為受、八つ半前相済、引取よ

両殿様諸生面謁

斉溥公鎧初祝儀

嶋村孫六江戸見立持出銭宴

祖母九十歳菓子拝領

り廻勤少計仕舞、今日御礼御料理方半分より残りに成る
同四日、館出方如例、引取七つ過
同八日、六つ半前より館出方、御両殿様御入、五つ半頃開講相済、諸生面謁四つ半頃相済、九つ半過御月番新右衛門殿へ参、夫より竹田へ自祝に付参、七つ半過帰
二月六日、若殿様御鎧初被為済候御祝儀、御帳出方、尤麻上下着用
同廿一日、御館にて宗旨判形致
同廿六日、脇山只七年来勤功被賞、弐石御加増
三月四日、当番、九つ時頃学館へ大目付より相達、御用の儀有之候条、只今拙者共詰所へ罷出候様申来に付、早速罷出候処、御書付渡る、祖母及九十歳候段、達御聴候、極老の儀に付、弥孝養を尽し可申候事、右に付、御月番外記殿へも御礼に参、大目付へも参、赤坂竹田へも知せに参、馬場へも参、暮頃帰
同六日、明石孫太郎御用召にて願の通隠居、悴小平へ家督被仰付候、昼より参暮前帰
同十五日、嶋村孫六江戸見立に、博多瓦町浅山氏の別荘にて学問所中持出銭、宴有之暮て帰
四月朔日、若殿様江戸御発駕、六つ過より松原へ罷出、四つ半頃引取
五月二日、林熹平次死去致、知せ有之
同五日、御上御痛所にて御礼不被為受、御帳計
同七日、桝木屋屋敷境へちん竹植る、七つ過大目付より明後九日相達御用の儀有之候条、四つ時御殿へ罷出候様、御用人より被相達旨、御切紙来る
同九日、五つ半頃より御館へ罷出候処、大目付所にて、祖母儀九十歳に相成候段、達御聴に、

かすていら・ある平
大目付列座

来国光の刀金子十八両求

祖母法号

上げ米拝借

竹田茂兵衛二十石加増

御恵養被下、御菓子拝領被仰付候段被相達、かすていら・ある平・寿桃落雁・みとり一包拝領、大目付原藤八・池内弥次右衛門・岸田文平列座にて被相達候事、引取御月番新右衛門殿へ御礼に参、大目付三人へも礼に参、学問所へも参、竹田茂平へも参知せる、直に馬場へ参、夕飯仕舞帰宅致候事
同廿五日、先日より西川瀬一世話にて、桑野半五右衛門所持の来国光の極め付の刀相求候儀、今日直段相極り、代金子十八両にて所望相済、尤拵付にて脇差も添居申事
六月三日、金龍寺へ参寺致、和尚へ酒肴贈、此間より祖母へ法号付け被遣候謝礼也、号鶴千院
同九日、御館へ御呼出にて、上け米並拝借被仰付候御達有之、御元じめ五左衛門殿・主計殿〔小川昌豊〕へ御礼に参
同十六日、隣家仁平御呼出にて、年来出精被賞、御切米弐石御加増被下候事
小田千次郎養子に村上善十郎弟延太郎縁組内談申合、願差上置候処、今日御呼出にて願の通被相達、双方出会、拙者兼て仲妁致置候故、同方へ参、双方往来相済、直に山路方へ祝儀に参候事
同廿二日、広羽平之丞老父小右衛門死去知せ来る
七月朔日、竹田茂平御用召にて年来勤功被賞、弐拾石御加増被仰付候事
同十八日、了性信士十七回忌に付、同朝金龍寺にて非事法事、早川忠七・明石小平計参寺、逮夜より今日迄内にて茶客致候事
同廿八日、堀尾久助妻兼て病気の処、養生不叶死去致候段、当番にて罷出居申候に付、学館へ宿元より申来候間、申合引取同方へ参、忌服の義同役山中進大夫より大目付所へ問合遣候処、

大暴風出火

城下諸士宅・町家大破、圧死数百人

未聞の大変

愛宕へ御礼参詣

大風、潮吹上地行浜等大潮満上、騒動不大形、城中逃込

破舟死人不数知

忌無之候段相分る

八月九日、夜六つ過より雨降出、東風次第に強九つ前より電光強、東風大暴風次第に巽に成、次第に西に廻り暁方に漸静る、始終雨烈敷雷鳴電光飛廻り、其内に東西数ケ所出火致、火光夥敷御城下諸士宅・町家共に大破・転家夥敷、圧死数百人、御本丸・御矢倉・御下の屋敷、所々破損、表御門前古松二本倒る、郡々村々の損亡勝て難数、拙宅屋上少々吹破計にて大破に不及、近所向、宮田孫市家倒れ住居難成、家内共に此方へ逃来、隣家山路仁平方同様にて此方の蔵へ住居致、其外近辺借家居り候下賎、何れも逃来、実々国初已来未聞の大変、驚入候次第、大風中か程の事とは家内一統存付不申、明朝に成り、世間の模様見及、聞及驚入候次第、甚危き事に跡より恐入候事也、諸士にも家内を逃出不申、圧死段々有之候事

同十日、朝飯後学館へ一寸出方、早々引取所々見舞、一族内所々見舞、忠七方倒、浜の丁無別条、同苗九平方玄関計倒、文大夫方倒、馬場は屋上計損不倒、暮頃帰

同十五日、家内安全に御礼参詣致愛宕八幡宮へ、同十七日次郎村掃除の者長八来、桝木や藪伐竹切屋上損し繕致遣す

同十八日、朝より又々東風、昼より南風に成り大風模様、暮頃より西に成り漸静る

同廿一日、例年の通御館にて宗旨判形

同廿四日、前夜八過より雨降出、電光東風より巽風に成、朝飯後より西風俄に強、浜畠迄塩吹上、地行浜・六丁筋浜大塩満上る由にて騒動不大形、詭言《きげん》にて驚恐或は城中に逃込、或は大休山に逃登る人夥敷、大土手辺様々の雑具引散し有之候由、風漸四つ頃静る、伊崎の漁舟一艘破船、壱人死、壱人は助る、所々破舟死人不数知、去る九日の風より一旦は強き位に候得

御救銀

免下七俵

御救銀役所貸渡銀

共早々静る、頃日の残炎不大形故也
同廿五日、権藤平右衛門大風後熱症の処、養生不叶死去
九月五日、夜手野村より飛脚来、昨四日梅仙死去、悴梅岡病気にて父子、父は朝四つ時、子は
夜五つ時に死去致候段申来、使の者泊、翌朝帰候に付、一族の者へ委細に書状遣す
同九日、御上御眼気に付、御礼不被為請、御帳計
同十日、此節大風に付、御救銀の内百石、三百目宛御渡に相成候、切手弐百八拾八匁相渡、宮
田孫市出方致、受取来遣
同十一日、桝木や屋敷倒家跡へ本番木屋掛致せる、日雇弐人、翌日倒家解除る
同十六日、紅葉八幡宮へ御神事、音楽停止にて延引に相成居候に付、今日成、猪之吉連参詣致、
暮頃帰
同十八日、母・猪之吉連警固宮へ参詣、暮て帰
同十九日、母昨日同前参詣致
十月十四日、御呼出にて、御救にて当年免下、御扱にて七俵余御掛被成候旨、委細御書付拝見、
主計殿へ御礼に参引取
同廿九日、桑野半五右衛門方へ、国光刀代銀残り分、五百五十三匁弐分持参致相渡、皆済に相
成候事
同十一月十日、御貸渡銀相渡に付、御救銀役所へ罷出受取、銀切手にて九百九拾弐匁、内渡共
に都合壱貫弐百八拾目、桝木や家作普請用に相用為也
同廿三日、当番引取より浅香彦三郎方へ参候処、同人弟六三郎、昨夜三好彦大夫家来へ通り丁

竹女膳居へ所持の大小刀・脇差七両にて売

講取当り

文政十二年

にて手疵負せ騒動中に付、暫く滞り、一旦帰宅致、夜中又々参

十二月朔日、竹女膳居へ致、御時節柄にて客無し

同十六日、西川瀬一世話にて兼て所持の大小武蔵守永道・越前守吉門の脇差代金七両に直段相究、吉田時習同道にて姪浜へ参、代金受取帰、求主笠大成と言医師

同十八日、若殿様御着城に付、朝五つ半頃より松原へ罷出、四つ過御通駕相済、御帳へ罷出、四つ半頃帰宅

同廿三日、権藤方講取当り、銀札六百弐拾三匁受取、銀百十弐文替銭にて、壱貫百六拾弐匁九分三厘、桝木屋普請用相用為也

同廿九日、歳暮御帳例の通出方、来年始御礼被為請、六つ時揃の旨申来

○文政十二年己丑　徳泰四十五歳　猪之吉九歳　政女六歳　竹女四歳

正月元日、六つ時揃にて御両殿様御礼被為請、五つ前より罷出、八つ半頃相済、廻勤御家老衆計にて引取、御礼残如前年

同八日、六つ時揃にて開講出方、四つ前御規式相済、御月番市右衛門殿〔隅田興栄・家老〕へ御礼に参、帰路荒戸内廻勤、已後参寺致、西辺も仕舞

同九日、殿様江戸御発駕、六つ過より松原へ出方、五つ頃御通相済、四つ頃帰宅

同十五日、猪之吉連松囃子見物に参、早々帰

同十六日、昼より祖母不塩梅、夜に入迄不勝、夜半より漸快

斉溥公学館で論語輪講聴

水縄張

祖母終命

同廿六日、職人町塗師立助方へ参、同道にて鞘師儀助方へ参、国光の刀新鞘並古鞘割頼置、刀柄共に同所へ遣置

二月朔日、朝飯後より名嶋へ参、普請用の竹、宗栄寺智宏へ頼置、去冬より笹栗利左衛門へ桝木屋屋敷へ普請家作相頼置、笹栗にて切組、出来次第船にて名嶋より廻候様申談置候事

二月四日、五つ時御供揃にて若殿様学館へ被為入、論語輪講被為聴、六つ時過より罷出、四つ過相済、九つ前引取、直に同役山中七大夫方に打寄、暮前に帰宅

同十日、祖母昨夜より少々不勝に付、学問所出方中早引致

同十四日、今日日柄宜に付、桝木屋屋敷へ普請地、笹栗利左衛門水縄張、礎致置候事

十六日、祖母先月十六日より病気、頃日同扁にて居り合居申候処、暁鶏鳴頃より不勝にて七つ過命終致、近所一族中追々大切知せ致、追々来、夕飯後納棺致、金龍寺へも明夕葬式の儀申遣、同夕差支無之旨同寺より申来

同十七日、朝曇、昼より晴天、西風烈暮頃少々雨降、六つ時出棺、葬式無別条相済、見送りの面々別に記

同十八日、晴天昼迄風烈寒気、朝飯後猪之吉連参寺致、兼て去年来寿牌造立致置候に付、年号月日石屋七平今日彫込立る

同廿一日、初七日逮夜に付、昼夜茶客致候事

同廿二日、初七日に付斎法事、出席広羽平之丞・重松才助・入江与七・中村孫吉計、昼宅にて一族中・女中並近所、夜近所四つ頃迄に済

同廿八日、七々日迄の回向料・卒都婆代、銀札拾五匁寺納致置候事

伊崎住宅売

屋敷代一貫四十三匁

桝木屋屋敷棟上

三月十五日、忌中今日迄にて、明日より忌明出勤致候段、学問所へ届置候事、同十六日当番にて出勤致候事
同廿日、五七日に付、四十九日の取越し致、与七・平之丞茶案内致候事
四月五日、七々日に付参寺致
同七日、伊崎の住宅売代、銀札五百三拾目今日村井十八より請取、買主小金丸久助、村井十八世話にて売払
同十日、屋敷代今日銀札五百拾三匁今日受取、去七日の分と都合銀壱貫四拾三匁受取、皆済致候事
同十五日、御殿にて御月番より学問所中へ惣御達御用、九つ過頃引取
同廿五日、笹栗より大工連、利左衛門出浮来
同廿六日、普請切組道具、名嶋より船にて積廻しに付、桝木屋へ参居候処、熱頭痛不図発、罷帰候条、隣家仁平、玄碩方へ医者呼に参り遣、洞雲即刻、追々頭痛和き夜に入快、同廿七日引入届致、追々快
同廿八日、不快々出勤届致
五月朔日、桝木屋々敷家作棟上、今日目出度相済
同八日、屋上葺今日にて仕舞、已後内普請に成る
同日、夕飯後伊崎へ吉富玄碩同道にて、伊勢田謙貞来る、同方年来一族の出入中絶致居候処、謙貞存寄にて、已前の通一族の好親致度旨、玄碩迄噂致、申入居申候条、今日酒・肴持参にて玄碩同道致参候に付、母へも勿論承知致居候故、此方にても酒・肴出し饗応致し、夜五つ

定番立会ちん竹植

家内普請出来引越

半所務

過引取候事
同十三日、大工仕事大概相済に付、大工共一旦帰郷致候事
同十五日、牛原卯右衛門方へ参、桝木屋屋敷地借用地境へちん竹植込の儀、相談致候処承知致候事
同十六日、桝木屋境地へちん竹植込候事、勿論定番立会候事
同十七日、桝木屋屋敷古井堀上け其瓦取、新規に掘る
同十八日、引取より吉富玄碩同道にて、伊勢田謙貞方へ始て参候、暮て帰
同廿五日、永珍禅尼百ケ日に付廻向致、朝参寺致
六月廿六日、隣家仁平方より近日引越に付見立案内有之、皆々参候事
同廿九日、桝木屋々宅大概家作内普請出来候に付、今日日柄宜に付引越、朝五つ時猪之吉連参、母・妹・妻・子供は参初致、又々伊崎に帰夜泊、荷物等一昨日より近辺より加勢人有之、追々運ひ遣し置候事
同晦日、夕飯後伊崎の宅小金丸久助へ引渡、暮前に桝木屋へ帰宅致
七月七日、御帳出方例の通
同十五日、参寺如例年廻勤
同廿一日、真鍋波門方家内共に始て相招候事
八月十二日、御館にて御呼出しにて、半所務に相成候御達有之
同廿二日、御館にて判形相仕舞候事
九月九日、若殿様長崎御越座前にて御礼不被為請、御帳計、廻勤例の通

畳表替

同十二日・三日両日畳表替致、十四枚替、手間代弐拾壱匁五分

同十八日、母・猪之吉連警固宮へ能見に参

同廿八日、小田千次郎悴引越に付、昼より同所へ参、七つ過帰宅

十月廿二日、早川忠七養母十七回忌茶案内有之参

同廿五日、中嶋藤太江戸出立、祝義に参

斉溥公学館御入

十一月四日、若殿様学館へ御入、六つ半頃より出方、引取九つ頃、同夕九つ頃妻出産出生無之

同五日、学問所並大目付衆へも血忌引の段届る、同十二日より出勤致候事、水戸中納言様御逝去にて、作事止にて稽古引、十四日・十五日

拝領米十俵

同廿二日、控置御差紙五俵受取、拝領米拾俵、御差紙も同廿六日に受取

十二月十四日、引取より同役打寄、暮過に相済候事

転宅方位悪

同廿七日、夜六半頃より馬場へ泊に参居候処、西皿山口出火に付、馬場より直に参、鎮火後帰宅致、又々馬場へ参泊、翌朝帰宅、転宅方位悪候に付、当年中四十五日振り、一夜宛脇方へ泊居申候事

門松飾

同廿八日、門松飾致

同晦日、昼過より御帳へ罷出、其後廻勤、薬院辺迄参一旦帰宅致候処、大西東枕丁上野久五郎宅一軒焼亡に付、西辺所々見舞帰

天保元年

○文政十三年庚寅　改元天保元年　　徳泰四十六歳　猪之吉十四歳　政女七歳　竹女五歳

斉清公少将任

正月元日、儀式如例、若殿様御礼被為受候に付、五つ時より罷出、八つ過引取、今日館中にて
　大殿様去冬於江戸被任少将候由、沙汰承る
同四日、学問所出方如例年、引取後雪にて廻勤不致
同八日、風邪気にて開講出方不仕候段届る
同十一日、今日より出勤致候段届る
同十二日、早川又一郎江戸詰方より帰着、祝儀に参
同廿五日、大殿様御昇進御礼被仰上候、御祝儀出致
二月四日、早川忠七方伯父七回忌、茶案内有之参
同五日、真鍋波門へ手盃致、吉富玄碩も紅梅見に参候様申置候処、何れも参居申候処、山中七
　大夫・池田左大夫引取より不図来、一同に酒盃出候事
同十五日、明日は永珍禅尼壱回忌に付、明朝金龍寺へ回向頼、猪之吉参寺致、家内夕飯後参寺
　致
同十六日、半知後御時節柄に付、茶客忌掛計、同夕宮田孫市・脇山只七計、文三同様
同廿日、向へ真鍋波門妻出産致、其後俄に大切に成、死去致候に付参世話致
同廿一日、例年の通、御館にて宗旨判形相仕舞候事

学問所御入

同廿四日、五つ時御供揃にて学問所へ御入、五つ前より罷出、九つ過引取
三月三日、御帳へ罷出、廻勤例の通
四月十三日、吉川半作老母死去致、十六日葬式安養院へ参寺致
五月五日、若殿様御礼被為受、六つ半時揃にて罷出、四つ過引取、廻勤例の通

三宅太左衛門新知
百石

清水音右衛門新知
百石

能見物

同十九日、屋敷藪の内に有来り候松弐本切せる
六月十九日、宮田孫市病死
七月十三日、当番にて朝出掛より足痛、押て出方致候処、引取に藤井殿へ病人有之見舞候処、
不斗隙取、帰路より弥不気分にて帰宅後熱頭痛強、漸暮頃御迎火焼候頃起出、又々打臥夜半
より追々快、同十五日月額致参寺
八月三日、倉八惣右衛門一昨日死去致候知せ有之、悔に参、今夕取納に付、金龍寺へ参寺致
同七日、暮前同苗九平より老父病気不勝の段為知来候に付、五つ頃より参、暁頃帰、翌朝死去
致候事
同九日、九平方葬式に付、金龍寺迄見送りに参
八月十八日、三宅太左衛門勤功被賞、新知百石拝領
同廿一日、御館にて宗旨判形
同廿三日、鳳陽院〔治之〕様五十回忌御法事、昨今拝礼被仰付、五つ時より罷出、九つ過帰宅
同廿七日、村上甚十郎妹、高屋源之丞悴へ縁組仲妁被頼、今日双方へ参申談、七つ過帰宅
九月九日、若殿様御参府前にて御礼不被為受、御帳計
同日、清水音右衛門一昨日年来の勤功被賞、新知百石拝領被仰付、祝義に参
同十三日、夜九つ過妻出産、前後無別条
同十九日、猪之吉連鳥飼宮へ能見物参居候処、久保玄楨参候段申来、帰宅致、頃日母吻へ腫物
出来、玄楨類疔の由申、療治致遣候処、濃汁出和く、玄楨方へも薬取に遣
同廿二日、若殿様御出府に付、松原へ六前より罷出、引取四つ過

三ケ条法令達

十月六日、三ケ条御法令御達に付、御殿へ罷出
同十二日、浅香彦三郎父死去知せ有之
十一月廿六日、全輪良運信士〔安見十大夫〕の墓修復致、棹石建替、年来棹石紛失致、破損致居申候に付、同苗九平・小金丸市助方は春峰友雪信士〔十大夫嫡子〕父の事にて、友雪の墓は同所より是迄受持居候故、右続の次第申談、同方へも出銅申合、三家より出銅致、石屋へ申付、石塔建修理相済候事
十二月九日、真鍋波門男子疱瘡にて死去

竹女安痘

同十日、夕より竹女痘序熱有之、十三日出来物見へる、安痘にて同廿四日一番湯、廿八日迄湯終る
同卅日、朝飯後御帳へ罷出、廻勤如例

天保二年

○天保二年辛卯　徳泰四十七歳　猪之吉十一歳　政女八歳　竹女六歳
正月元日、儀式例の通相仕舞御帳へ罷出、東辺廻勤、同朝六時頃追廻新屋敷梶原甚十郎宅より出火、五軒焼亡、夜五つ頃大西新屋敷出火、壱軒焼
同四日、館出方例の通
同八日、朝五つ頃より出方、四つ半頃御規式相済、御月番新右衛門殿御礼に参帰宅

斉溥公侍従任

同十六日、若殿様旧冬十六日、於江戸被任侍従に付、御祝儀御帳出方
二月十六日、永珍禅尼三回忌回向、金龍寺にて同昼入江与七・中村久助・広羽平之丞母、茶案内申候事

妹千代、大川熹左衛門（四百石）後妻、大目付願書持参

同廿一日、御館にて宗旨判形
四月五日、伊勢田謙貞方・吉富玄碩方家内共案内申入、相招候、何れも昼頃より来、暮て帰宅
五月四日、少将様御着城に付、六つ半頃より松原へ罷出、四つ半頃引取
同五日、御帳計
八月八日、同苗九平父一回忌法事、金龍寺へ参寺致
同廿一日、御殿にて宗旨判形
同廿九日、近来相談致懸り居候大川熹左衛門後妻に妹縁組、今日弥申合相済、為仲妁真鍋波門参、双方相談相究候に付、直に今日御殿引に付大目付原藤八殿宅へ願書持参、差出候事
九月九日、御礼不被為受、御帳計
同十八日、同苗九平妻、病気大切の段知せ来るに付、暮頃参、四つ過帰、同廿日夕葬式金龍寺へ参寺致
十月五日、真鍋波門方へ家内惣様被招、参候事
同十六日、吉富玄碩より家内惣様参候様案内有之参
同廿五日、龍雲院〔治高〕様五十回忌御法事拝礼被仰付、不快にて不罷出候段届る
同廿六日、明後廿八日御用召の段御切紙到来致
同廿八日、五つ半頃より出殿致、四つ過御用始り、兼て差出置候妹縁組、願の通被仰付候段、御月番外記殿被仰渡、御礼廻り御月番・役頭・大目付計、引取、今日双方肴代取遣り計、夜荷物遣す
同廿九日、今日双方出会、夜に入此方より参、家内何れも一同に参、夜九つ過帰宅

同卅日、昨日の為挨拶、通り丁へ参

里開

十一月三日、里開に付、大川方より惣様一族田村正五郎参、此方吉富玄碩・林磯五郎・藤田文
大夫・真鍋波門出会取持、夜四つ頃皆々帰宅
同四日、昨日の為挨拶通り丁へ参、高畠伝右衛門方へも始て挨拶に参候事
同十八日、引取より村上甚十郎方へ参、同人今日御用召にて大休御免被仰付
同十九日、小田千次郎勤功被賞、御用召にて壱人扶持御加増、池田左大夫同断にて、御切米弐
石御加増被仰付
十一月廿七日、中嶋藤太江戸より帰着に付同所へ参
十二月十四日、大野七太郎方へ初御用会に参、暮頃帰
同卅日、七つ過御帳へ罷出、引取後廻勤例の通

天保三年

○天保三年壬辰　徳泰四十八歳　猪之吉十二歳　政女九歳　竹女七歳　熊次郎生
正月元日、儀式如例、少将様御眼気にて御礼不被為受に付、五つ半過より御帳計、廻勤仕舞
同四日、館出方如例年、引取より廻勤致
同八日、朝五つ頃より罷出、御規式四つ過相済、御月番新右衛門殿へ御礼に参、夫より嶋村へ
賀祝、七つ過相済帰
同十一日、通り丁より鏡開案内有之参

熊次郎出生

二月十一日、夜九つ過より妻産催し、鶏鳴頃出産、男子出生

同十二日、朝飯後より所々知せ遣、玄碩も見舞

十一日祝

同廿二日、御館にて宗旨判形、今日小児十一日祝致、熊次郎と名付

三月十三日、御上御昇進御祝被遊、御目見被仰付候に付、朝六半過より出殿、初座、四つ半頃相済

両殿様昇進祝、吸物・酒頂戴

同廿五日、御両殿様御昇進御祝儀に付、御吸物・御酒頂戴被仰付、初座五つ時揃に罷出、四つ頃相済

同廿七日より、鎌田九郎兵衛同道にて、上座郡黒川村へ逗留に罷越、所々見物、四月六日に帰宅

四月廿六日、宗栄寺隠居智宏頃日病気の段、児玉藤五郎より知せ候に付、見舞に参暮頃帰

五月五日、御礼不被為受、御帳計

同八日、大徹道悟居士〔安見善大夫〕百回忌に付、金龍寺にて斎法事、参寺、謙貞・大川十之進・林磯五郎・吉富玄碩・安見九平計参寺

年廻会自祝

同九日、今日年廻会相済候自祝に付客来、九平・謙貞・玄碩・文大夫・波門・十之進・馬場家内・玄碩家内も来、暮て客相済

六月十一日、伊勢田謙貞方より案内有之、母並子供連参、玄碩・喜左衛門も同道にて参、夜に入帰宅

七月朔日、大川熹左衛門祖母当年八十歳、御菓子頂戴に付、名代被頼御殿へ出方、九つ半頃帰、八つ過迄同所へ居る

八月八日、同苗九平父三回忌、金龍寺参寺致

学問所指南本役助

南廂受持

御救に銀札百石に付一貫目拝借

同九日、明石小兵衛頃日病気に付、見舞に夕飯後より参候処、大切に相成居候折柄にて、無程死去致、段々世話致滞、夜九つ過帰宅
同十三日、浜丁葬式に付参、大通寺迄見送り
同廿一日、御館にて宗旨判形
同廿二日、夕飯後大目付衆より相達御用有之候条、大野忠右衛門宅へ罷出候様申来に付、即刻罷出候処、学問所指南本役当時助勤被仰付候旨、御月番外記殿被仰聞候旨被相達、直に学問所へ参届、所々廻勤致、嶋村孫六方へも暮頃参申届
同廿三日、館へ出方致、引取より東西廻勤致候事
同廿五日、岡山左次郎方へ同役成り祝儀して参
九月二日、南廂受持、同役打寄暮前に済
同九日、御礼不被為受、御帳計
同十一日、西宮日に付参候処、帰後北風大風雨終夜吹
同廿二日、御発駕に付、六つ半頃松原へ出方、四つ前帰宅
同廿四日、御館へ御呼出にて、此節御救に銀札百石に付、壱貫目宛拝借被仰付候旨被達、御元じめに御礼に参
十月廿五日、寒松院積雪妙善信女五十回忌に付、金龍寺にて回向致、参寺致
閏十一月廿六日、江戸にて御婚礼被為済候、御祝儀御帳へ出方
十二月廿七日、雁御拝領御祝儀、御帳出方
同晦日、朝飯後御帳出方仕舞、其後西辺廻勤の積にて金龍寺へ参寺致居候処、鳥飼村出火に付、

早速火元迄参候処、西形より天神森迄数軒焼失、暮頃西へ参、五つ前帰宅

天保四年

猪之吉学問所入門
斉溥公婚礼
松平栄翁（重豪・斉溥実父）逝去
斉溥公上使勤

○天保四年癸巳　徳泰四十九歳　猪之吉十三歳　政女十歳　竹女八歳　熊次郎二歳

正月元日、儀式如例、朝飯後より御帳へ罷出、廻勤
同四日、館出方如例、引取より廻勤
同八日、五つ前より出方、御規式四つ半過相済、御月番へ御礼に参、赤坂竹田へ参、暮頃帰宅
同廿一日、出方前竹田茂兵衛方へ案内に参、今日引取より茂兵衛・孫六・千次郎・佐大夫被参、暮頃済
同廿五日、悴猪之吉学問所へ入門為致候事
二月朔日、侍従様御婚礼御祝儀、御吸物・御酒頂戴被仰付、五つ半時揃にて、九つ前相済引取
同十八日、松平栄翁様御逝去御到来有之候条、昨十七日より作事止三日、鳴物七日停止に付、学問所引る、御機嫌伺出方致
同十九日、朝伊勢田謙貞方仏事にて、聖福寺塔頭順心庵へ参寺
三月五日、侍従様へ御禁中御見舞の上使有之に付、御両殿様へ恐悦申上、御帳出方致
同十日、脇山只七昨夜中風発、翌十一日死去、十三日浄慶寺葬式、参寺致
四月十日、馬場の姪、養子と婚礼相整候条、引取より同所へ参、四つ過帰宅
同十三日、大川熹左衛門祖母八十歳の賀莚案内有之参、同馬場家内共相招候事
五月二日、指南本役清水音右衛門、昨日死去に付悔に参

御殿論語会読聴

学館作事、師役宅にて稽古

梅の守講

奥にて唐鑑会読

輪番出方

猪之吉柔術入門

同五日、御帳出方

同八日、侍従様御着城に付、朝六半頃より松原へ出方、四つ過帰宅

六月十六日、御殿にて論語会読被為聴候に付、五つ過より出方、九つ過相済引取

七月二日、学館御作事に付、今日切に稽古引、引中師役宅にて稽古聞候事、如先年例同五日稽古始る、五つ半時より九つ半時迄

八月廿一日、御殿にて宗旨判形

九月朔日、少将様雲雀御拝領、御祝儀御帳出方

同九日、侍従様御礼被為受、六つ半時揃にて罷出、四つ過相済引取

同廿五日、朝六つ頃より猪之吉連太宰府へ参詣、延寿王院梅の守講へ当りに付参詣致、御守受取暮前帰宅

十月十日、学問所御作事出来候に付、今日惣出方、来る十三日より稽古始り候筈に相成候事

同廿六日、於奥唐鑑御会読有之に付、五つ前より出方、四つ過引取、追々本役・加勢役・見習迄輪番出方の筈也

十一月九日、中村孫吉悴十助病気にて死去致

十二月五日、猪之吉鎌田九郎兵衛方へ柔術入門致

同廿六日、桑野半五右衛門御用召にて大休御免被仰付候に付、昼より参

同卅日、昼過御帳出方致

○天保五年甲午　　徳泰五十歳　猪之吉十四歳　政女十一歳　竹女九歳　熊次郎三歳

学館御入会読聴

銀切手拝借

唐鑑会読

船軍御覧

角力御覧、日勤・平勤拝見

正月元日、儀式如例、侍従様御礼被為受候に付、五つ過より出方、九つ過相済、東辺廻勤
同四日、学館出方如例年、引取より廻勤
同八日、五つ過より学問所出方、九つ過相済、御月番新右衛門殿へ御礼に参、直に竹田へ例の通参暮頃帰
同十七日、桑野半五右衛門方家内共招、昼過より来、夜に入帰
二月五日、安田磯八死去、十三日夕葬式、浄慶寺へ参寺致
同廿一日、御殿にて宗旨判形
三月廿五日、夜四つ過通り丁森半蔵長屋出火焼亡、無類火早速大川方へ見舞、暁更迄居る
四月二日、五つ時御供揃にて学館へ御入、会読被為聴、五つ時より罷出、九つ過引取
同四日、銀切手拝借被仰付候御達有之候に付、外記殿へ御礼に参
五月五日、御帳出方計、廻勤西計
同十八日、唐鑑御会読に付、五つ過より罷出、四つ過引取
同十九日、村上甚十郎郡代被仰付
六月二日、長光の刀拵出来に付、猪之吉職人町へ取に遣
同六日、真鍋波門方船軍御覧、下稽古浜にて有之、馬場・通り丁より皆々見物に参、暮前帰
同十一日、松平大隅守様にて嶋津左近様御死去御到来有之、侍従様御実兄に付、昨十日より三日音楽停止の旨御触来
同廿七日、侍従様今日角力御覧に付、日勤・平勤の輩拝見被仰付、学問所中罷出候得共、某当

御救役所にて銀札貸渡

学館御入

斉清公隠居願被差出
熊次郎髪置

天保六年

番にて不罷出
同廿八日、御貸渡の銀札、今日本町御救役所にて被相渡に付、請取に参、山中七大夫同道致昼頃帰
八月廿一日、御殿にて宗旨判形
同廿二日、心光院様〔職隆公〕二百五十回御忌、御法事大長寺にて有之、家中拝礼無之
同廿九日、夜九つ過馬場林三七郎宅焼失、同人旅行留守、継母乱心致、籠居致居候処、留守番籠明け不遣故焼死致、林磯五郎実母に付、同所へ七つ頃迄居る
同卅日、侍従様学館へ御入、四つ半頃会読相済、九つ頃引取
九月九日、侍従様御礼被為受、六半時揃にて罷出、四時過引取、廻勤近所計
同廿二日、侍従様御発駕に付、夜八つ頃より松原へ罷出、五つ頃御通駕、四頃帰宅
十一月廿一日、昼七つ過下橋黒田惣右衛門殿出火、壱軒焼亡
同廿八日、御参府御礼被仰上、少将様御隠居御願被差出、御祝儀御帳罷出
十二月朔日、熊次郎髪置致、当九月廿三日より母部屋座敷の次に拵、普請致懸り追々出来、大工庄七並笹栗利左衛門も其後雇、十二月廿日迄に都合八日雇算用済
十二月卅日、朝飯後御帳へ罷出、廻勤近辺計

○天保六年乙未　　徳泰五十壱歳　猪之吉十五歳　政女十二歳　竹女十歳　熊次郎四歳
正月元日、儀式如例、四つ過より御帳へ罷出、引取より廻勤

斉溥公相続後初入、
金子拝領

同四日、学館出方如例
同八日、五つ頃より開講出方、九つ頃御規式相済、八つ頃御月番新右衛門殿へ御礼に参、夫より竹田へ例の通参、暮て帰
同十六日、御両殿様雁御拝領、御祝儀出に罷出
同廿日、吉富玄碩六十の年賀案内有之、引取より参
同廿二日、山路仁平父十三回忌、茶案内有之参
二月十六日、永珍禅尼七回忌に付、金龍寺へ回向頼、田嶋・谷・薬院計客、其外は所々茶為持遣す
同廿一日、御殿にて宗旨判形仕舞
同廿四日、藤田長助妻死去知せ有之、悔に参
同廿七日、山路仁平死去、同卅日葬式円応寺
三月、早川善兵衛御買物奉行被仰付
同十四日、同苗九平方一仲任性百回忌法事、金龍寺斎法事有之参寺致、已後同所にて祝賀有之、猪之吉名代に遣
同廿一日、藤田長助方法事にて正光寺へ参寺致
四月十七日、三宅太左衛門死去に付参
同十九日、御着城に付、六つ過より松原へ出方、四つ時帰宅
同廿一日、三宅太左衛門葬式、極楽寺へ参寺、見送りに参
同廿六日、御殿へ御呼出しにて、御上御家督後御初入に付、御自祝被遊、御金子拝領被仰付候

旨、達有之、御月番淡路殿〔黒田一修・家老〕へ御礼に参

同廿八日、母当年七十歳に付年賀致客来、一族大川・早川・吉富・藤田・かの屋・真鍋、夜四つ頃客済

同廿九日、今日も昨日同前一族女中客暮頃済

五月三日、拝領金今日御救役所にて相渡候条、四つ頃より受取に参、地方金子六両、切扶三両二歩相渡

拝領金地方六両・切扶三両二歩

同五日、御礼不被為受御帳計、廻勤例の通

同十八日、五つ時御供揃にて、殿様学問所へ被為入、会読被為聴、九つ前相済引取

学問所御入会読聴

六月朔日、殿様初御帰国に付、御目見被仰付に付、五つ時より罷出、九つ頃引取

御目見

同廿二日、名嶋宗栄寺より、隠居智宏病気大切の段知せ来候に付、引取後吉富洞雲弟同道にて参、朝飯後疾に死去致居申候事

智宏死去

七月十五日、例年の参寺致

同廿二日、明石元太郎祖父孫太郎隠居、病気大切の段申来に付、当番出方前に参、疾に死去致居申候、翌夜大通寺葬式に付、見送り参寺致

七月十六日、昼前妻出産、無別条、出生無

八月十二日、吉富玄碩、内橋村中村正宅方参居申候て死去致候、同十六日夕大円寺葬、参寺致

同廿七日、殿様御継目被為受に付、六つ半時揃にて御本丸へ罷出、御礼五つ半過相済引取

九月九日、御礼不被為受、御帳計出方、廻勤無之

十月廿三日、殿様学館へ被為入、会読被為聴、九つ頃相済

学館御入会読聴

十二月朔日、熊次郎連、藤田文大夫方女、養子婚姻に付参、夜五つ過帰宅
同十九日、大殿様雁御拝領、御祝儀御帳出方致
同卅日、七つ過御帳出方、廻勤不致、参寺計、暮頃より猪之吉連職人町へ参り、兼て拵頼置候
西蓮の刀出来候に付、取り来る、夜四つ過帰宅、霜気強寒し

天保七年

○天保七年丙申　徳泰五十弐歳　猪之吉十六歳　政女十三歳　竹女十一歳　熊次郎五歳
正月元日、儀式如例、五つ過より御館へ罷出、九つ前御礼相済廻勤
同四日、学問所へ出方如例、引取より廻勤
同八日、五つ過より開講に付学問所出方、四つ過御規式相済、御月番長右衛門殿〔毛利元威・家老〕へ御礼に参、
例の通竹田へ参、七つ過帰

奥にて唐鑑会読

同廿九日、唐鑑御会読に付、奥へ罷出、九つ頃相済引取
二月二日、林孫助十三回忌、茶有之参
同四日、早川善兵衛父十三回忌法事、順正寺へ参寺致

料理頂戴

二月十一日、御家督御祝儀に付、御料理頂戴被仰付御奉書到来、当番引取より御月番新右衛門
殿へ御礼に参

手ずから蒲鉾頂戴

同十五日、御料理頂戴二番座、九つ揃四つ半頃より罷出、御代々の通の御蒲矛御手自頂戴被下、
七つ時前相済引取

猪之吉剣術入門

同廿日、猪之吉三宅三兵衛方剣術入門

鎗術入門

学問所孟子会読聴

奥にて唐鑑御会読

宝満山伏大峰入

同廿一日、御殿に宗旨判形
同廿五日、伊岐久兵衛方へ去る十一日鎗術入門致候、為挨拶参
同卅日、広瀬九助勤功被賞、十石御加増被仰付
三月十五日、殿様鶴御拝領の御祝儀出致
同十八日、五つ半御供揃にて学問所へ被為入、孟子会読被為聴、五つ過より罷出、九つ過引取
四月八日、唐鑑御会読有之、奥へ罷出五つ半頃より、九つ頃引取
同十一日、当春宝満派山伏大峰入にて御城内へ来、学館の門前通行、見物群聚
五月五日、六つ半時揃にて御礼被為受、五つ頃罷出、四つ前相済引取
六月十一日、岡崎太左衛門死去知せ有之
同十三日、竹田茂兵衛母・池田左大夫母死去、悔に参、同十五日夜竹田方葬に付、博多万行寺へ参寺致、四つ過帰
同廿五日、松本仁助同役被仰付、引取より祝儀に参
七月十五日、例年の通参寺、廻勤西計
同十八日、了性信士弐拾五回忌に付、金龍寺にて斎法事、喜左衛門・善兵衛・磯五郎参寺、九平不参、昼手元にて茶客、一族中男女其外知音の面々、夜に入済
同廿二日、哲姫様〔斉溥女〕御逝去、御入寺に付、学問所稽古今日引る
八月八日、同苗九平父七回忌法事、金龍寺へ参寺致
同十二日、吉富洞雲父一回忌法事、大円寺へ参寺
同廿一日、御殿にて宗旨判形仕舞

九月九日、御礼不被為受、御帳計、廻勤不致

同廿二日、江戸御発駕に付、六時より松原へ罷出、四つ前引取

十一月十九日、大目付詰所へ御呼出しにて、当秋損毛多に付、百石に付九俵余上け米被仰付候、達有之

損毛多、百石に付九俵上げ米

同廿五日、御着府御祝儀、御帳出方

十二月廿九日、夕飯後御帳罷出、其後廻勤・参寺

天保八年

○天保八年丁酉　徳泰五十三歳　猪之吉十七歳　政女十四歳　竹女十二歳　熊次郎六歳

正月元日、儀式如例、五つ半頃より御帳へ罷出、引取より廻勤仕舞

同四日、眼気にて館出方引入

同八日、朝五つ頃より出方、九つ半頃御規式相済、御月番淡路殿へ御礼に参、直に引取御倹約御触に付、竹田へ自祝相止、直に引取

竹田へ自祝相止

同廿一日、中村孫吉死去致候段、為知せ来

同廿八日、御両殿様雁御拝領、御祝儀出致

二月廿一日、御殿にて宗旨判形仕舞

三月十六日、大殿様青山へ御引越被遊候、御祝儀出方

斉清公青山へ引越

四月廿九日、御着城に付、六過より松原へ罷出、四つ過相済、九つ頃帰宅

五月五日、御礼不被為受、御帳計

学問所御入孟子会読聴

嶋村孫六、新知百石拝領

二石加増、二十七石六人扶持

六月七日迄、民部卿〔一橋斉位〕様御逝去に付、館稽古三日引る
同十二日、学問所へ殿様被為入、孟子会読被為聴、四つ半時前相済
同十六日、同役奥山鉄八勤功被賞、御切米弐石御加増被仰付
同廿二日、嶋村孫六勤功被賞、新知百石拝領被仰付
八月廿一日、御殿宗旨判形仕舞
九月二日、近来肩痛に付、席田郡金隈村広田伝亮方へ見せに参、暮頃帰、服薬遣
同九日、御礼不被為受御帳計、不快にて廻勤不致
同十八日、早川善兵衛御用召にて、御台所御道具預り被仰付、同役山中七大夫御用召にて郡町
浦吟味役被仰付
十月十五日、中村徳太郎隠居家督被仰付
十月十七日夜半、妻出産、無別条、無出生
十一月朔日、猪之吉連愛宕へ参詣致居候留守、御切紙来候へ共、留守に付差返候処、暮頃帰宅
致又来る、大目付三人より、明二日御用の儀御座候条、四つ時御館へ罷出候様、御月番
忠大夫〔斎藤勇友・家老〕殿被仰聞候旨申来、御受致遣す、其刻熹左衛門夫婦参居申候、所々知せ遣す
同二日、朝五つ半前より出殿、九つ半過御用始り御席へ罷出候処、於学問所、年来出精相勤候
段達御聴、依之格別を以御切米弐石御加増被仰付、都合廿七石六人扶持被下候旨、御月番忠
大夫殿被仰渡候、大目付所へ参御礼申上、廻勤御家老中・御用人・御納戸頭・大目付・竹田
・嶋村計にて帰宅、七つ過に相成、昼より留守へ一族中・近所の面々来祝、夜五つ過惣様引
取

奥にて会読

加増により高百一石余

当高より所務相増

天保九年

同二日、当番引取より小田千次郎・吉浦与大夫方、原ノ町へも為吹聴参候
同四日、播磨殿〔黒田清定・家老〕・新右衛門殿・正大夫殿〔郡習成・家老〕より祝儀使来候に付、為返礼参、夫々廻勤
同六日、同役中揃にて祝儀に参、夜五つ頃迄に相済
同十五日、暮七つ半頃より奥御会読へ出方致、五つ過引取
同十六日、指南本役中祝儀に参、夜五つ前相済
同廿一日、引取より小田千次郎先日御上下拝領被仰付候、為祝儀参、暮て帰
十二月朔日、此節御加増被仰付候に付、高百壱石四斗九升九合四勺九才に相成候旨、御勘定所より調へ遣候に付、右の増高御差紙にて可相渡哉、知方当りに結ひに可相成候哉の段、大目付衆へ引合の為御殿へ出方致、書付差出置候事
同六日、昼過より眩暈頭痛嘔吐強、漸暮頃より快、吉富洞雲呼に遣候へ共不居合、澄川元信門弟周甫来、薬遣、翌日より引入、四・五日にて出勤致
同十九日、大目付より此節御加増に付、当役の間、被下候当高より相増候所務被相渡候条、被得其意、委細御勘定所へ引合候様、掛合来候事
同廿三日、熊次郎頃日熱気有之、痘序の模様、弥今日より疱瘡に相成、気分宜熱醒る
同晦日、昼過より御帳罷出、暮頃参寺致
○天保九年戊戌　徳泰五十四歳　猪之吉十八歳　政女十五歳　竹女十三歳　熊次郎七歳
正月元日、儀式如例、御礼被為御受候条、朝五つ過より罷出、御二度後八つ頃御礼相済引取、

唐鑑会読

学問所御入小学会読聴、猪之吉講る

巡見使通行

少々廻勤

同四日、学館出方如例年、引取より廻勤

同八日、朝五つ頃より館出方、九つ過御規式相済、御月番彦兵衛〔浦上正春・家老〕殿へ御礼に参、直に引取

同十四日、古川七之進方同役に被仰付候、為祝儀参

同十八日、唐鑑御会読に付、八つ前より出方、暮六つ前に相済、御吸物・御酒頂戴被仰付候

二月廿一日、御殿にて宗旨判形仕舞

三月十八日、御上学問所へ御入、小学会読被為聴、四つ過頃相済、猪之吉会読出方致講る

四月十三日、御上御時服御拝領被成候御祝儀、御帳

同廿八日、大川十之進妻産後病気にて死去致

閏四月二日、引取より竹田茂兵衛退勤願御止に相成候、祝儀に参

同三日、巡検使通行に付、今日稽古引けるに付、出方無

五月五日、御礼被為受、四つ過相済引取、廻勤西計

六月六日、徳川刑部卿様御逝去に付、作事止、今日より三日、来る八日迄学問所引る

同七日、山中甚六曾祖母病気にて死去

同十五日、嶋村孫六母病気にて死去

七月十五日、参寺如例年、廻勤西計

同十九日、御祝儀出殿、於江戸西丸火災の節、御人数被差出候御賞美御到来に依て也

八月十一日、江藤源之進死去致候に付、為悔参

同廿一日、頃日病気にて引入居候に付、宗旨判形同役友納嘉一郎へ代判頼

母家誉終命

外療家安河内道哲かれきとる（カテーテルか）

同廿四日、朝五つ前頃母起出、嘔吐催し候に付、部屋の椽《えん》相仕舞居候て椽より落、塞き其後抱起し気分発き、居り合候へ共、精神不慥、惛睡致居申候、早速通り丁、馬場へも申遣、何れも早々参、洞雲へも申遣、早刻参薬遣す、翌廿五日朝飯後より不図目覚め候へ共、小便通し兼、寝所にて通便不仕舞申に付、何卒便所へ参仕舞度旨頻申候て、寝所にて通用不仕、大に難渋致、翌廿六日洞雲申合、外療家安河内道哲申合、かれきとるにて小用取り候処、余分に通し、其後安眠致、同廿七日同扁にて目覚、精神有之候様見へ候へ共、食餌粒食不出来、同廿八日・廿九日・九月朔日・二日・三日・四日・五日迄同扁、五日共は余程宜敷様見へ候へ共、食事不相成、六日・七日・八日に至り気解見、一段落に相成、九日夜より大切に相成、八つ頃終に命終致、宵より吉富洞雲・伊勢田謙貞へも参居候

同十日、大目付衆届遣、其外所々届並知せ遣

同十二日、暮六つ頃より出棺、金龍寺へ葬、秋園芳月大姉と号す、一族・近所・知音見送りの面々別に記、今夕直に石塔建る、唐人町石屋長平造之

同十三日、朝飯後猪之吉・熊次郎連参寺致、逮夜廻向、初七日法事の儀寺へ頼置

同十五日、一族中女中並伊崎辺出入の人茶客致、夜に入済

同十六日、初七日に付斎法事、大川熹左衛門・林孫兵衛・同勝守・同孫作・猪之吉参寺、昼より近所並一族中男子・金龍寺和尚へも案内申候処、安国寺・明光寺も同寺に参り合居被申、何れも同道にて昼頃より被参、諷経《ふぎん》被致、夜に入帰候事、同廿三日、二七日に付、大川熹左衛門・林孫兵衛より金龍寺へ廻向相頼候事

同廿三日、二七日に付喜左衛門・孫兵衛より回向有之、馬場・通り丁より家内参暮頃帰

九月卅日、三七日広羽敏方母、入江与七妻見舞に来
十月九日、参寺如例、猪之吉・熊次郎忌今日迄済
同十四日、三十五日に付、四十九日も一同に取越し法事、一同に頼、斎法事寺差支にて非事法
　事執行、参寺初七日の通、於宅茶客昼夜に致
十月卅日、忌明にて出勤致、近所廻勤致候事
十一月朔日、御着坂御祝儀、御帳出方致
十二月五日、大川喜左衛門方祖母病気大切に相成、同夕死去致
十二月十日、中村孫吉妻病気にて死去致候事
同二十日、芳月大姉百ケ日に当候に付、金龍寺にて回向致
同卅日、朝飯後御帳出方、廻勤如例

○天保十年己亥　　徳泰五十五歳　猪之吉十九歳　政女十六歳　竹女十四歳　熊次郎八歳
正月元日、五つ半頃より御帳へ罷出、引取より廻勤
同四日、館出方如例
同八日、六つ半過より館出方、九つ半過御規式相済、八つ過御月番長右衛門殿へ御礼に参、竹
　田へ一寸為挨拶参、夫より廻勤
三月十九日、御暇御拝領御祝儀、御帳出方
同廿一日、時枝文蔵、浅香登方へ、浅香彦三郎死去致候為悔参

四月十九日、尾張大納言様御逝去に付、普請三日、音楽七日停止の旨御触来
五月十一日、当番引取後、七つ過より春吉出火、数十軒焼亡
同十三日、御着城に付、六つ半頃より松原へ罷出、九つ過引取
五月十九日、御判物御頂戴、御祝儀御帳出方、麻上下着
六月廿五日より、腹痛、翌日より腹痛止強、張強く服薬・針療致、漸七月十一日より出勤致
八月廿一日、御殿にて宗旨判形致
同廿六日、山中七大夫死去致、同廿八日千眼寺へ葬、儀兵衛遣
九月九日、御礼不被為受、御帳計
同十日、芳月大姉一回忌に付、金龍寺にて非事法事執行頼、御時節柄に付、一族中も参寺無之、手元にて茶振舞昼夜に致、金龍寺方丈も案内申候事、上下都合三十人余
同廿六日、大御前様御病気に付、殿様為御看病御出府御願被為済、今日御発駕被遊候に付、松原七つ前より出方、六つ過御通駕相済、五つ過引取
同日、大目付詰所御呼出しにて、御差問に付、当秋御家中半所務被仰付候旨達有之、御書付在于別
十月十九日、去る九日殿様伏見御着被遊候御到来に付、御祝儀御帳出方、○兼て御本丸御武器御風間拝見相願置候処、今日拝見罷出候様申来に付、直に出方致、九つ過頃相済引取
十一月朔日、妻出産、出生無之、前後無別条
同十二日、御扱米拾俵差紙請取、半知に付御扱也
同廿五日、江戸御着府被遊候、御祝儀御帳出方

春吉数十軒焼亡

家中半所務

本丸武器風間拝見

斉清公室逝去（二条治孝公女徳君）

十二月廿六日、御老中松平和泉守様御卒去御到来に付、廿五日・廿七日迄音楽停止の旨御触来
同廿九日、朝飯後御帳へ罷出、帰後廻勤

○天保十一年庚子　　徳泰五十六歳　儀兵衛二十歳　政十七歳　竹十五歳　熊次郎九歳

正月元日、儀式如例、四つ頃より御帳へ罷出、廻勤役頭計にて帰宅、大御前様御病気御大切に被成御座候御左右有之候に付、諸役人中も御帳計にて廻勤無之由に付、何方へも不参引取
同四日、学問所出方如例年
同八日、五つ頃学館出方、九つ頃御規式相済、御月番五左衛門殿へ御礼に参、直に引取
同十日、朝飯後御触状来る、大御前様旧臘廿日、御逝去被遊候御到来に付、御両殿様へ御機嫌為伺、今十日・十一日・十二日三日の間罷出候様、左の通停止
一鳴物御中陰中五十日　一作事弐七日　一山海漁一七日
一店卸一七日　一諸商人振売一七日　学問所諸稽古二七日
一諸士月代御中陰中・部屋住三七日　一御扶持隠居右に同、諸士二男三男二七日
一御目見医師二七日、半礼已下無礼の者二七日　一小人・小役人・坊主一七日　陪臣右同断
一郡町浦御扶助被下置候者右同断　以上
同十一日、朝飯後御機嫌伺罷出、御帳
同廿二日、大御前様御逝去被遊に付、自公義大殿様・殿様へ御尋の上使有之候御到来に付、恐悦御帳に付候様御触来るに付御殿へ罷出、直に学問所へ罷出、作事止今日迄にて、明日より

詩会止、自修会

黒田播磨死去

御構年寄米崎家名立三輪栄

浜宿一両求

秋月韶翁（長韶）逝去

稽古初り候に付、今日惣出方、引取九つ半時
同廿五日、詩会相止、自修会に相成、御中陰中は諸会業相止
二月二日、林孫助十三回忌に付、茶案内有之参
同四日、早川次助殿十三回忌法事、順正寺へ斎参寺致
同十一日、去る六日播磨殿死去被致、今日悔に参
同十三日、去る九日吉浦与大夫死去致に付、今日悔に参
同日、林孫兵衛弟栄、御構御年寄米崎家名御立被下候に付、同方養子に遣致申合、願兼て差出置候処、今日御用召にて、栄同道にて罷出候処、同人へ四人扶持十五石拝領被仰付、御城代組被仰付候事
同十四日、当番に罷出居候処、御触、公義御台所様御薨去に付、作事止に相成、昨十三日より来る十九日迄稽古引けに相成
同廿一日、御殿へ罷出宗旨判形仕舞
同廿二日、頃日より吉祥寺抱の浜宿払に相成候に付、求の相談致懸り居申候処、今日相済金子壱両相渡
同卅日、秋月にて韶翁様御病気御養生無御叶御逝去に付、昨日より音楽五日停止被仰付候旨触来る
三月五日、清水十三郎御用召にて指南本役助被仰付、長谷川時太郎指南加勢役被仰付候事
同廿日、昨日権藤万七御目付被仰付候旨知せ有之
同廿四日、転法宗輪信士五十回忌に付、金龍寺にて回向致、当番に付引取より参寺致、墓手入

半所務御用残返米

竹田茂兵衛死去

大雨洪水、お堀・赤坂御門土手切

昨日に済
四月七日、半所務御用残、御返米四俵八升御差紙相渡、今日受取
同十三日、平野茂平方へ参、同所へ櫛橋源十郎弟三五郎養子に内談相済、仲妁致、明日曬《もらい》に参呉候様頼に付、申合事々相仕舞暮頃帰、同十四日双方へ参、事々相済
同廿日、当番引取より博多三輪栄方・伊勢田道益方へ参、直に片粕飛来宮へ参詣、住吉へも参詣致、帰路春吉吉浦与大夫遺跡祝儀に参、暮て帰宅
同廿二日、藤田文大夫同道にて、儀兵衛連香椎宮へ参詣、護国寺へ参、夜四つ頃帰宅
同廿七日、屋敷裏畠中松木見分相済居候に付、今日伐せる、谷町恵七に切せる
五月十三日、入梅、此節吉祥寺より求候屋敷南境の畠地垣に淡竹植付る、恵七雇
同廿五日、馬場の樹作居士廿五回忌、茶案内有之参
六月二日、公義にて暉姫様御逝去被遊候に付、作事止五日、音楽停止触来候に付、会読相止、稽古引け候事
同七日、竹田茂兵衛去る三日より病気の旨承候間、昼頃より見舞に参候処、極大切の様体に付、居滞候処、八つ過頃死去被致、暮頃帰宅、同夕、村山喜右衛門仕立講初座打寄に付、湊町魚屋助吉方にて打寄に付参
同九日、竹田茂兵衛葬式に付、見送の心得にて暮前より赤坂へ参、其頃より雨降烈敷、出棺頃より弥増降烈敷、途中中、大雨雹光夥敷難渋、大雨往還洪水、四つ半頃帰宅、其頃は雨止居申候処、九つ半頃より薬院辺洪水漲り来、家々水溢れ、薬院御門・赤坂御門・御堀土手切崩、水御堀に流れ入、其辺りの小家流れ入、両御門通り通路止る、国中所々山抜候に付、川々よ

山抜大水
家流れ人死、田地永荒

竹田簡吉学問所物請持

本丸武器風間拝見

り其水支へ流れ来る勢に付、市中迄斯々水勢烈く、国初已来未曾有の大変也、赤坂御門土手切れ、雁林の丁口迄は仮り橋懸け通路致し候、○竹田氏葬式大雨にて水溢れ葬埋不出来、翌朝水引候て葬埋致候由、夜中万行寺へ一族中知音相詰居申候由、○此節山抜大水三笠・那珂・穂波・粕屋郡多く、中にも穂波別て強く、家流れ田地荒、人死候儀不可勝計事也、御田地永荒の地夥敷、追々御家中も押へ懸る、家流れ水死の有様、哀れなる有様、聞しにまさる事の由、まのあたり見し百性の咄也

同十日、昨日夜洪水の模様今日に成り、漸手元へは相分りし故、文大夫方・与七方・九平方何れも見舞に儀兵衛遣す、某今日より瀉下にて引入、廿八日より出勤致

八月朔日、竹田簡吉御用召にて遺跡拝領被仰付、学問所物請持被仰付、同三日友納嘉一郎病気にて死去致

同十日、許斐三吉御月番宅にて御咎、押て隠居被仰付、御切米壱石被減、悴へ家督被仰付

同十三日、長浜九吉郎御用召にて同役に被仰付

同廿一日、御殿にて宗旨判形仕舞

九月十日、芳月大姉三回忌に付、金龍寺にて斎法事執行、帰後宅にて一族中知音茶客夜迄に相済

同十六日、時枝文蔵病気、養生不叶死去知せ来る

十月七日、真鍋波門御用召にて、兼て差出置候養子願、願の通相済候事、同人養子豊田儀八弟長三郎、某仲妁致相済居申候に付、参り世話致

同十三日、御本丸御武器御風間に付、拝見願置候処、今日拝見罷出候様申来に付、儀兵衛召連

五つ半頃より罷出、八つ頃相済引取

洪水損失米夥敷

同十五日、御達御用にて御殿へ御呼出、当夏洪水にて破損所多、御損失米夥敷候得共、御扱にて百石に付十俵余御懸被成候旨、委敷御書付御達有之

同日、真鍋波門養子初出会に付、双方へ参

西丸普請手伝

同十九日、西丸御普請御手伝御勤被成候に付、自公義御時服御拝領被成候御到来に付、御祝儀御帳へ罷出、麻上下着用

十二月朔日、真鍋波門養子引越、娘へ婚姻に付、朝より参、暮頃迄に済

光格天皇崩御役号触

同十一日、夜御触来る、仙洞御所御不予、御養生不被為叶、先月十九日崩御に付、於公義普請・鳴物停止被仰出候条、今十一日より来る十五日迄普請・鳴物停止の旨申来、右役号触にて申来に付、同役中廻状廻す

同役中廻状

同卅日、朝飯後御帳へ罷出、廻勤西計

天保十二年

○天保十二年辛丑　徳泰五十七歳　儀兵衛廿壱歳　政女十八歳　竹女十六歳　熊次郎十歳

正月元日、儀式如例、五つ半頃より御帳へ罷出、廻勤

拝借銀返納御用捨

同四日、館出方如例、同五日自公義御拝借銀上納に不及の旨御達に付、諸士中御祝儀御帳へ出方

同八日、夜前来寒気強、腹痛気に付、開講出方引入の旨大目付衆へ届遣、学問所へは儀兵衛出方の旨届る

家斉薨去、忌服

同廿七日、大殿様雁御拝領、御祝儀御帳へ罷出
閏正月五日、殿様雁御拝領、御祝儀御帳出方
同卅日、大目付詰所へ横折差出に参、唐人町宅助十文字鎗の儀
二月十四日、当番中左の趣に付、九つ頃引取
大御所様先月薨去に付、大殿様御父方御伯父、半減の御忌服被為受、去る九日迄御忌中の旨御到来有之、就右、中老始、式日出仕の面々来る十五日出殿、大殿様・殿様へ御機嫌相伺可申、組付大組已下諸士中勤休共、来る十五日・十六日・十七日御機嫌為伺御館へ罷出、御帳に付候様可被相達候事、一音楽停止二月十三日より三月廿日迄、一作事二七日、一店卸同上、山海猟同上、諸商人振売同上、武芸弓鎗剣術責馬二月十三日より二七日過、内証にての稽古、従前々の格も有之事に候間、勝手次第の事、但辻的は御中陰中遠慮の事、一学問所稽古二月十三日より二七日遠慮可仕候事、一御館にて諸芸定日の稽古、御中陰の間遠慮可仕候事
同十六日、永珍禅尼十三回忌に付、金龍寺にて同朝回向致、朝飯後参寺致、忌懸り一族計茶案内致候事
同廿一日、御館にて宗旨判形致
三月廿七日、山中甚六江戸出立に付、黒門迄見立に参
四月朔日、御暇御拝領、御祝儀御帳出方
同十日、出方前、同苗九平頼にて、同人頭飯田角左衛門殿へ笹栗の者共横折願書差出置
同十九日、御着城に付、六半頃より松原へ罷出、五つ半過御通駕相済、四半頃帰宅
同廿八日、伊勢田済庵父死去悔、松本仁助父死去悔に参、小川藤右衛門留守へも見舞、万行寺

学問所御入論語会読聴

家中借財道付方、前借米代渡

惣郡奉行、御用聞格

姑の仕え方不宜お叱

学問所御入論語会読聴

・順正寺へも参寺致、暮頃帰

五月十九日、早川又一郎・櫛田大助・森専蔵・大野七太郎御用召にて年来出精相勤候に付、御目録拝領被仰付候事

同廿七日、五つ時御供揃にて学問所被為入、論語会読被為聴、四つ半頃相済、引取九つ頃

六月九日、此節借財道付方より相渡候前借米代、相願置候処、五・六・七月三ケ月分一同に相渡、今日請取

八月八日、平野暢斎隠居被召出、惣郡奉行被仰付、御用聞格に被仰付、与次右衛門と改名

同廿一日、御殿にて宗旨判形仕舞

同廿六日、明石元太郎母連々柔弱に有之、姑へ事《〔つかえ〕》方も不宜候段相達候由にて、頭衆宅へ一族中壱人御呼出しにて、御書付渡候て御叱有之、今日元太郎祖母此方へ参居申候事

同廿八日、早川善兵衛同道にて井土佐市方へ参、去冬来元太郎母同方へ滞留、参居申候条、同方にて此節御達の書付申聞候事

九月九日、御礼被為受、不快に付引入届致

同廿八日、同苗九平隠居願差出置候処、今日御用召にて悴磯十郎へ家督無相違拝領被仰付、御馬廻組に被差加候事、明日朔日殿様学問所御入に付、某隙なしに付儀兵衛同方へ遣す

十月朔日、九つ時御供揃にて学問所被為入、論語会読被為聴、八つ過相済、七つ過引取

同七日より笹栗村岡部へ参、同九日に帰宅

十一月十日、松平大隅守様御父渓山様、先月十四日御卒去被成候御到来有之、昨日より十三日迄作事止に付、今日出方の上、引けに相成、四つ過引取、直に御機嫌伺に出方

渓山（島津斉宣《なりのぶ》）卒去、遺骸領内通行

門松もらい来

天保十三年

十二月廿七日夜、雪風強大寒、五つ過鳥飼出火、壱弐軒焼人焼死、藤崎某子無礼

同廿八日、松平大隅守様御父渓山様御遺骸明御領内御入込、正月朔日御通棺被為済候筈に候、右に付、御通棺被為済候迄、殿様御自身御慎被遊候間、当歳暮御祝儀を初、来年頭御規式、左の通の日割に相成候条、左の趣早々可被相触候事

十二月廿九日、歳暮御祝儀御延引、正月朔日例歳暮の御祝儀申上有之候事

同二日、例年の通、元日の通御礼被為受候事

同三日、町人中御礼被為受候事

同四日、大組已下、休の諸士中御礼被為受候事

同六日、例年四日に被為受候寺社御礼、今日被為受候事、且又、餝等朔日昼後に御餝に相成候条、其心得致候様御触来

同廿九日、御触達の通に付、今日歳暮祝儀廻勤無之、夕飯後よりお山松源院へ参、門松囉《もら》ひ来、暮頃金龍寺へ参寺致

○天保十三年壬寅　徳泰五十八歳　儀兵衛弐十弐歳　政女十九歳　竹女十七歳　熊次郎十一歳

正月朔日、去冬御触達の通、今日歳暮御規式、明日年頭の御礼被為受筈、某旧冬来不快に付、引入届致

同二日、殿様御礼被為受筈の所、御風気にて御延引

奥にて唐鑑御会読
学館御入論語会読
須崎町五十軒余焼亡
座敷庭に築山造る
奥にて唐鑑会読
笹栗参詣

同四日、館出方不快にて引入届致、今日休の諸士中御礼被為受候
同八日、不快々無之に付、開講出方も引入候段届る
同十一日、今日より出勤仕候段届る、昼より鳥飼宮へ参詣、金龍寺へ参寺致、西辺廻勤致
同廿六日、安見智楽居士五十回忌法事、金龍寺にて斎法事参寺致候様知せ有之、当番に付、儀兵衛参寺致せる、同夜八つ半頃御触来、一橋にて乗蓮院様御逝去被遊候御到来有之に付、廿八日迄普請三日、鳴物十日停止被仰付候旨、殿様へ御機嫌伺有之、翌日罷出
二月四日、御奥にて唐鑑御会読有之に付、九つ過より罷出、七つ過引取
同七日、五つ半御供揃にて学館へ被為入、論語会読被為聴、九つ過相済、九つ半過引取
同十三日、夜四過、福岡須崎町出火、五十軒余焼亡
同十八日、座敷庭上へ築山一昨日造り懸候処、今日迄成就に致、大川十之進作
同廿一日、御殿にて宗旨判形致
同廿九日、三輪栄御用召にて御納戸勤被仰付
三月四日、奥にて唐鑑御会読、館より直に罷出、七つ過引取、御会済後、御庭廻りの桜花拝見被仰付
同十四日、朝五つ頃より笹栗へ出浮、若杉大祖権現へ参詣、其夜泊、翌朝より飯塚迄参一宿、帰路大分八幡宮へ参詣致、笹栗迄帰又一宿致、十八日暮頃帰宅
同廿七日、御参勤御免の御祝儀、御帳へ罷出
四月三日、扣角斎五十回忌法事、金龍寺にて非事法事致、法席儀兵衛為名代遣、某当番に付引取より参、参致茶客忌掛り計、其外一族内茶果子配る

奥にて唐鑑会読

同十一日、御奥にて唐鑑御会読有之、五つ半時揃にて罷出、四つ半過相済引取

五月五日、痛所にて御礼出方不得仕候段、大目付へ届る

奥にて唐鑑会読

同十六日、九つ時揃にて、御奥にて唐鑑御会読有之、学館より直に罷出、八つ過相済、已後此節唐鑑全相済、何れも長々出精致候に付、御吸物・御肴・御酒頂戴被仰付候旨、奥頭取梶原七大夫より被達、何れも御医者部屋にて頂戴致、引取

同廿日、伊崎かの屋源六急病にて死去致

太宰府加持参詣

六月二日、儀兵衛・善助連宰府参詣致、浦の房にて加持有之に付、大川喜左衛門妻当春已来病気、頃日は大造に相成居申候条、其為代人身寄の者より参居り候筈に付、儀兵衛参居候筈申合参詣致、直に同所滞、善助暮頃帰

同四日、昨日より某不気分の所、熱頭痛強、瀉下強大に気解る、同五日より引入届致

同九日、宰府より儀兵衛一七日加持帰宅致、同十日夕八つ頃大川より病人不勝の段申来、早速儀兵衛遣、翌朝迄居り、居り合、先月中より政女看病に参居申候、今夕より竹女も遣し、儀兵衛始終滞居る

千代死去

同十四日、某少々快方に付、夜に入通り丁へ見舞、八つ過頃帰、翌暁更より弥不勝にて平明頃終命致、同十五日早朝参候処、最早事切居申候、夫より居滞後の事取調へ、夕飯後打寄納棺致暮て帰、頭衆・学問所忌中引入の段届る

同十六日、吉祥寺葬式、見送として儀兵衛参る、某暮頃より参、四つ頃娘共連帰宅

同廿一日、大川方初七日に付、吉祥寺にて斎法事、父子共参寺致

七月五日、忌中今明迄にて、明日より出勤致候段学館へ届

貸渡指紙
米札

同六日、今日より出勤致、兼て御達に相成居候御貸渡指紙、今日被相渡、早川善兵衛添役被仰付候に付、同人へ相頼受取、米札百石に付、四貫目宛、某四貫四十目相渡、受取

同廿日、大川方四十九日取越し法事に付、父子共吉祥寺へ参

同廿一日、引取より職人町清水左七方へ参、此節相求候古刀、下研致呉候様相頼、去春五両弐分に相求る、相州物と相見へ、大切先作志津と相見へ候由評議

同廿六日より大工和吉雇、内証玄関方住居替へ致懸る

林五左衛門・毛利長右衛門元締引入

八月九日、村上弥左衛門御用召にて、惣御郡奉行被仰付、去る朔日より林五左衛門・毛利長右衛門元じめ引入相成、朝廷不穏

同廿一日、御殿にて宗旨判形致

御意御達
政事改正

同廿六日、御殿にて御意御達、五つ半時より罷出、諸士中御広間へ列座、御上御出座被遊、三左衛門〔黒田一整・家老〕殿より御直書の御意御読聞、此節より御政事御改正被遊候条、丈夫に致御奉公仕候様にとの御趣意、御退座被遊候後、三左衛門殿より又々御達書の子細委敷被相達、右相済大目付衆詰所へ御礼に参、三左衛門殿御宅へも参引取、今度御達の御定書付写別に在、実に感涙を催候、難有御趣意、諸士中共急度可奉感服奉存候事、此頃日々宜き役人被召出候事

九月九日、御礼被為受、御欠略中に付、御熨斗鮑御飾り付にて、御礼申上候旨御触来、某痛所に不罷出引入

同廿二日、江戸御発駕、六つ過より松原へ罷出、五つ半頃御通駕、四つ過引取

同廿六日、大川方、蓮台院百ケ日法事、吉祥寺へ父子共参寺

十月朔日、御渡海被為済候御祝儀、御帳出方

同四日、御殿へ罷出る、先日御直達已後、諸士中御政事筋、並に御職分被仰付候人体不閣、存寄申出候様御意達、大目付より達有之居申候に付、今日存寄書付十ケ条余差出置候事

十一月十四日、入江与七病気大切知せ有之、引取より見舞に参、朝死去

同十四日、夕夜半過より頻に腹痛強、針医呼に遣、針療致候へ共不止大に悩、漸翌朝折り合追々快、近来疝邪にて毎々右の腹痛有り

同廿三日、近来明石元太郎方伯母、当時の寒障の所、頃日漸々気解、今日不勝の段申来、暮頃より父子共に参、次第に病漸《すす》み八つ頃死去被致候、一族中皆々参、江守久兵衛江戸留守、元太郎母は井土左市方へ兼て不行跡にて預け置候故、何分跡の所不相済、当時一族中より壱人宛参り居候都合申合せ候事、同廿五日夕大通寺へ葬式見送りに参

同廿八日、元太郎方初七日取越法事大通寺へ参寺、某父方叔母に候へ共、半減の服忌受候段、役頭並学問所へも届候事、来年頭三日迄忌中

同廿九日、儀兵衛風邪気にて打臥、吉富へ申遣薬用致せ候事

○天保十四年癸卯　徳泰五十九歳　儀兵衛弐拾三歳　政女弐拾歳　竹女十八歳　熊次郎十二歳

四日、忌明に付出勤届致、館へも出方致、近所廻勤

五日、御両殿様雁御拝領御祝儀出致、六日・七日館出方如例

八日、五つ過より学館へ罷出、九つ半頃御規式相済引取

厳敷倹約出、松囃子質素

月形七郎死去

梶原平十郎家老次席、財用御元締・郡浦町惣受持

学館御入孟子会読

熊次郎学館入門

同十五日、旧冬より町々厳敷御倹約被仰出、松囃子等至て質素、作り物等一切無之静也
同十八日、向へ真鍋波門母死去、翌夜葬式大円寺
同廿一日、朝飯後より早川善兵衛より急に参呉候様申来候間、早々父子共参候所、兼て浦江金蔵妻と善兵衛密通致候儀露顕致、妻女自殺致、昨夜其段申来に付、如何共相心得候て、可然哉の相談、少し申合致、昼過帰宅致、時刻延引に付、学館は引入届致候事
廿四日、月形三太郎方へ先々月蕉斎死去、悔に参
同廿九日、夜より又々例の腹痛仕出し大に悩、漸翌朝少し居り合候得共、跡気解、其後瀉下、甚長引入致、二月末出勤致
二月廿一日、宗旨判形、同役大野七太郎へ相頼
三月四日、座敷の庭横へ三畳の部屋建候、材木笹栗へ頼置候処、今日持出し取建る
三月廿六日、御構にて御誕生の御姫様御逝去、今日御寺入に付、学館稽古引る
四月十六日、殿様御着城、野子痛所に付、松原出方不得仕
同廿二日、長崎御発駕、此節真鍋波門御納戸組に被仰付、御供被召連
五月十八日、此節梶原平十郎御家老次席、御財用御元じめ・郡浦町惣受持被仰付に付、為祝義参、立花小左衛門大目付成とも同様
同廿七日、五つ時御供揃にて学館へ被為入、孟子会読被為聴、九つ頃相済
同廿八日、清水十三郎御咎にて放役、古川七之進・松本仁助役頭宅にて御示
五月五日、御礼被為受、痛所にて不罷出
同月廿六日、熊次郎学館へ入門致

六月廿日、同役岡山佐次郎御呼出にて、御賞誉銀二枚拝領被仰付、櫛田大助願の通隠居家督相済、悴無足組に被差加候事
八月十日、泰林院様百回御忌に付拝礼、十一日・十三日崇福寺へ出方仕候様御触来る、痛所にて兼て引入居候故、不罷出候段届る
八月廿一日、宗旨判形御殿にて相仕舞
同廿二日、櫛田駿平御用召にて指南本役助被仰付、岡部栄蔵・城戸延太郎指南加勢役被仰付候事
同廿五日、御法事被為済候御祝儀、御帳出方
同日、山中甚六江戸より帰着、同人江戸にて、御国寺にて被相達御用有之候条、早々帰国仕候様、江戸にて御達にて帰着
九月三日、雨東北風昼より颶風《ぐふう》に成、東風後巽又西に成静
同七日、御心付米証拠、藪幸三郎へ相頼置候所受取、御蔵に付米受取
同十一日、当年より御改正の由にて、三社神事能相止、夕飯後より江守久兵衛方へ参
同十九日、十八日同様能無之
同廿七日、大殿様御鷹の雲雀御拝領、御祝儀御帳罷出
閏九月十三日、櫛田大助死去、去々年来舌疽出来、次第衰へ死去
十月二日、頃日世間一統風邪流行、毎家病臥候様有之、学館出方も減少致候様有之候間、明日殿様学館へ被為入候筈の所、御延引被為遊候様申上に相成候事
同廿六日、五つ時御供揃にて学館へ被為入、孟子会読被為聴、九つ過相済引取

御心付米
改正にて三社神事能止
世間一統風邪流行、学館出方減少
学館御入孟子会読聴

身甲求む

学問所知方当り相止、門松建不申

弘化元年

十一月四日、頃日払物の身甲《どう》有之相求る、金九両二分嶋村・寺嶋より当時金子借用致相求る
同廿三日、明石元太郎祖母一回忌取越法事、大通寺へ参寺致
十二月十四日、稽古今日限相済、櫛田駿平方にて、本役中自祝有之、暮頃引取
同廿八日、大殿様雁御拝領御祝儀、御帳罷出
同廿九日、痛所にて今歳暮来年始御礼出方難仕候旨、大目付衆相届置
　当年より学問所一手中知方当り相止候に付、門松等建候儀、大目付へ嶋村孫六より相伺候処、建不申様差図有之旨昨日嶋村より噂有之、一手中廻状にて相達る、尤手元へは兼て右の存念にて相決居申故、門松持出し候得共、外に存念有之、村方へ差返置候故、右の趣に相成申候、同役内にも大概門松飾付居申候面々も有之由、何も引候事
　一学問所指南本役　　六人二拾石当り
　一学問所指南加勢役　五人十七石当り
　　右の通りに相極り候由、未御触達は無之候事
　　　　　　　　　　　　　　　　　以上
○天保十五年甲辰　　徳泰六十歳　儀兵衛廿四歳　政女廿一歳　竹女十九歳　熊次郎十三歳
　　弘化改元
元日、六つ揃にて御礼被為受候旨、旧冬より御触達有之居申候へ共、旧冬より引入届致居申候故、不罷出
同日、御礼相済後、大目付衆詰処にて、此度御改正に依て、学問所勤当り知方当被相止、六人

熊次郎出精御賞美

退勤願指出

学館御入論語会読聴

無足頭山崎五右衛門組

松源院・源光院弟子僧共学問入学頼

組合帳口

扶持廿石、五人十七石当、本役加勢役相定候段達有之候旨、同役より相談の事

同八日、開講引入、熊次郎去年中出精致候に付、御月番より御賞美有之候事

同廿七日、二月分御扶持方米請取

二月廿二日、退勤願書同役木戸延太郎へ相頼候て指出候処、御月番〔櫛橋祐恕・家老〕又之進御受取置に相成候趣、大目付より申来

同廿三日、大川喜左衛門昨朝より中風再発致、同廿五日昼過死去

三月十八日、殿様学館へ御入、論語会読被為聴候事

同廿日、御構にて御誕生の御男子様、御虚弱にて御育不被成、御死去の旨御触来、此節迄五人御誕生也

四月三日、役頭・大目付より御切紙来る、明四日四時御用召の儀申来、名代の儀林孫兵衛へ申遣、翌四日林孫兵衛御館へ罷出候処、退勤願の通被仰付、無足組山崎五右衛門組に被申談候事

同五日、山崎五右衛門殿より馬場作大夫・堀尾大助組合に申談候旨申来

同十一日、御扶持方証拠引替、山崎五右衛門殿へ出方致候処、五月分証拠、大目付衆より割判済居申候分、頭衆へ差廻に相成候由にて、被相渡候事

同十七日、大川十之進御用召にて遺跡拝領、林孫兵衛御用召にて、奥御聞召方被仰付候事、同廿一日松源院法印・源光院留守居参、弟子僧共学問入学の儀被頼候事

五月五日、組合帳口馬場作大夫来り、今日頭衆宅へ呼出しにて、近日相撲・芝居興業始り、御家中の面々先年の達通りと違、此節は参り不申方可宜旨被談候旨、噂有之候事

桜井浦下総守方悴
稽古頼
長崎異船渡来、一
番手繰り出

同廿四日、三輪栄御用召にて、御納戸勤被仰付、尤御隠居様付
六月七日、中村豊五郎同道にて、桜井浦下総守方悴稽古頼にて、今日始て参候処、出福の由にて途中にて逢候へ共、桜井へ参滞宿、同十日に帰宿
六月廿一日、頃日長崎へ異船渡来有之、一番手繰り出に相成、休の御無足迄出張、今日波戸場より乗船に相成
同廿五日、敬徳院様五十回御忌御法事、拝礼今明日に候へ共、痛所にて引入、不罷出候事
七月八日、長崎二番立御人数今日乗船、組合より中野弥八郎参
同十八日、了性信士三十三回忌に付、斎法事の筈の所、寺差合に付、非事に法事執行致候事
四つ半頃より参寺致、昼一族中近辺夜に懸追々に済
同廿二日、桜井に参、八月四日に帰宅
八月十七日、頭宅にて宗旨判形、今日長崎壱番・弐番の面々御番引けにて着岸、組合竹森八兵衛方へ祝儀に参
八月廿二日、早川善兵衛二女、斎田信助妻に縁組願、今日相済
同廿九日、御触来、此節青山にて御誕生の御男子様万之丞様事、表向御弘め御届有之、公義へ被仰出候に付、御祝儀御帳へ罷出候事
九月一日、秋園芳月大姉七回忌に付法事、朝斎寺差支に付、非事に相成、八つ時より参寺致、手元にて一族並近所茶客
同廿八日、早川善兵衛女、斎田信助方へ引越に付、同人当春より大休被仰付置候、御咎中に付、此方妻同道致、信助方へ参候、昼七つ時頃より西へ参同道致、夜九つ過帰宅致

娘共脊振山参詣

明石元太郎逼塞

無足頭月番立花弥七郎

切手拵風説間内取固二人番

参勤御用捨

斉溥公実母死去

十月六日、娘共近所寺嶋喜右衛門方より同道にて脊振山へ参詣致、帰路脇山へ泊翌日帰、某同日朝より桜井へ参、十七日に帰、同夜四つ半頃明石半十郎来、今日江守久兵衛頭宅へ御呼出しにて、明石元太郎御吟味の筋有之、逼塞被仰付、一族中へ御預被仰付候旨知せ

右に付、早速浜丁へ参呉候様申来候へ共、今日桜井より帰宅致草臥《くたびれ》居申候故、儀兵衛遣候処、無足頭月番立花弥七郎、元太郎宅へ被参、側筒頭・側筒も相詰、一族共呼出しにて、右の旨被相達候事

同十八日、昨夜の仕合に付、父子共に明石元太郎方へ参、一族中江守方に打寄、夫より浜の丁参、間内取固、一族より昼夜弐人宛番致候筈申合相済、暮頃引取、新屋敷内にて七人計切手拵致申候内、一味致候由風説に因也、已後父子にて二日越し程番に参

十一月十九日、殿様御参勤御用捨の御奉書御到来に付、諸士中麻上下着用にて御祝儀御帳罷出

同廿五日、夜九つ時御触来、於江戸松平大隅守様にて、青松院方兼て病気の処、養生不被相叶、

今月八日死去の旨、今廿四日到来有之候、右は殿様御実母、今日より御定式の通五十日、十三カ月の御忌服被為受候、右に付、中老始式日出仕の面々、今廿四日明廿五日間、御館へ罷出、御機嫌奉伺候様可被相達候、組支配の面々は為伺御機嫌、勤休共廿五日・廿六日・廿七日右三日の間罷出、御帳に付候様可被相達候事、青松院方死去の旨到来有之候、殿様御忌中に付、左の通停止可被相触候事

一鳴物停止五十日　一普請停止一七日　一学問所稽古並諸芸稽古遠慮一七日

一諸士中四十九日迄、月額遠慮可仕候事、但、来正月十三日迄

一諸士部屋住の面々一七日、月額遠慮可仕候事、但、被召出相勤居候部屋住の面々は、諸

士の通月額遠慮可仕候事
一御扶持有之隠居は一七日、御扶持無之隠居並諸士の二男三男は三日、月額遠慮可仕候事
一御目見医師は十日、月額遠慮可仕候事、一御目見已下右同断
一小人・小役人・坊主は三日、月代遠慮可仕候事、郡町浦御扶助被下候者同断
右の通可被相触候　以上　大目付

於公義、一位様御不例の所、御養生不被為叶、今月十日薨去被遊候、依之普請・鳴物停止の旨、従公義被仰出候段、御到来有之候、就右左の通停止、今日より被仰出候、一普請一七日、今廿五日より来月二日迄、鳴物二七日、今廿五日より来月九日迄
右の通御国中不洩様に可被相触候事　大目付
十一月廿五日
一位様へは殿様実の御姉の御続に付、半減の御忌服可被為受候処、日数相立被遊御承知候に付、今日一日御遠慮の御廉に付、中老始御筋目・番頭・御次廻諸役人中、式日出仕の面々、今廿五日より来る廿七日迄、御機嫌伺として出殿、御用人迄相伺候様、可被相達候事
一諸士勤休共、左の日限の内出殿、御帳に付候様可被相達候事、十一月廿五日・廿六日・廿七日
右の通可被相達候事　十二(ママ)月廿五日　大目付
十二月廿九日、当月始より暖気日々募、足袋類用に及す、雁・鶴日々北に帰、土用中寒を知ら

す

○弘化二年去冬改元乙巳　徳泰六十一歳　儀兵衛二十五歳　政女二十二歳　竹女弐拾歳　熊次郎十四歳

正月元日、御中陰に付、年縄飾規式事無之、同十三日迄御中陰済

熊次郎元服

同十四日、熊次郎元服致せる、山路弥一郎へ頼、今日皆々月額致

同十六日、年始御礼無之、勤休共今日並廿二日両日御帳計

同廿二日、学問所開講今日に相成、熊次郎出方致、同日開講中、嶋村孫六病発、某追廻辺廻勤の積にて馬場迄参候途中にて嶋村発病の儀承知致、引取より直に同所へ参滞、夜中少宛居り合に相成、儀兵衛夜伽致

僕御小人組組入

同廿六日、年来召仕候僕善助、御小人組組入、御鎗方へ呼出にて申付相済、小役人茂吉同道引廻しにて所々廻勤

松囃子博多中引物七十余物

同廿八日、当年松囃子今日に相成、万之丞様初御年始御祝の由にて、博多中引物夥敷出来候由、引物七十計も有之候事

二月四日、御触来る、於江戸内藤丹波守様御奥様御死去、去る十六日御死去の旨、殿様御妹子様に付、御忌服被為受候筈の所、日数過御聞被成候に付、一日御遠慮被遊候、作事二日、音楽五日停止被仰付候旨、御機嫌伺として五日・六日の間罷出、御帳に付候様申来

同十六日、鶴千院十七回忌に付、斎法事金龍寺にて執行、参寺致

無足頭月番毛利長兵衛、悴徳吉稽古皆勤御聴達

遠賀郡遊歩

小倉見物

同十八日、宗旨判形、山崎五右衛門殿引入に付、同役加藤三郎左衛門様宅にて有之
同十九日、無足頭月番毛利長兵衛殿宅へ呼出しにて罷出候処、悴儀兵衛鎗術御館稽古皆勤致候段、達御聴候段、御月番又之進殿より御達の趣、御書付を以被達、御月番へ御礼に参引取
同廿五日、大川宗喜居士吉祥寺にて斎法事、参寺致、宅へも茶案内有之参
三月十五日、長崎御番御受取の御奉書、長崎奉行より御受取に相成候に付、御両殿様へ御祝儀御帳へ罷出る
同十六日、於江戸万之丞様御疱瘡の処、御養生不被為叶、去る卅日御卒去被成候旨御到来有之に付、御両殿様へ御機嫌伺罷出候様御触来、作事止昨一日、音楽停止十七日迄
同廿六日、月峰妙桂信女百回忌に被相当候に付、金龍寺へ回向頼、参寺致、四月三日、大風
四月十一日、藤田猪中同道にて遠賀郡へ遊歩、五つ半頃より出浮、浜男にて昼餉仕舞、津屋崎に暮て着、同所に泊、翌日同方出立、道々所々見物、在自《あらじ》金毘羅へ参詣、田嶋宮同断、垂水峠越致、七つ過手野村へ着泊、夫々日々近辺所々見物、廿日には黒崎より尾倉村迄参、柴田与助方へ参泊、翌日豊前小倉迄見物に参、昼過帰路若松へ渡り、尾倉へ帰り泊、廿二日舟にて芦屋迄参、手野へ帰泊、翌日は休息、廿四日手野より発足、浜男迄参泊、廿五日朝飯後帰宅、廿六日頭衆宅へ帰宿致候段届る
同廿九日迄三日の間、殿様御養母伯母様、西本願寺簾中御逝去に付、作事止・音楽停止、来月五日迄、御機嫌伺有之
五月五日、右音楽停止の中に候得共、今日御祝儀御帳は立
同十一日、広羽敏老母、兼て病気の所、只今死去致候段昨日知せ来に付、儀兵衛今日参、翌夜

葬、行願寺参寺致

同十八日、三宅太三右衛門先生三十三回忌相当、追善稽古有之事

六月三日、朝より東風強次第巽に廻、南風に成、大風大抵の風、同日は昼源光院より茶案内有之居候へ共、夕飯後遅く参

無足頭浅山清兵衛

七月三日、山崎五右衛門先日より御馬廻頭に転役にて、跡浅山清兵衛無足頭に役成有之、今日初面会、朝五つ時過より罷出

異船渡来物出方

同五日、殿様長崎御越坐御発駕の所、已後長崎より大早着、白帆見候由、註進有之、御館惣出方の由、藤田文兵衛も先日長崎より帰着致居申候処、又々明後七日出立被仰付、御馬廻休も追々海陸出立、近辺山中甚六明朝出立之被仰付有之

同十四日、殿様長崎より御帰座、異船無事出帆致候由、林孫兵衛も御供にて参、帰着、御番手も追々帰船

八月九日、尾張大納言様御逝去に付、普請三日、昨日より鳴物十日停止の旨御触来、八月六日大風当年今迄三度吹

紅葉八幡宮神事能

九月十一日、紅葉八幡宮御神事能、又々当年より始る、二年の間止

同十二日、浦下総守老母死去の旨知せ来

同廿九日、藤田文兵衛先祖二百回忌、大通寺にて法事、父子共参寺

遠忌相済祝賀

同卅日、文兵衛方遠忌相済候祝賀に付、家内共に参

十月二日より、桜井へ参、同十五日迄居り帰る

十一月十四日、御小人善助病気養生不叶死去致、十歳より召仕当年廿八歳、去々年より発病、

月番頭田代半兵衛

弘化三年

熊次郎御褒詞

仁孝天皇崩御

様々様体変、終り蠱脹の病体に相成、遂に不痊落命
十二月十九日、月番頭田代半兵衛殿宅へ呼出しにて、去年の通、儀兵衛鎗術御館稽古皆勤致候段、達御聴候段の御達、御月番へ御礼に参引取
同廿九日、来年始御礼被為受候に付、五つ時揃の旨触状来る

○弘化三年丙午　徳泰六十二歳　儀兵衛二十六歳　政女二十三歳　竹女二十一歳　熊次郎十五歳

正月三日、御礼被為受候得とも、痛所にて引入届致不罷出、昨二日藤田文兵衛長崎四番々乗船に付、儀兵衛波戸場迄参
同七日、大川十之進御用召にて、御足軽頭被仰付
同八日、学問所開講、熊次郎罷出、例年の通御褒詞有之
同十五日、松囃子見物、御城内へ参
二月十一日、宗旨判形、頭衆宅にて仕舞
同廿五日、大川宗喜居士三回、於吉祥寺法事、儀兵衛参寺致
三月朔日、御触来、主上御不予の所、御養生不被為叶、去る六日被遊崩御候旨御到来有之、右に付、公義より御触通、日数五日、今廿九日より来月四日迄、普請・鳴物停止被仰付候事
同三日、作事止御停止中に候得とも、御館御帳は立候由、如何の事歟不審
同十五日、早川善兵衛御用召にて、大休御免被仰付、悴勝兵衛心得方宜候段、御褒詞有之候事、

年行司預手形似せ、部屋住五人廃嫡、揚り屋

大目付衆宅詮議

身退願書差出

恐入差控及ばず

儀兵衛今日同所へ参

同廿六日、安見磯十郎御用召にて、御足軽頭被仰付候事

同廿八日、藤井九左衛門殿御用召にて、御小性頭再勤、御城代頭格被仰付、七百石当り御合力米八十俵宛り年々被下候段知せ来

五月廿三日、早朝某起出候処、遠賀郡尾倉村庄屋柴田理助来、去る廿日より出郷、藍嶋へ参、夫より志賀嶋へ参詣、昨夜夜通しに爰元浜へ着候由にて、四人連にて来泊、同廿五日昼より太宰府参詣致、直に帰宿致由にて発足

閏五月十八日、夜阿川源一郎・中川理右衛門、中老衆へ御預に相成、明石元太郎抔と同様、只今迄一族預にて逼塞被仰付置候、外に部屋住五人廃嫡にて揚り屋へ参候、年行司預手形の切手似せ拵候風説に因る也、右の面々中老衆にても御詮儀、部屋住は桝木屋にて拷問有之、隙取急に不相済候事、明石元太郎儀は同類と申風説にて逼塞に相成居申候処、近来肝腫の病症とに相見、近来は大目付衆宅詮儀も二度罷出、已後は罷出不申候故、模様不相分候故歟、此節御預にも不相成候事

同廿四日、御触来、紀伊大納言様御逝去御到来有之に付、作事三日、鳴物七日停止の旨、去る廿三日より廿九日迄也

六月朔日、朝頭宅へ参、身退願書差出し候処、頃日引入に付、明後日差出可申旨、取次より申談候事、帰路に磯十郎・孫兵衛・久兵衛へも参、知せ置候事、同二日金龍寺へ参寺致、早川善兵衛方へも知せ置

同三日、夕飯後頭浅山清兵衛殿より差出置候願書、御月番又之進殿御請取置に相成、尤恐入差

異船（フランス）渡来

斉溥公長崎越座

祇園山笠町夫人足出多、祭礼延引

吉田久大夫職分成

桝木屋役所

隠居、悴徳吉家督拝領

控に及不申候段申来
同九日、去る六日より長崎へ異船相見へ候旨、注進有之、藤田文兵衛も一番々差越、船路差立、大川十之進も同断、陸路の面々も追々出立
同十日、長崎へ播磨殿〔黒田一整・家老〕も出立、御馬廻二番立の面々も明日迄出立
同十五日、殿様長崎御越座御発駕
同十六日、博多祇園山笠、頃日町々夫人足出候事多、昨日祭礼延引、今日に相成候事、殿様長崎御越座、肥前浜崎駅迄御出にて、御引返しに相成、暮て御帰館被遊候事、同廿日長崎御番船皆帰船、異船速に帰る
同廿二日、中老吉田久大夫殿、去る七日職分成りに付、今日祝儀に参
同廿八日、阿川源一郎桝木屋役所御呼出にて、御暇被下、橋口へ牢舎被仰付
七月十九日、明石半十郎方にて明石一族打寄、江守久兵衛、元太郎暮方世話致し助力の相談有之、朝飯後より早川善兵衛同道にて参
同廿四日、往早川善兵衛・江守久兵衛朝飯後帰、夕飯後頭浅山清兵衛殿より御切紙到来、明後廿六日四つ時御用の儀有之候条、悴儀兵衛召連御館へ罷出候様、御月番久大夫殿〔吉田利尚〕被仰聞候旨、申来に付、追々一族中近辺へ知せ致
同廿五日、所々使遣、夜暮頃より電光強、雷鳴軽く、四つ頃より迅雷強三・四声、鳥飼宮社前楠の側に墜《ヲツル》
同廿六日、名代林孫兵衛、儀兵衛召連罷出候処、隠居願の通被仰付、悴儀兵衛へ家督拝領被仰付、無足組被差加候旨、御月番久大夫殿被仰渡候事、引取廻勤、八つ過帰宿、一族知音会祝

剣術目録相伝

立春

夜四つ頃相済候事、翌日初面会相済、組合是迄の通、翌日より日々一族中知音廻勤致候事
八月三日、三苫伝次郎・谷仲栄より手紙来、一族吉富洞雲近来癪気手強差発、不約りの儀も間々有之に付、急に相談致儀有之候条、同方へ参呉候様申来、儀兵衛早速参
八月九日、除居候御扶持方米、頃日御蔵へ証拠付け置候処、今日受取、米四俵三斗
同廿五日、源光院隠居毫隆法印去廿日遷化、初七日今日茶案内有之参る、同廿七日昼より松源院・源光院・感応院案内致被参、何も暮て帰
九月廿八日、倅儀兵衛三宅三兵衛方剣術目録相伝致
十月八日、夜明石元太郎桝木屋役所へ御呼出しにて、名代明石半十郎罷出候処、御詮儀筋にて昨年来逼塞被仰付置、被遂御詮儀候処、船越何某父吉右衛門へ致同意、不正の品取扱候に付、御奉公の身分有之間敷儀に付、御切扶被召放候旨被相達候由、明石半十郎参り知せ候事、今夕翌朝共儀兵衛参候て世話致候事
十二月九日、桑野喜右衛門姫嶋定番被仰付置、明日引越しに付、今夕家内共此方へ泊り、翌朝出立致候事
同十六日、夜林孫兵衛方先頃より出生の小児、疱瘡にて養生不叶死去致候事
同十九日、立春、土用中、極暖気にて寒を覚へす、廿日已後少し余寒に成る
同廿一日、餅搗例の通
同廿九日、吾は廻勤不致、参寺計

あたし野の露

234×135㎜

あたし野の露

安見氏婦人騂子《ふじんせいこ》は壬生忠岑《みぶのたゞみね》の後胤《こういん》安見鼎臣弼《ていしんたすく》が女《むすめ》にして　其《その》居《を》る所《ところ》を携琴堂《けいきんどう》といひ、其人の名《な》を葵陽《きよう》といへり、廿歳《さい》にして世を早《はや》ふし、号珠月《かうはじゆげつ》恵《ゑ》玉《ぎよく》信女乎

飛鳥川《あすかかわ》の淵瀬《ふちせ》定《さた》めなく、きのふは信女《しんによ》がせたけのび、おとなしやかなる行末《ゆくすへ》をのみ悦《よろこ》び、けふはあだし野《の》の露《つゆ》と消《きえ》にしかなしみ、むねに千振《ちふり》の剣《つるき》をうけ、背《せ》に万斤《ばんきん》の盤石《ばんじやく》をおふとも、いかでかたらんや、仏《ほとけ》の説給《とき》ふもろ〳〵の地獄《ぢごく》のくるしみをひとつに集《あつむ》るとも、かくこそあらめ、されども猶火宅《なをくわたく》の家《いえ》を出やらぬつみの程《ほと》ぞかなし、せめてやは、其人《そのひと》の忍《しの》ばるゝとぐそくどもかれこれとりいでし中に、年頃口《としごろくち》ずさみ置《をき》ける反古《ほぐ》ども見出しぬ、つたなき言《こと》の葉《は》煠《りふり》となしなんは、信女《しんによ》が志《こゝろさ》しなるべけれど、なき人の言《こと》なれば、なつかしさに人の笑《わらひ》もわきまへなくかき集《あつ》めしを、哀《あわれ》におもふ方々《かたく》、からうた・大和歌共《やまとうたども》あまた給《たまは》りぬ、かなしき中《なか》にもわりなくうれしさに、一とちとして信女《しんによ》が牌前《ひぜん》に備《そなへ》て

あたし野《の》の　露《つゆ》はゆふへに　置《をき》かへん
消《きえ》にし人は　またもかへらて

と思ひよりぬれは、此本《このほん》をあたし野の露とや見む

扣角斎

立《たつ》　春《はる》

携琴堂《けいきんどう》

一夜《ひとよ》明《あけ》て　けふたつ春《はる》と　池水《いけみす》の　いかにしれはや　氷《こうり》とくらん

霞《かすみ》

消残《きえのこ》る　たかねの雪《ゆき》も　いつしかに　かすみにこもる　おちこちのやま

海辺霞《かいへんかすみ》

藻塩《もしほ》やく　海人《あま》のけふりの　それならて　うらやまかけて　かすみたなひく

朝《あした》　鶯《うくひす》

たちのほる　春《はる》の日影《ひかけ》も　長閑《のとか》にて　今朝《けさ》はまかきに　うくゐすのこゑ

梅

あかす見む　梅《むめ》のにほひの　はな衣《ころも》　幾重《いくゑ》か春を　かさねきつらん

梅移水《むめみすにうつる》

池水《いけみず》の　そこにも春《はる》や　匂《にほ》ふらむ　みきはのむめの　かけをうつして

隣家梅《となりのむめ》

中垣《なかかき》をへたてゝ匂《にほ》ふ　むめのはな　ちらさぬほとの　風もこよかし

残《のこる》　雪《ゆき》

けふよりも　またるゝ花《はな》の　色《いろ》と見ん　みきわにのこる　春のしらゆき

夕帰雁《ゆうへかへるかり》

ゆふなみの　音もしつけき　海原《うなばら》や　沖《をき》にかすみて　かへるかりかね

青《あを》　葉《ば》

と丶めえぬ　花《はな》を名残《なごり》の　庭《には》の面《をも》に　青葉《あおば》をはるの　かたみとや見む

軒橘《のきのたちばな》

雨《あめ》とのみ　ふりゆく軒《のき》の　ゆふかせに　うちしめりつゝ　にほふたちはな

山家卯花《さんかうのはな》

山《やま》ふかく　ひとりしすめる　滝津瀬《たきつせ》や　たれしら玉《たま》の　かゝる卯《う》のはな

聞郭公《きくほとときす》

ほとゝきす　おのか故郷《こきやう》の　恋《こひ》しさを　おもひしれとや　なきてゆくらん

立秋《りつしう》

御祓《みそぎ》せし　御手洗川《みたらしかは》の　きよき瀬《せ》に　今朝《けさ》たちかはる　秋のはつかせ

七夕《たなばた》

入月《いるつき》の　かつらの竿《さほ》を　たなはたの　とりあへすしも　船出《ふなで》するら舞《らん》

ひとゝせを　かそへつくして　七夕の　けふのゆふへを　まつや久しき

織女《をりひめ》に　なれも手向《たむけ》と　呉竹《くれたけ》の　葉《は》すゑにかかる　蜘《くも》のいとすし

七夕《たなはた》の　雲《くも》の玉床《たまとこ》　けふはかり　ちりをなすへそ　あまの川なみ

十五夜

こよひてふ　月やちさとの　外《ほか》までも　なをあまりある　ひかりなるら舞

海上月《かいせうのつき》

出《いて》るにも　入《いる》るにもさはる　山《やま》もなし　ふねになかむる　海《うな》はらの月

古郷月《こけうのつき》

誰《たが》か住《すみ》し むかしの跡《あと》を 来《き》て見れは こゝろほそくも すめる月かけ

秋 月

山の端《は》も またすや色《いろ》に 出《いで》ぬらん 月のかつらの あきのゆふくれ

残《ざん》菊《ぎく》

うつろひて 見増《みまさ》る色《いろ》や しらきくの あはれのこるも 日数《ひかず》やはおる

薄《すすき》

ふくたひの 風《かせ》によりくる いとすすき うちはへてしも 色そことなる

闇夜烏《やみよからす》

ゐる月《つき》の あとなうらみそ うは玉の くらからすやは おのかすかたも

時雨《しくれ》

いまは世に 我身《わかみ》しくれと ふりすてゝ 色《いろ》に出《いつ》へき 言《こと》の葉《は》もなし

枯《かれ》野《の》

色《いろ》も香《か》も かれゆく野路《のぢ》の 露《つゆ》はかり たもとにのこる 冬《ふゆ》そわひしき

紅葉《もみち》

秋《あき》もやゝ ふかく成行《なりゆく》 もみちはの しくれをまたぬ 朝《あさ》な夕露《ゆふつゆ》

雪《ゆき》

さむしろの さえ侘《わぶ》る夜《よ》は 明《あけ》やらて 雪《ゆき》にそしらむ 閨《ねや》のひま〳〵

除《じょ》夜《や》

いつも聞《きく》 ものなりなから わひしきは としもかきりと ゆふくれのかね

寄山恋《やまによするこい》

まよはしと　おもふこゝろは　くらふ山　恋路《こいぢ》そやみの　はても知《し》られす

不言恋《いわざるこい》

恋《こい》しさは　いはてふるやの　さゝかにの　糸《いと》うちみたれ　とくおりもかな

よしや身の　誰《たれ》にとはれん　むくら生《を》ふ　丹生《はにふ》のこやの　秋《あき》のゆふくれ

恋《こい》しさを　忘《わす》れやはすると　うたたねの　ゆめさへかなし　君《きみ》のおもかけ

述《しゆ》懐《くわい》

かくとたに　いつまて草《くさ》の　いつまてか　ひとりふし戸《と》の　月《つき》を見むとは

流《なか》れゆく　身《み》は捨小舟《すてをふね》　しつむとも　あはれととはん　人もあらしな

寄草述懐《くさによするしゆつくわい》

哀《あわれ》なり　こゝろのうきは　しのふくさ　しのはれぬ身《み》の　世《よ》にしすまへは

寄花思《はなによするおもひ》

はなにのみ　かこちしものを　春《はる》かせに　散《ちり》なんのちの　おもひとはしれ

無《む》常《しやう》

はかなしや　うつゝに見えし　ことも猶《なを》　過《すぐ》れはあたな　ゆめとなるもの

亡母《もうぼ》の鏡《かゝみ》を見て

年経《としへ》ても　いとゝ思ひの　ます鏡《かゝみ》　かけたに見えぬ　人そこひしき

文月中《ふみつきなか》の五日、亡母の御墓《をんはか》に灯籠携《とうろうたずさ》へ詣《もふ》てゝ、世にも早ふはなれまいらせし事のかなしさ、草葉《くさば》にむすふ露《つゆ》の玉《たま》、袖《そで》の雫《しつく》折《をり》から一時雨《ひとしくれ》のふりけれは

鈴鹿山《すゝかやま》　ふりすてられし　身《み》にしあれは　なみたの雨《あめ》は　はるゝ間《ま》もなし

貞相院寿松大姉《ていせういんしゆせうだいし》の住《すみ》給ひし庭《にわ》に植《うえ》られし紅菊《かうきく》の其主《そのぬし》は遠《とふ》き境《さかい》におもむき給《たま》へとも、花《はな》は残《のこ》りてさかりなるを

おきすてゝ　消《きえ》ゆく露《つゆ》の　跡《あと》にたゝ　ひとりこかるゝ　庭《にわ》のませきく

はからす病《やま》をうけし頃、星《ほし》の飛《とぶ》を心《こゝろ》ほそけにかたへの人に人魂《ひとたま》の飛《とふ》もかくやと尋《たつね》しに、由《よし》なき事のたまふなと答《こた》へしに

八月廿九日

ゆく星《ほし》の　かけきえ〳〵に　みゆる哉　我《わ》かたまの緒《を》も　いつかかくなん

かくて死せは、念仏作善《ねんふつさぜん》の功徳《くどく》もなく、死手《して》の道《みち》おほつかなくこそ侍れとて

九月朔日

きえてゆく　そこともわかぬ　やみちには　越《こ》へやうからむ　死手《して》の山《やま》みち

三ツ瀬河渡《かわわた》さん人もなく、いかてかの岸《きし》にいたらんとて

九月二日

三ツ瀬川　たれをしるへに　わたらまし　御法《みのり》のふねを　まちやわひなん

ひとり塚《つか》の主《ぬし》とならは、松風《まつかせ》より外音信《ほかをとつれ》もなく、かなしからんとて

九月三日
ひとりのみ　野路《のぢ》の苔地《こけぢ》に　埋《うつも》れて　きゝこそわひん　まつかせのをと

天満神の御宮にて
梅《むめ》か香《か》や　しめの外《ほか》にも　神《かみ》の庭《にわ》

箱崎《はこさき》に詣《もふ》てゝ
春風《はるかせ》の　神松高《かみまつたか》し　千代《ちよ》のこゑ

親《した》しき人の懐妊《くわいにん》せしを語《かた》らて、着帯《ちやくたい》の祝《いはい》とて赤飯《せきはん》を送《をく》り給《たま》はりけるに
こわいひや　けふあらはれし　いわた帯《をひ》

霜《しも》の朝《あした》
をく霜を　はなかとまかふ　こすえ哉

是法院了得日成居士《ぜほういんりやうとくにつせいこし》自《みつか》らいとけなき□□〔破れ〕あはれみふかゝりしかは、わりなく思ひ奉りしに、おもひかけす此睦月初《このむつきはしめ》の八日《やうか》に世を去《さ》り給《たま》ひぬ、初七日《しよなぬか》御墓《をはか》にもふてゝ、泪《なみた》のひまにかくなん
あわ雪の　消《きえ》ては袖《そで》に　もる雫《しづく》

○嵐《あらし》静《しつか》に吹渡《ふきわた》るなり
まつむねに　火《ひ》をたき添《そへ》し　鶏《とり》の声《こゑ》

○また止《やま》ぬそや〱

姑女《しうとめ》の　機嫌《きげん》おりこむ　夜《よ》なへ機《はた》

○にきはひそする〱

取出《とりだ》しも　幸《さいわ》ひ村《むら》の　疱瘡時《ほうそとき》

○嵐《あらし》の渡《わた》る梢《こずゑ》そよ〱

ねやふけて　別《わか》るゝ夢《ゆめ》の　思《をも》ひさめ

○思ひ出しけり〱

ふるとしの　松露《せうろ》の砂《すな》を　ふるひ袖《そて》

○おちかゝりけり〱

せめあくむ　手《て》たても勢《きを》ふ　文《ふみ》の城《しろ》

○かゝへこそすれ〱

生国《せうこく》は　しらねと安《やす》い　奉公人《ほうこにん》

○とめられもせす〱

ふり袖《そて》は　もふ似合《にあはね》と　主《ぬし》つかす

○嬉《うれ》しかり　是より点引句

情《なさけ》見かへる　雪《ゆき》の晴《はれ》

○思はすに

娘《むすめ》か縁《えん》て　さす刀《かたな》

○ふとひもの

手代《てたい》の数《かす》も　いろはよせ

○又出《またて》たそ
誰《たれ》てもこつち　乞目打《こいめうち》

○つつておく
譲《ゆづ》る子《こ》は　持《もた》たねとおしむ　袖《そて》のふり

○はつす
野《の》わけは蜘《くも》の　餌《ゑ》うしなひ

扣角斎

○人の親《おや》のまよふ心《こゝろ》の闇《やみ》はいへはさらなり、珠月恵玉信女《しゆけつゑきよくしんによ》は下官《やつかれ》かひとりの女子《しよし》なれは、世になきさまにかしつき、犂牛《りぎゆう》のたとへを引て、騂《せい》となん名つけたり、いひつゝくれは片腹《かたはら》いたき事《こと》なから、かたちみにくからす、心さま打やはらき、おうなのしわさもつたなからす、折ふしは浅香《あさか》山のあさはかなる言《こと》の葉《は》もつゝり、聞へしかは、老《をい》らくのうさをなくさむたつきとも思ひしに、過つる葉月《はつき》の末《すへ》つかた、かりそめにわつらはしかりけれは、おとろき、くすりの事なとこれかれ取あつかひ、神《かみ》に仏《ほとけ》に祈《いの》りけれと、えさらぬ道《みち》にや、其《その》しるしなく、ふつか、三日《みつか》の程《ほと》にいとよはくなり、菊月初《きくつきはしめ》の五日《いつか》はかなく失《うせ》ぬ、とゝむへきよすかもなく、したひ行《ゆく》へき道《みち》もあらす、しはしは夢《ゆめ》かとのみたとられ、思ひしつむるに、さむへきうつゝならす、面影《をもかけ》は身に添《そい》て、はなれかたき物から、ものいはす、語らぬのみそうらみなる
立《たち》そへと　あるにもあらぬ　おもかけや　ひとりふせやの　なけきなるら舞《らん》

さきたちし　歎《なけ》きのみかは　あふ事《こと》も　この世《よ》はかりの　え《ゑ》にときく中

親《した》しき人のもとより、信女《しんによ》か日頃《ひころ》の事《こと》ともかきつらね、あまた歌《うた》とも給りぬ忝《かたしけな》さにつたなきを忘《わす》れて

なけきとふ　人の言葉《ことは》の　うれしさを　涙《なみた》もよきに　袖《そて》につゝまん

同しく人の許《もと》より秀逸《しういつ》の句《く》を給りしに

いとゝなを　かはかぬ袖《そて》も　ぬれまさる　人の言葉《ことは》の　露《つゆ》のしつくに

我より先《さき》に同し思ひにしつめる人の許《もと》より、愁《うれへ》を問《とひ》給ひけるに

おもひきや　人のなけきを　我《わ》か袖《そて》に　おなしなみたの　露《つゆ》をかむとは

扣角斎

奉悼　恵玉君

生前花貌任《せうぜんくわほうまかす》レ秋風《しうふう》　二十年来一夢中《にしうねんらいいちむのうち》　現世形容何忘却《けんせけいやうなんそほうきやくせん》　不知魂魄入蒼穹《しらすこんはくいるそうきゆう》

右

槇斎《しんさい》　木牧素敬《そけい》　艸

安氏之貴女騂子《やすうちのきじよせいし》　薨後《かうご》已《すでに》至《いたる》二七々関日《くはんのひに》一　為《なす》二祭典之辞《さいてんのことは》一也《や》　戒名号《かいめやうかうす》二珠月恵玉《しゆけつえきよく》

信女《しんによ》一 仍《よつて》以《もつて》二 其字《そのじ》一 賦《ふ》二 句《く》上《せうに》一 言爾《ゆうしかり》

珠《しゆ》　蓮縁闇五蘊花《れんえんあんこうんのはな》
月《つき》　照《てらし》二 金台《きんたいを》一 結《むすふ》二 定跏《てうかを》一
恵《え》　性本来空即色《せうほんらいくうそくしき》
玉《きよく》　娃帰《けいかえり》二 得寂光家《えたりしやくかうのいえに》一

なきたまも　心《こゝろ》の月の　影《かけ》そひて　西《にし》に入さの　ひかりをそ見る
法《のり》の道《みち》　こゝろの月も　みかけなを　恵《めく》みつきせぬ　玉の台《うてな》に

小森俊淳
拝上

安見氏の御娘《をんむすめ》、せゐしとかや聞へ給ひし君の、いまた深窓《しんそう》のかしつきにいましけるか、容色《やうしよく》のみやひ世にすくれ給ふのみか、才さへ人にこえおましませしかは、聞伝《つた》ふる人までもよ所なから、いつくしみふかくのみそ侍しに、かりそめの病《やまい》に臥《ふし》給ひて、日数さへしはなきに、長月《なかつき》五日なやみおもらせ給ひて、御齢《をんよわい》はたちにもみたせ給はす、暮行秋《くれゆくあき》の名残《なこり》とともに、枯野《かれの》の露と消《きえ》給ひぬ、いまはの限りにもこゝちたゝしうしめやかに、御跡《をんあと》のことわさまてもおさ〳〵敷《しく》、ねもころにいひ残し給ひしとなん聞ゆ、たらちねはいふもさらなり、ゆかりの人々の御心の中いかはかりかは、たまさか一とせにひとたひも其御面影《をんをもかけ》をたに見まいらせさりし我輩《わかともから》、老《をい》たる母《も》、

心なきしもふとまて、ふかくあはれにしつみつつ、袂《たもと》をしほるはかりにて、世のはかなさも今さらのやう也

はかなしや　若木《わかき》のはなも　ひとときの　あらしの塵《ちり》と　けふは見なして

さかりにも　またき梢《こずゑ》の　はつはなも　あらしのとかと　なす世はかなき

今秋の末にあたりてこと葉の式《しき》には侍らさらめと、人の御齢《をんよはい》を譬《たとふ》るの例《れい》なり

と、めえぬ　終《つい》のわかれは　おほけれと　か、るなこりの　人そすくなき

人の命《いのち》はしら糸の、くりかへし〱御ゆかりの人々の御歎《をんなけ》きおもひやりまいらすにつけて

夢《ゆめ》ならて　又いつの世に　おもかけを　みつの車《くるま》の　めくりやはあふ

諸人《もろひと》の　したふなみたの　たむけ水　のりのはちすの　露《つゆ》とたに見よ

無名子　上

安見姓の姫《ひめ》、かり初の病にふし、菊《きく》もいまた苔《つほみ》なるを待たて、遠《とう》きさかひにおもむき給へるを、悼《いたみ》奉りて

やかて咲《さく》　菊《きく》さへあるに　後《のち》の旅《たひ》

青陽庵《せいやうあん》

拝書

おもはすもなくなりし人のいとふしさ、あはれ世の人の死てもまた帰る事のあるならひならは、いかはかりかうれしかるへきにと、思ひつ、けてつたなき言の葉《は》を、

せめて手向となせまいらせたく

咲《さき》かへる　ならひもかなや　秋の華《はな》

木まき　染羽尼《せんうあま》

なき人の口すさみ残りし言の葉《は》見るに、今さらの様《やう》ふ思はれ、袖《そて》のしからみせきあえて、かく書《しる》しつけぬ

言《こと》のはの　主《ぬし》は名《な》のみや　袖《そて》の露《つゆ》

木まき　染羽尼《せんうあま》

〔異筆〕「安見氏の　御息女早世せられしに、其人存生の時よみおかれし和歌なとあつめられしを一巻につらねおかれしを、諸君たち各追善の和歌をよまれしを見侍りて、何となくかなしくおもひ侍りしま、に、やつかれか、れひの雑歌をよみてくわえしは、けんの玉樹のたとへならんかし

墨染の　袖をそぬらす　秋の露　いつれはかなき　人の俤

円応寺隠居　円海艸明」

宝暦十二壬午九月

安見鼎臣弼誌

「〔異筆〕あまたのとしを経て、此詠草を見侍りて我かくなん
見るたひに　袖こそ濡るれ　あたし野の　露は涙の　玉の言の葉
幾《いく》とせを　経るとも消へし　あたし野の　露にたもとを　しほりやはする

序

此冊子を見るたひ巻を掩いて涙を拭ひぬる事久し故に、我及すなから俚舞をつらねて、追悼を述るといふことしかり

静観堂　野叟

弘化の年はしめ

追加

なき人の　残し置ける　ことの葉の　朽せぬかきり　露そおきそふ
あらさらん　後忍へとや　残し置く　言の葉くさの　あたしのゝ露
あたし野の　露ときへにし　なき人の　形見も見よと　のこすことのは」

安見家三代記関係略年譜

西暦	和暦	全国	福岡藩関係	安見家関係
1705	宝永2		閏4月、諸士簡略を令す	知止軒安見有定「筑陽記」著、益軒序文書
1707	4	10月、東海大地震。11月、富士山噴火	5月、光之逝去。「黒田家譜」一五巻献上。博多芥屋町船頭など三人朝鮮漂着	
1709	6	1月、綱吉薨去。5月、家宣将軍宣下	無足組扶持支給遅滞困窮	
1711	正徳元	朝鮮通信使来聘	6月、綱政逝去、宣政襲封。8月、通信使相島着、竹田春庵など韓客と唱和	
1713	3	3月、幕臣の奢侈戒。4月、家継将軍宣下	2月、諸士・在・町・浦御能拝見。4月、家臣に倹約令、振舞・祝儀寄合一汁三菜など。9月、家臣に教令	
1714	4	2月、幕府、唐舟との密貿易（抜け荷）禁止	4月、長清（直方藩主）一子菊千代（後継高）、宣政の養子とす。8月、貝原益軒死去	3月、弼、善大夫徳直嫡男として那珂郡春吉生
1716	享保元	5月、吉宗将軍宣下。幕府、漂着船対応の心得達す	4月、寧波船唐泊漂着。5月、唐人町大火	

西暦	和暦	全国	福岡藩関係	安見家関係
1718	享保3	長州・小倉・福岡、白島沖唐商船打払い	11月、伊崎より出火、簀子町など全焼	素仲（後木牧道益）生
1719	4	朝鮮通信使来聘	1月、無足組二組増八組となる。7月、相島大風破船、溺死多数。11月、宣政致仕、継高襲封	
1724	9	6月、倹約令、婦人小袖など値段上限定	1月、朝鮮漁船大島に漂着。8月、大風雨、山崩れ・田畠砂入、三万石損毛	安見有定死去
1725	10	2月、江戸火災	11月、荒戸より出火、薬院・今泉まで焼失大火	匡（後三木梅庵）生
1728	13	9月、江戸風雨・洪水	2月、福岡大火。10月、家臣勤休制度定。勤士、大組四〇人・馬廻組四〇人・無足組六〇人・城代組三四人	3月、兄弟四人痘瘡病
1729	14		6月、家臣衣類・食物・住居・器物等倹約令、目付出す。8月、大風雨、洪水。五万五〇〇〇石余損毛	春（後吉留玄庵妻）生
1731	16	2月、幕府倹約令	麻布・桜田類焼。郡・町・浦より銀子・米献上するが返却。館一部・家老宅書院など解き、江戸登る	11月、弼半元服
1732	17	中国・九州大蝗災。幕府恩貸金制度定	凶年人民多く死す。用達町人大坂・堺登り銀子借用、粥施行。飢人九万五〇〇〇人余	
1733	18	西国大疫病死者多数	1月、下の橋側目安箱設置。2月、孤児養育。春より領内疫病流行。4月、公米二万三〇〇〇石余受取	5月、父善大夫徳直死去。弼家督相続・無足組
1734	19	幕府小石川に甘藷を試植	2月、箱崎御茶屋など焼失。9月、用心除け米設置	駿河谷に移る。弟素仲木牧済庵養子。弼「徳直歌集」編む
1735	20	桜町天皇即位	7月、大風害。倉米より諸士に分け与う	5月、元服名市郎大夫。10月、

1736	元文元		10月、各奉行役所定達す	流益町移る 3月、荒戸五番丁権藤伊右衛門長屋に移る
1737	2	5月、江戸火災	4月、浦上彦兵衛屋敷等福岡城内火災。上の橋御門焼失	9月、昼夜廻り勤士勤む
1740	5	吉宗子宗尹に一橋家一〇万石創立	6月、若松大火。8月、大蝗災により減免の年貢・諸士の俸禄を旧に復す。城下六丁筋瓦葺・白壁命	閏7月、伊崎中町に普請移る
1741	寛保元		3月、蔵米大豆渡方定む。9月、鳥飼八幡宮祭礼能初興行	弟匡、亀井聴因養子
1742	2	4月、公事方御定書制定	8月、組外を側歩行と改める（宝暦九又改）。9月、朝鮮漂着の姪浜商船戻る。11月、芦屋浦大火	吉留玄庵女登身妻縁
1743	3		8月、国中大風害。継高厄入り祝いお囃子三番あり。亀井南冥出生	11月、お騂出生
1744	延享元	阿蘭陀商船半減命	8月、宣政死去。8月、大風。10月、香椎宮奉幣使、禁裏御祈祷	匡、亀井家不縁。8月、大風家吹倒。用心除銀拝借願。12月、伊崎普請
1745	2	2月、江戸白金邸焼 9月、家重将軍宣下	12月、阿蘭陀船長崎より帰帆遅滞、継高江戸参府初中国路通駕	
1746	3	3月、諸国巡見使下向	4月、豊後日田郡百姓騒動、藩足軽大頭・組頭・目付など差向	11月、大三郎出生
1748	寛延元	朝鮮通信使来聘	朝鮮人参栽培。11月、重政元服叙任	2月、匡、遠賀郡手野村医三木道琢家養子
1750	3	4月、桜町院崩御	6月、友泉亭乗坂切開浮組普請	
1751	宝暦元	6月、吉宗薨去	1月、朝鮮漁船漂着。6月、御宝蔵錠前封印切	

西暦	和暦	全国	福岡藩関係	安見家関係
			られ詮議	
1752	宝暦2		10月、五〇〇石以下諸士宝蔵銀拝借	12月、宝蔵銀一両拝借
1753	3	4月、幕府各藩に備荒貯穀命ず	2月、継高少将就任祝儀能、諸士・町人拝見。友泉亭普請始、翌年成就	
1754	4	3月、久留米藩上米反対等要求大一揆	5月、黒田美作一誠押隠居、三奈木村蟄居。9月、倹約令出る	8月、妻登身死去
1755	5	奥羽冷害により大飢饉、餓死者多数	8月、大雨・洪水・蝗害、五万石損毛。用心除銀貸し渡し、諸士所務米減、飢人救済	9月、弼、中村六兵衛女勝再縁
1757	7		6月、銀切手家中貸し渡し、七年賦、諸士一〇〇石に付四五〇め	5月、弼、御構台所目付
1758	8		6月、京都より鷲尾大納言公女下着、号御内所様。7月、倹約令。上ケ米免ず	
1759	9		5月、倹約令。10月、継高参府通行の所々音信・贈答堅辞す。11月、本丸銀蔵盗人銀一箱盗む	1月、弼、御構錠口助役
1760	10	5月、家重隠居、家治公将軍宣下	4月、欠略の法令。5月、中老中勤休制、四人勤、残り休。8月、甘木宿大火。10月、芦屋浦大火	
1761	11	諸国巡見使下向。9月、諸国神社改	7月、御馬立所・上下御橋に小百姓中より願書張り紙	12月、弼、湿瘡で番引
1762	12	7月、桃園天皇崩御、後桜町天皇即位	4月、目安箱置。役人勤方心得達す。7月、重政逝去、二六歳。秋大旱魃。9月、大組一二人・馬廻八人、勤士・日勤・平勤・休に分ける。郡奉行五人。倹約令	9月、お騂死去、二〇歳。「あたし野の露」編む。弼、御錠口・台所目付兼役
1763	13	朝鮮通信使来聘	5月、欠略仕法出る。7月、長経逝去、二二歳。	9月、弼、火災避難友泉亭御供

			9月、下の館焼失。11月、徳川刑部卿二男養子（後治之）	詰切り勤、御言葉御褒詞受く
1764	明和元		3月、新御殿建立のため、湊町大人・小児五〇〇人砂献上。4月、船町大災。8月、継高異見会再興	3月、弼、継高下国につき黒崎使者勤、台所目付兼役御免、御構作事年番
1765	2		1月、捨子養育料寸志米指出町人・百姓一二七人御台所で吸物・肴・酒頂戴	6月、家誉出生。9月、弼、継高居間建替普請受持
1766	3	2月、漂着船処置費用の件九州各藩通達	7月、治之従四位下侍従式部太輔任。寧波商船大島漂着	3月、弼、御内所様より財用方普請出精につき銀子拝領
1768	5	大坂打ち壊し	2月、津屋崎大火。3月、地震。8月、長政を祭神とす聖照宮遷宮、同代勤士家筋奉献御免	
1769	6	諸国風邪流行。7月、豊後・日向大地震	7月、風邪流行。彗星出。地震。12月、糟屋郡畝町宿大火。継高隠居、治之襲封	8月、弼、年番受持。9月、聖照宮拝参御免
1770	7	諸国大旱、凶作	5月、治之本丸諸士御目見、御盃頂戴。6月、彗星。6月、密貿易取締令。閏6月、須崎加子町大火	8月、弼、年番御免
1771	8	4月、後桃園天皇即位。7月、唐津藩農民強訴	2～3月、治之領内巡見。8月、倹約令。9月、盗賊奉行、足軽頭より二名受持	元旦治之御盃頂戴、継高御目見、御熨斗頂戴
1772	安永元	2月、江戸大火、桜田藩邸焼失	1月、治之襲封の祝い、老中招請。6月、継高七〇御年賀お料理・お酒・お肴頂戴	12月、弼、城代頭支配から御構頭取支配
1773	2		3月、吉田弾番父子失脚、家老中年番交代受持。6月、御内所様逝去。10月、御内所御殿・継高御居間解除く	7月、弼、京都鷲尾大納言へ使者勤。10月、御番入
1774	3		7月、寧波流船姫島着。12月、上方銀拝借、不如意諸士銀貸し渡し、二〇年賦切米上納	11月、弼、上方銀拝借御断り申上
1775	4		6月、継高逝去、七三歳。8月、欠略により中	10月、弼「黒田家譜早鑑」述作

西暦	和暦	全国	福岡藩関係	安見家関係
1776	安永5	2月、疫病流行	老中三カ年勤休定 1月、国中風邪疾病。2月、麻疹流行。5月、大雨・洪水田畑多損・人流死一〇〇人余	成就 3月、一族中不残麻疹煩う
1777	6	7月、長崎大風雨、長崎番所破損	5月、博多対馬小路商家裏に星落ち石となる。中に縦筋黒紫色。6月、志賀島大火	8月、伊勢田道益四男衛士養子願
1778	7	春三原山噴火。6月、肥後大津波	1月、志摩郡久家浦大火。大西片原町大火。城下付火続く。2月、地震。7月、地震。8月、地震、大風	5月より弼、「赤穂精義内侍所」四二冊写。「黒田歴代追号考」述作
1779	8	10月、桜島噴火。11月、後桃園天皇崩御	11月、大島に唐船漂流。志摩郡野北大火。12月、新宮朝鮮船漂流破船。12月、大雪平地尺余り	閏8月、厚姫様江戸立、餞別郡内縞頂戴。9月、勤御免、休
1780	9	11月、光格天皇即位	1月、神湊大火。6月、姪浜大火。9月、中洲畠で大相撲	4月、弼母八八寿算祝儀、祝儀歌・俳諧集まる
1781	天明元		1月、前原大火。7月、米田橋・湊町二尺程高潮。治之逝去、三〇歳。11月、京極家より養子(治高)	
1782	2	6月、長雨により九州大凶作	5・8月、大風・大雨損亡、家屋・船大破。治高逝去、二九歳。地震。10月、一橋家より養子(後斉隆)	2月、弼、「黒田古老物語」述作、8月、衛士離縁
1783	3	7月、浅間山大噴火。諸国大飢饉、飢死多	9月、家臣に文武奨励・倹約・上下和合等教示。12月、大島に朝鮮漁船漂着。野北浦大火・新宮浦大火	3月、早川忠七男十次郎徳宗養子願。4月、女家誉絹着用咎め。10月、弼母終命
1784	4	12月、米価高騰。公米船若松沖破船	2月、大名町・唐人町両学問所成就。6月、御納戸・御小姓・御組外・御側筒など大勢江戸交代	9月、徳宗、長崎支配勘定方御登り、前原より黒崎まで道案内

1785	5		1月、松囃子の者本町で大喧嘩八貫目過銀。2月、地震。10月、博多須崎大火、旱魃不毛村多数除米。12月、姪浜大火。大雪三、四尺凍死人	5月、徳泰出生。7月、徳宗長崎行。10月、徳宗長崎奉行病気見舞使者
1786	6	9月、家治薨去。諸国大凶作	6月、幕府目付領内通行。天候不順、七万石損毛	6月、徳宗、幕府目付領内通行、山家へ御使者勤。7月、普請目付博多泊御使者勤
1787	7	4月、家斉公将軍宣下。春・夏諸国大飢饉	夏麦作大損毛。5月、両市中救米二〇〇〇俵出す。蝗災抔により十余万石損亡	7月、弼「黒田新家譜」一六冊写終。7月、徳宗、支配勘定領内通行使者。8月、休士
1788	8	1月、京都大火	1月、一族外年始往来禁。2月、簀子町より出火。3月、愛宕下大火。4月、去夏兵糧寸志差出百姓など八七〇人余酒肴頂戴	2月、徳宗、二四カ月江戸給仕番命により江戸出立。5月、組外定助勤
1789	寛政元	5月、松前藩でアイヌ蜂起	4月、巡見使城下通行。7月、地震。9月、田畠満作、大山笠博多十余本、町奉行停止命、小児歌舞伎有り	1月、弼「安明間記」写。9月、「不動尊縁起誌」奉納
1790	2	物価引下命。5月、朱子学外異学講究を禁	1月、松囃子で福・博の者大喧嘩。12月、斉隆叙任	5月、徳宗、江戸より帰着。12月、お吸物頂戴
1791	3	9月、幕府沿岸警備・異国船処置命	3月、長崎用船船入り改修。6月、大雨洪水	3月、弼子大三郎手野村で死去
1792	4	3月、島原大震動	1月、野北浦・畝町大火。3月1日より毎日地震十余度。7月、大風雨、蝗害。11月、唐船地島漂着。12月、地震強	5月、弼「筑陽記」写。7月、大風家の土落・四壁垣倒
1793	5	10月、江戸大火	2月、地震。4月、倹約令、斉隆綿服着用	4月、弼死去、八〇歳
1794	6	1月、江戸桜田藩邸焼失	1月、長崎番所大砲試射。3・4月、斉隆領内巡見。5月東学問所、9月、西学問所で論語講談を聴く	

西暦	和暦	全国	福岡藩関係	安見家関係
1795	寛政7	6月、福岡藩などに朝鮮漂流漁船取扱令	2月、斉清誕生。6月、斉隆逝去、一九歳。斉清襲封	6月、女子喜美（後林孫兵衛妻）出生
1797	9	9月、対馬沖異国船数隻来る	1月、学問奨励。5月、産子養育仕組定む。7月、大雨城下洪水。11月、山鹿大火。12月、芦屋村大火	徳泰元服。11月、西学問所入学
1798	10	3月、長崎蘭館火災。10月、阿蘭陀船沈没	1月、唐人町等大火、西学問所焼失。3月、長崎番所に石火矢・車台など献上。7月、武芸稽古所建つ	
1800	12		9月、斉清江戸参府。12月、台命により「黒田家系譜」を提出	1月、徳泰東学問所入学。3月、剣術入門
1802	享和2	7月、諸国洪水。東北農民の強訴・打ち壊し続く	4月、文武奨励。5・6月、大雨洪水、米損毛。12月、家中拝借金の返納を免	4月、女子千代（後大川喜左衛門妻）出生
1804	文化元	9月、魯西亜船長崎入津商売乞う	4月、香椎宮奉幣使来る。祭礼夥しく参詣。5月、洪水。8月、暴風洪水。藩長崎非番、台場警備	香椎宮座主智宏（弼甥）奉幣式列席、後大島流罪
1806	3	3月、江戸大火	6月、長崎にて藩の加子二人に市人疵を負わせ、藩より長崎代官に届ける。12月、家臣切手貸渡	1月、徳宗到来奉行、江戸詰命。2月出立。10月、徳泰馬術入門
1807	4	4月、長崎にアメリカ船入津	6月、大雨洪水・山抜け堤橋損す。田畠砂入損毛	
1808	5	8月、英船長崎入津（フェートン号事件）	1月、津屋崎浦大火。8月、福岡藩長崎出兵。長崎警備を強化。9月、斉清元服叙任。領内に烽火台設く。12月、石火矢役・大筒役無足組増す	
1809	6		3月、志賀島大火。夏旱魃により損毛。無足組	2月、徳泰通称重八と改名。5

1811	8	8月、囲米命	休士より長崎詰方始 4月、斉清長崎巡見。3月、穂波郡大庄屋打ち壊し。6月、斉清学問所参観。12月、洪水損亡。倹約令	月、徳宗、江戸より帰着 10月、徳宗退役願、翌月許可
1812	9		3・4月、斉清領内巡見。8月、長崎奉行依頼により不法唐人捕らえのため藩士派遣	7月、徳宗死去。9月、徳泰遺跡拝領
1813	10	後桜町院崩御	2月、唐・朝鮮漂着船取り扱いを定。夏旱魃、損毛。6月、斉清学問所で会読聞く	3月、徳泰学問所加勢見習命、平勤当り。番入り、4月、長崎番出役差除、智宏流罪免
1814	11	11月、小倉藩騒動	3月、亀井南冥死去。4月、断絶した旧家臣三二家を復す。8月、大雨洪水。10月、内野大火。旱魃により貯米放出	
1815	12		4月、東照宮二〇〇回忌参詣賑わう。11月、城下浜の町・大名町等大火	5月、斉清婚礼済祝儀、吸物・お酒頂戴
1816	13	6月、長崎大火	7月、西浦大火。8月、大風雨災害、減免。11月、朝鮮商船相島沖漂着。11月、諸士一統拝領米	12月、拝領米九俵余受取
1817	14	仁孝天皇即位	5・10月、学館御入、会読聴く	11月、徳泰妻縁
1818	文政元		2月・9月、学問館御入り。大名町に郡役所・山方役所普請成就	12月、祖母、八〇歳、御菓子拝領
1819	2	10月、長崎奉行より異国船旗印絵図渡	閏4月、御館で会読。11月、学館御入。12月、職人町・大名町・薬院御門まで大火。青柳駅大火	12月、徳泰指南加勢役助、日勤、隔日番になる
1820	3		3月、学館御入。4・9月、会読聴く。8月、黒田美作撰挙御用受持。12月、大島浦大火	6月、徳泰指南加勢役
1821	4	3月、長崎唐人屋敷の中	8月、大風雨。9月、郡浦仕法替、町奉行は寺	5月、御館で詩経会読斉清聴く。

西暦	和暦	全国	福岡藩関係	安見家関係
		国人奉行所に乱入	社受持、郡奉行は浦方受持。大名町に町役所建	徳泰会読問者勤。11月、猪之吉出生
1822	文政5		2月、御館で中庸会読聴く	8月、徳泰、指南加勢役一〇〇石当り。大目付支配
1824	7	7月、英捕鯨船薩摩に渡来、狼藉	5月、御館で会読会。11月、唐泊浦大火。12月、西浦大火	2月、お政（後塚本三右衛門妻）出生
1826	9		8月、市中義倉講立つ。12月、春吉大火	4月、竹出生。9月、桝木屋屋敷求める
1828	11	長崎入津蘭船、9月に大風雨破船、出帆延	5月、斉清、シーボルトに会う。8月、大暴風雨二度、城下圧死数百人。9月、家臣救銀、免下、秋米払底	3月、祖母、九〇歳、藩より菓子拝領。9月、救銀受取。12月、講取当たる。桝木屋普請用
1829	12	3月、江戸大火	2月、斉溥学館にて論語輪読聴く。8月、家臣所務米半減。11月、斉溥学館来る	2月、祖母死去。4月、伊崎住宅売る。6月、桝木屋普請出来、移る
1831	天保2	7月、萩藩銀札制度等反対で六万人騒動	1月、朝鮮漁船地島漂着	10月、妹千代、大川喜左衛門後妻
1832	3	7月、久留米藩大庄屋など打ち壊し	9月、大風雨。9月、家臣お救に銀札一〇〇石に付一貫目拝借	2月、熊次郎出生。8月、徳泰学問所指南本役助勤。9月、南廂受持
1833	4	奥羽・関東飢饉（天保大飢饉）	6月、御館で論語会読。10月、御館で唐鑑会読	1月、猪之吉、一三歳、学問所入学
1834	5		1月、目医者白水養禎召出、御救方仕組立。4・8月、斉溥、学館で会読聴く。11月、斉清隠居願出す	6月、御救役所で貸渡しの銀札受取

1835	6	長崎唐商人暴動	4月、斉溥家督後初下国、自祝として金子拝領	5月、拝領金御救役所で、知方六両、切扶三両二歩受取
1836	7	大凶作・諸国飢饉	2月、斉溥家督祝儀、お料理頂戴。3月、学館御入り、孟子会読。4月、御館で唐鑑会読。11月、損毛上米	2月、御料理、慣例通り藩主手ずからかまぼこ頂戴
1837	8	2月、大坂町奉行与力大塩平八郎乱を起	6月、学館御入り孟子会読聴く。11月、御館で会読聴く	11月、徳泰二石加増、二七石六人扶持
1838	9	3月、江戸西の丸炎上	1月、御館で唐鑑会読。3月、学館御入り、小学会読聴く	1月、唐鑑会読後お酒・お吸物頂戴。3月、猪之吉小学講。9月、母終命
1839	10	奥羽飢饉	5月、春吉火災。9月、家臣半所務。11・12月、朝鮮船大島・勝浦漂着	
1840	11	12月、光格院崩御	6月、学問所総裁竹田茂兵衛死去。大水・山抜け・家流れ・人死ぬ。田畠永荒地夥。家臣所務減	
1841	12	2月、家斉薨去、天保改革始まる	1月、拝借銀上納免。5月、学館御入、論語会読聴。6月、借財道付方仕組立。10月、学館御入、論語会読聴	6月、道付方前拝借米三カ月分受け取る
1842	13	7月、異国船打払止、薪水・食料給与	2・3・4月、御館で唐鑑会読。2月、須崎町大火。5月、御館唐鑑済む。8月、政事改正達。10月、家臣存寄書出す	5月、唐鑑終了後御吸物・御肴・御酒頂戴。7月、貸渡差紙四貫四〇目受取。徳泰存寄書提出
1843	14	天草農民打ち壊し	1月、倹約令達。松囃子質素、作り物無し。5・10月、学館御入、孟子会読聴く。10月、風邪流行	5月、熊次郎学館へ入門。9月、心付米受取。12月、学問所知方当止む
1844	弘化元	6月、阿蘭陀船国書持参、開国勧める	3月、学館御入り、論語会読聴く。6月、長崎異船来る	4月、徳泰退勤願、桜井浦下総守悴教導に出向く。

西暦	和暦	全国	福岡藩関係	安見家関係
1845	弘化2	7月、長崎イギリス船渡来	1月、二八日松囃子、博多中引物七十余できる。 6月、異船到来惣出方	1月、熊次郎元服
1846	3	仁考天皇崩御。6月、長崎フランス船来	6月、長崎異船到来、陸海路差立	7月、徳義家督相続

【本文以外で参照した文献】

安見鼎臣弼「黒田家譜早鑑」（写）福岡市総合図書館蔵
安見家文書「書籍目録」福岡県立図書館寄託
黒田家文書「御法令之部 従享保元年 至同十三年」・「御法令之部 従元文元年 至同三年」福岡県立図書館蔵
川添昭二・福岡古文書を読む会校訂『新訂黒田家譜』第三～七巻、文献出版
秀村選三編「長野日記」（『近世福岡博多史料 第一集』西日本文化協会）
『福岡県史 通史編 福岡藩 文化』福岡県
檜垣元吉監修『福岡藩 吉田家伝録』太宰府天満宮
東京学芸大学日本史教室編『増補版 日本史年表』東京堂出版
「綜合福岡藩年表」（『福岡県史資料 第二輯』）
「加瀬家記録」（『日本都市生活史料集成 三 城下町篇1』学習研究社）

安見家家系図

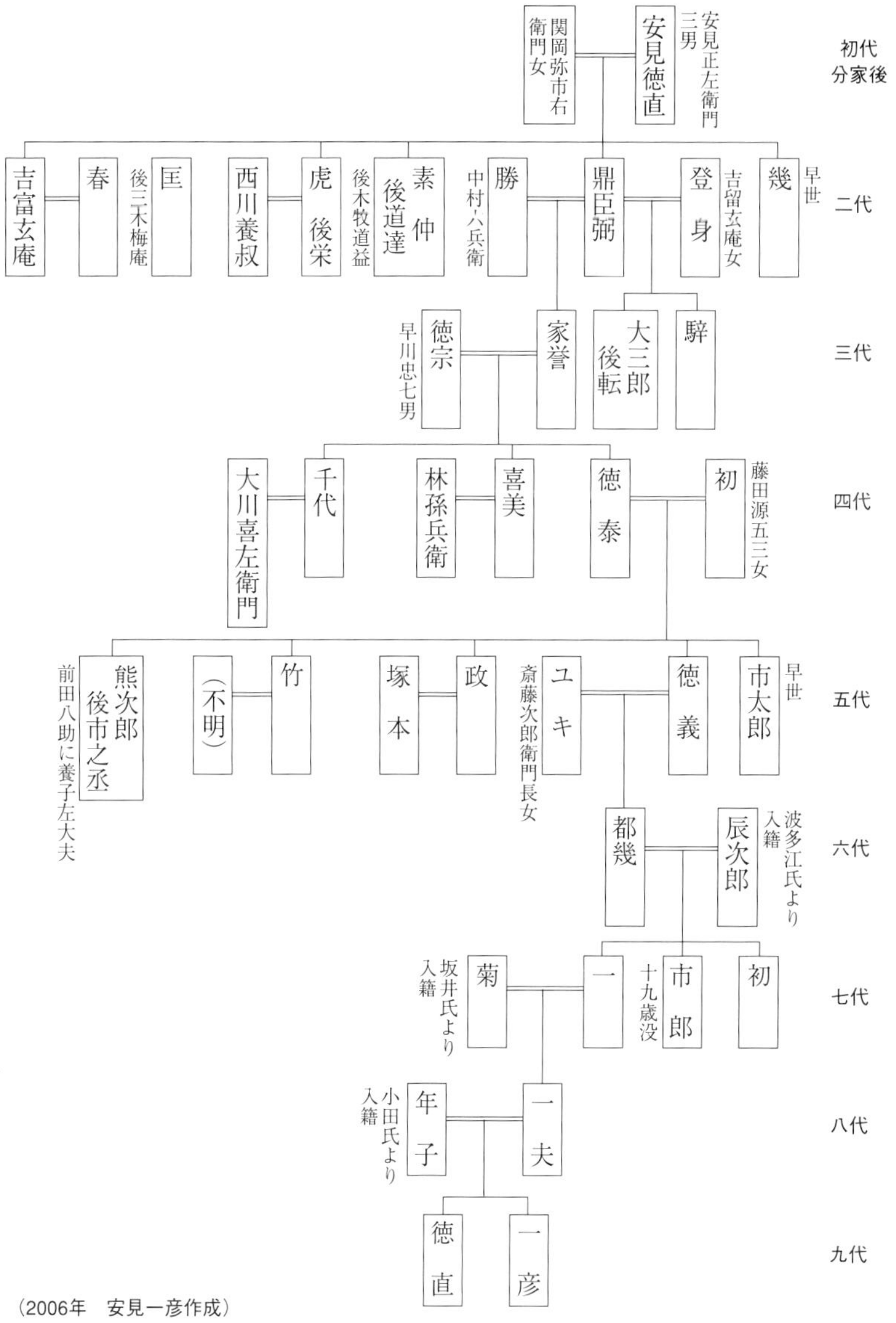
初代 分家後
安見正左衛門三男
安見徳直
関岡弥市右衛門女
二代
早世
幾
吉留玄庵女
登身
鼎臣弼
勝
中村八兵衛
素仲 後道達
後木牧道益
虎 後栄
西川養叔
匡
後三木梅庵
春
吉富玄庵
三代
騂
大三郎 後転
家誉
徳宗
早川忠七男
四代
藤田源五三女
初
徳泰
喜美
林孫兵衛
千代
大川喜左衛門
五代
早世
市太郎
徳義
ユキ
斎藤次郎衛門長女
政
塚本
竹
(不明)
熊次郎 後市之丞
前田八助に養子左大夫
六代
波多江氏より入籍
辰次郎
都幾
七代
初
市郎
十九歳没
一
菊
坂井氏より入籍
八代
一夫
年子
小田氏より入籍
九代
一彦
徳直

(2006年　安見一彦作成)

【解説】

安見家のこと

安見一彦

一　安見文書

弊家の納戸に古びた大きな木箱（九〇×五〇×六〇センチ）があった。要所に補強と飾りの金具が付いており、見るからに頑丈そうな箱であった。おそらく、廃藩となった時期、それまで住居のあった桝木屋町から新居住地の横浜（福岡市西区）に引っ越しする時に用意したものであろう。中には古文書が満杯に入っていたが、明治生まれの安見初は昭和四十四（一九六九）年に亡くなり、この古文書を読める者が居なくなった。

ある時、高田茂廣先生にお越しいただいた際、先生の目に止まり、整理していただいた結果、二百四十七点の文書があった。これを高田先生のお世話により、昭和四十九年三月十九日付で福岡県文化会館に寄託した。およその分類内容は左記の通りである。

日記（長表）　　三十七点
書籍（写本）　　四十三点

書籍（刊本）　六十九点
宗門改　八点
武道免許状　十三点
借用書文・外　七十七点
［合計］　二百四十七点

福岡地方史研究会で平成九（一九九七）年より「安見鼎臣弼記」の解読が始まり、以後「安見重八徳宗一代記」、「徳泰紀」と続いた。日記の記録年は左記の通りである。この後、家督を相続した徳義が弘化三（一八四六）年から明治十四（一八八一）年まで、日常のことを毎日記録しており、左記の三人と様式が変わっていて量も多い。また、解読が難しい部分もあり、現在この日記の解読は中断している。

安見鼎臣弼記　正徳四（一七一四）年～天明三（一七八三）年　およそ七十年
安見重八徳宗一代記　天明三（一七八三）年～文化九（一八一二）年　およそ三十年
徳　泰　紀　文化十（一八一三）年～弘化三（一八四六）年　およそ三十四年

二　安見家の系譜

黒田藩で「安見」の名が最初に出てくるのは、「忠之公御代分限帳」（筑前双書一四六）の「郡九郎右衛門組に安見道庵三百石」である。これ以前の資料は無く、不明である。弊家の言い伝えとして「安見は上方から来た」というのを聞いたことがあるが、その真偽のほどは分からない。また、「光之公御代明暦元乙未年御家来附」に「御馬廻組御小姓安見三十郎三百石」(筑前双書一四七)(「寛文分限帳」では二百石)とある。三十郎とは後の正左衛門親氏(安見有定)と思われる。

市郎大夫弼の日記中に「安見正左衛門親氏の三男善大夫徳直、貞享五年戊辰八月二十八日光之公より新たに六人扶持二十石賜る、時に十八歳」とあり、分家安見家の始祖である。市郎大夫弼が継家した時は六人扶持二十五石に加増されていた。それでもまだ下級武士である。

市郎大夫弼の弟匡は、遠賀郡手野村の医師三木家に養子になったが、その子孫三木厚民は万延元年に「私塾を開き、明治四年には塾生二十名を数える」と『角川日本地名大辞典　福岡県』の「手野村」の項にある。徳泰の子徳義と親しかったらしく、時々徳義を訪れている。

安見本家と分家である弊家との交流は、明治になって互いに引っ越したらしく交流が途絶えてしまった。明治の初期は武士にとって大混乱の時期であったことだろう。

三　その後の安見家

弊家では徳泰の後、徳義(幼名猪之吉、後儀兵衛、また後市郎右衛門)が弘化三年に家督相続をする。そして藩主の守衛として仕える。慶応三(一八六七)年に三条実美ら公家五人が太宰府に入った時、その守衛に任じられて勤める。また、藩主が長崎警衛時などの守衛、長知の初御国入りの時に江戸から福岡までの守衛などを勤める。

明治四(一八七一)年に「版籍奉還」という大きな出来事に遭うが、徳義は今山の麓(福岡市西区横浜)の南面に居を移し、農業を始める。春・秋には屋敷横の三坪程の小さな蔵に色々な穀物が積まれていた、と初より聞いたことを覚えている。徳義の一人娘都幾は、糸島の波多江家から辰次郎を養子に迎えて、長女初、長男市郎、次男一《はじめ》を儲ける。

長女初は今宿小学校を卒業後、看護婦の学校に入り、後大連病院に勤めて婦長までになるが、大正二（一九一三）年に横浜で一人暮らしの母が老齢になったので辞して帰郷する。

長男市郎は、明治三十七（一九〇四）年に十九歳で没する。

次男一は周船寺高等小学校を卒業後、福岡の斉藤製作所に入職、傍ら中学予備校に学び、明治四十一年には全科卒業証を受ける。その後幾つかの会社に勤めて明治四十四年に渡鮮。朝鮮でも三社程替わり、大正八（一九一九）年には当時の満州で就職する。朝鮮や満州に渡った日本人にとって良き時代であったようで、祖父の給料も会社を替わる度に上がっている。大正三年に大連病院の看護婦佐藤キクと結婚、一子（一夫）を儲ける。

一夫は満州の安東中学を卒業後、一時上京して早稲田大学に入学、卒業後は満鉄に入社。親戚を頼って満州まで一人で出てきた十八歳の小田家の三女年子と知り合い、昭和十五（一九四〇）年に結婚して二人の子供（一彦・徳直）を儲ける。終戦を迎え、満州ではソ連兵が攻めて来るというので危なくなり、急いで帰国した（昭和二十一年七月）。祖父母は翌二十二年に帰国する。満州ブームに夢を見たのだろうが、良き時代は長くは続かなかった。

【解題】

安見家三代の変遷

横田武子

一　はじめに

福岡の昔を知る人の間でよく話題になるのが、西公園から見る海の景色の変わりようである。現在、団地や大きな石油タンクの立ち並ぶ場所は、数十年前まで海が広がり、波の打ち寄せる白い砂浜は福岡市民の手近な海水浴場であった。その西側に今も伊崎《いざき》という町がある。昔は大濠の黒門口から海に注ぐ川があり、梁《やな》堀《ぼり》があったが、今は暗渠に変わった。

福岡藩無足組安見鼎臣《ていしん》弼《たすく》（通称市郎大夫）がこの河口近くに、藩から解体された長屋の払い下げを受けて家を建てたのが、元文五（一七四〇）年のことである。近くには加子《かこ》（水夫）が多く住み、荒戸《あらと》には濠近くになるにつれて中級から上級家臣へと敷地の規模を広げた拝領屋敷が並ぶ。弼は亡くなる寛政五（一七九三）年までの半世紀をここ伊崎で暮らし、勤めの傍ら筆を執る日々を過ごしたが、その見聞記録に登場するのは伊崎から歩いて十五分程度の圏内に暮らす家臣たちが多い。

安見家の弼・徳宗・徳泰《とくしげ》が仕えた藩主は、福岡藩中興の祖・六代継高に始まり、七代治之以降は八代治高、九代斉隆、十代斉清、十一代斉溥と一橋家や嶋津家からの養子が続き、如水・長政以来の黒田家の血脈は途絶えた。必然的に藩主の政治権力や影響力の弱まる中で、藩政が大きな転換を遂げた時代でもあった。

その藩政を支えた家臣団は、天保期では家老・筋目二十五人、大組八十八人、馬廻組五〇八人、知方家業四十八人、無足組四三〇人、無足組の家業は儒者・剣術・大筒役外の四十二人を含む七十二人など、切扶持家業は計二七〇人程、城代組は二〇七人いた。(1)知行地を持つ藩士は医師を含めて七〇二人で、惣知行高は三十万石余り、扶持を与えられる藩士は一〇〇二人で、知行高に換算して三万九〇〇〇石余りとなる。知方と切扶持の経済格差が理解できよう。この外、藩主にお目通りできない無礼に区分される足軽・加子・小役人など三千人程がいた。当時の藩の人口は三十万人余り、上下約五千人近い家臣団が本藩四十七万石を支配したのである。

安見家の家禄は六人扶持二十五石（後二十七石）、地方知行高に換算して九十六石余、無足組に属し知行地はない。安見家の格式の判断材料として使者勤めの時の行粧《ぎょうそう》があるが、公家鷲尾大納言の娘で御内所様と呼ばれた継高の側室の死の報告に京都の屋敷を訪れた時、藩は若党二人・挟箱持一人・鑓持一人・合羽駕籠持一人・御道具持四人の供を付けた。

二　安見家文書

本書は、安見家文書（安見年子氏旧蔵、福岡県立図書館寄託）のうち、「安見鼎臣弼記」・「安見重八徳宗一代記」・「徳泰紀」の三代記と、お騂の遺稿集「あたし野の露」の四点を合冊した。遺稿集を除く三点はいずれも編年体であり、日々の見聞を記録したものを後年整理・補訂したようで、しばしば日時の前後関係が逆になっていることがある。「徳宗一代記」については筆跡と文体から、弼の死去前の寛政五（一七九三）年二月十九日までは弼が徳宗の代筆し、弼の死後は徳宗が続けて書いたが、寛政六年からは徳泰が記録したようだ。

三代記は、正徳四（一七一四）年の弼の誕生から、弘化三（一八四六）年の三代目徳泰の隠居までの一三〇年余の無足組の生活記録である。初代の弼は御錠口目付などの役方、二代目は番方（武官）、三代目は藩校の儒者役と、時代と社会状況の変化に伴い記録内容は拡がりをみせて興味深いものがある。

安見家文書はその多くが家政史料であり、日記類は、四代徳義の代の弘化五年から途中欠落はあるが、明治十四（一八八一）年までの二十三点、孫娘安見初は看護婦として渡韓した明治四十二（一九〇九）年から大正五（一九一六）年までの日記六点を残した。弼の記録からは下男の雇用や定着に苦労した様子が読み取れるが、こうした奉公人の払証拠類、徳義代の在地で農民へ貸した借用証文類、塩浜取得の証文、徳泰の武道免許状など総数二五〇点余りがあり、体系的な史料の残存は歴史を学ぶ者にとってはありがたい。刊本では本居宣長『鈴屋歌集』、平田篤胤『入学問答』、『孟子』など、写本は大名家のお家騒動が多く含まれる。

この安見家文書の内で特に貴重な史料が、「貞享四（一六八七）年　貝原篤信謹誌」と年号の入る「黒田家譜」である。刊本になった『新訂黒田家譜』は、幕府に献上するために竹田春庵らにより加筆訂正された宝永本（一七〇四年）が底本になっており、安見本は竹田本原本の中で抹消されて朱筆で訂正された箇所の内、その抹消部分が記述されており、このことから益軒の原本に近いものと思われる。今後、藩政史を研究する上で深く精査する必要があるだろう。

三　安見家の人々

①安見鼎臣弼（一七一四～九三年）

安見家の先祖は二代藩主忠之に仕官したようである。「元禄分限帳[2]」では「安見正左衛門　三百石　馬廻組」と記載される。正左衛門親氏は長崎聞役や寺社奉行を勤めた人物である。安見家の系図では弼の祖父にあたり、貝原益軒や竹田春庵とも親しく、『春庵日記』にも登場する。隠居後は有定[3]を名乗り、暇にまかせて各地を巡り「筑陽記」を編んだが、その序文は益軒の手になる。正左衛門の三男が弼の父善大夫徳直で、無足組に属す。善大夫の事績は不明であるが、弼の編集による歌集が残っている。

弼は正徳四年春吉に生まれ、父善大夫の死により、享保十八（一七三三）年二十歳で家督を継ぎ、六人扶持二十五石の家禄を相続したが、大凶作の中で受け取った扶持は十七年に大豆八俵、十八年には大豆十二俵余と厳しいスタートとなった。弟二人は木牧済庵に医術を学び、次弟は木牧家に養子に入り、木牧道益（のち伊勢田道益）を名乗り藩医となる。下の弟は一時期亀井聴因の養子となったが、南冥《なんめい》の誕生によるものか離縁となり、遠賀郡手野村三木道琢の養子となり三木梅庵を名乗った。

弼は番役として昼夜城下の見回りを勤め、宝暦五（一七五五）年、四十四歳で御構（藩主一族の居住区域）の台所目付として役職についた。九年一月には御錠口（御構出入口）助役となり、泊番を勤める。その後、御錠口本役に加わり、九月には月番を勤め、御内所様の近くで精勤し、たびたび目録金などを受けた。こうした昼夜を問わない働きぶりが評価されたのか、明和元（一七六四）年九月には御錠口の財用年番を勤め、さらに十二月には御構作事年番、翌二年九月には御構内の継高の居間や座敷建て替え普請を受け持った。

明和三（一七六六）年五月には新御殿普請も完成、八月に弼は年番御免となり、九月には番入りとなる。その後、六年七月には吉姫の葬儀係を勤め、翌八月には年番を命じられた。安永二（一七七三）年六月に御内所様が死去、弼は継高の使者として上京するが、帰国後は番入りとなる。弼の記録の中では藩外への旅役はこの時だけで、通常、家臣は義務として二十四カ月（のち四十八カ月）の江戸詰めが課せられたが記録にはない。六十五歳の時、姫の出府の供を命じられたが、老年を理由に断っている。

福岡藩は財政逼迫を理由に、享保十五（一七三〇）年から勤休制度(4)を施行した。番方人数を限定して手当を出し、休の者は禄を減らす。三年交替で勤務するのである。宝暦十二（一七六二）年には、さらに役職は日勤と平勤に分かれ、支給率が変わった（二一ページ）。日勤と平勤の差は職務内容の繁多と責任の有無によるものか、中老も勤休制度の対象となった。弼は宝暦十二年から日勤であり、安永八（一七七九）年六十六歳でお勤め御免となり、休みに入るまで受けた扶持高は五十五俵前後で、あまり変わってはいない。

弼は七十歳になった天明三（一七八三）年に養子を迎え隠居したが、五十年の長きにわたる奉公を続けたことになる。この年、娘家誉が隣家の山路小右衛門の家族と近所の東照宮（現光雲神社）の祭りに出掛けた時、下着の袖口に絹を使用していたのを目付に見咎められ、弼は謹慎処分を受けた。この絹地はかつて御内所様から拝領した品ではなかったか（一八ページ）。家臣間の家格・禄高による身分差別は厳しく、それを象徴するような事件ではある（七六ページ）。

弼が作成した「書籍目録」によると、弼が「黒田家譜早鑑《はやかがみ》(5)」を書いたのは安永三（一七七四）年のことである。「我か子弟飽てに食ひ、暖に着て教なく、犬馬のとしふりて一事をもしらす、せめて先君継代の日月をもしらしめんと我か管見をもつて君の御事を書さん」とは序文の一節である。永正五（一五〇八）年の重隆の誕生から安永三年まで、二六六年間の藩と黒田家の歴史を書いたのだが、これは「黒田家譜」のダイジェスト版ではない。「黒田家譜」にはない初期の朝鮮通信使来聘記録、長崎警備関係など、自ら蒐集した文書で独自の史観を組み立て、藩の枠組みを超えた内容となった。この書は手軽な藩の歴史書として影響を与え、同時代や後世の人々に転写され、写本が数種残っているが原本は不明である。弼はこの外、「黒田歴代追号考」、「黒田古老物語」、「京都海路記」などを述作としていた。「筑陽刃傷録」[6]は述作には入れていないが、序文を書いていることから、弼が集録したものであろう。弼は最晩年まで精力的に写本を続けたが、八十歳で世を去った。

②安見徳宗（一七六三〜一八一二年）

徳宗は、無足組早川家から娘家誉の入り婿となり安見家を継いだ。徳宗は番方として、四年間の江戸詰めや、長崎警備に赴いた中老・大組頭など番頭に出される料理の給仕番や御使者などを勤めた。また、幼君斉隆に代わって長崎巡視に赴く秋月藩主を迎える準備のために長崎に行くこともあった。

黒田家は継高の死後養子を迎えたが、三代にわたり藩主は早世し、藩政は重臣たちによる政治体制がとられた。しかし士風の規範は緩み、本書に記録されているような、泥酔した家臣が城下で町人相手に騒動を起こし召し放たれる事件も起きている（一三六〜一三七ページ）。こうした危機感から、人材育成のため、天明四（一七八四）年に、大名町に東学問所（竹田茂兵衛）、唐人町に西学問所（亀井主水）が創設され、藩の重臣たちも交代勤務の中で登城しない日は学問所に詰めるほど子弟の文武奨励に力を注いだ。徳泰は初め西学問所に入ったが、火事により焼失して廃校となり、東学問所に入学した。

福岡藩は玄界灘で朝鮮や中国と対峙しており、海岸線の防備や長崎警備の問題は藩にとって重要な案件であり、戦闘要員の不足から、「厄介」と称される二、三男が家臣として登用されることもあった。事実、寛政期（一七八九～一八〇一）に入ると、長崎にはロシア・アメリカ・イギリス船が入湊し、藩は警備のため陸海路を急いで家臣を派遣している。無足組は藩主の長崎巡視の警備に随行し、石火矢役や筒役など以外は直接長崎警備に就かなかったが、文化六（一八〇九）年から無足組の休士も長崎警備に詰めるようになった。徳宗は文化九年、五十歳で死去。

③安見徳泰（一七八五～一八五四年）

徳泰は父徳宗の死により文化九年、二十七歳で家督を相続した。嫡男が家督相続をする時には、習得した武芸の免許状の記載が不可欠であり、徳泰も無足組に芸術指南書付を提出し、翌年、東学問所の指南加勢役見習いを命じられた。

学問を好んだ藩主斉清、若い斉溥も自ら学問所を訪問し、お館での論語会読などが盛んに行われるようになった。指南役の待遇も上昇し、文政五（一八二二）年、学問指南本役一五〇石高・役料米十俵、指南加勢役は百石高を与えられた。知方並みの待遇ではあるが、知行地が与えられたわけではない。したがって知方のように知行地から小物《こもの》成《な》り（雑税）が納入されることはない。学問所では正月の門松飾りが問題になり、徳泰は門松を門前に立てた。宗門改めも無足頭宅で受けていたが、館に代わった。身分が引き上げられたのである。しかしこれも、藩の財政難から天保十四（一八四三）年には知方当りは廃止され、徳泰は正月の門松飾りを引いている。

文政十一（一八二八）年には桝木屋《ますごや》（唐人町）に屋敷地を求め移転し、明治初頭まで暮らす。

「徳泰紀」中に、文化十（一八一三）年の十月二日、「護国寺智宏昨日流罪御免にて、大嶋より帰嶋致し候由」（一八五ページ）という記述がある。智宏は吉留玄庵の子留吉であり、宝暦八（一七五八）年に生まれ、明和八（一七七一）年に真言宗西光寺に預けられた。東長寺で出家するが、後に天台宗に改宗し松源院（福岡東照宮座主坊）に属する。そこで出世し、香椎宮の座主坊である護国寺の座主となった。香椎宮では延享元（一七四四）年甲子の年に、四百年近く途絶えていた宇佐・香椎奉幣使が復活して訪れるようになった。奉幣使は京都吉田神道家の主導のもとに、その通路から仏教色を排除するほどの徹底した神道の支配下にあった。しかし文化元（一八〇四）年、再度朝廷から派遣された香椎奉幣使の式に、智宏は松源院座主と謀り列席したことで藩の怒りをかい、(7)大島に流罪となった。「徳宗一代記」では参拝者が多く賑わった様子しか書かれていないが、自家の記録とはいっても記述内容には自主規制を加えたようだ。

弘化三（一八四六）年、徳泰は隠居を願い出、嫡男徳義が家督相続をした。徳義は番方として、江戸への参勤交代や長崎へ巡視に赴く藩主の警備などを勤め、幕末から明治初頭の激変の時代、勤務の傍ら晴耕雨読の日々を過ごしたことが日記から窺われる。

四　安見家の文学的素養と医療

弼の娘お辞の遺稿集「あたし野の露」の序文によると、安見氏は壬生忠岑《みぶのただみね》の後胤《こういん》だという。三代記にも、弼の母の八十八歳の祝いには祝儀歌・俳諧が多く寄せられている。また、弼の芦屋への紀行文中には、先妻登身の歌と、おそらく継高が帰国路で詠んだと思われる歌が数首記されている。所在は不明であるが、登身の歌集「袖の露」も編まれ、「あたし野の露」でも木牧染羽尼《きまきせんうあま》が哀悼の句を寄せる。日常の生活の中に文芸があり、おりおり歌を通して人の交流が行われていたようだ。弼の「書籍目録」中の版木本や写本にも、『古今和歌集』を始めとする歌集があるが、お辞への歌の手ほどきは弼であろうか。「あたし野の露」の弼の序文は、才能に満ちた娘を喪った深い慟哭に満ち溢れ、妻や娘への深い愛情が感じられる。お騂を始めとする女性たちの感性豊かな歌は、安見家の文学的素養と時代的な背景の中に生まれたものであろう。日常に歌があったのである。宝暦という時代は、筑後の庄屋の娘で俳人となった諸九尼《しょきゅうに》に象徴されるように、身分の上下を超えて文芸活動が盛んであった。

安見家の記録の中で見落としてはならないのが、病気と医者との関わり方である。妻登身が若くして流産から半年後死に至ったが、その間、福岡藩の藩医として高名な鷹取養巴《たかとりようは》を始めとして鱸《すずき》道育、渥美養律など七人の医者を呼び、治療に手を尽くしたことが窺われる。弼の弟二人が医者であり医学に対する知識も確かなものであったようで、重体の御内所様に薬湯を用意し勧めている。また、浮腫の家族の小水量と飲んだ水の量を測り、医者の薬の効果を確かめるなど合理的でもある。井上忠氏によると、弼の一族伊勢田道益が寛政十（一七九八）年頃、藩内で初めての解剖を行ったという。(8) 本文中に病名として破傷風（一四一ページ）や肺癌（一七六ページ）、外療家安河内道哲が「かれきとる」（二五一ページ。カテーテルか。すでに日本に入っていた）を利用して小水を取るなど、長崎との関係もあろうが医学の知識は進んでいたようだ。

五　まとめ

無足組という福岡藩独特の職制が登場したのが、寛永十四（一六三七）年の島原の乱でのことである。(9) 大組の吉田久大夫や新見太郎兵衛が無足頭として組の者を率いて参戦し、無足頭太郎兵衛は戦死した。発足当時は二組であったが、異国船からの長崎警備や、中国や朝鮮からの漂着船に対する警戒から次第に増大し、十組五百人近い人数を抱えるようになった。

分限帳に無足が登場するのは「寛文官祿」[10]（一六六六年頃）であるが、ここでは大組の二、三男が分家して馬廻組に加入し、馬廻組の二、三男が分家して無足組に加入する例が多い。しかし自然増加を続ける家臣の子弟に対して財政難を理由に分家を認めなくなった。二、三男は医者になるか他家の養子となるか、他の奉公先を見つけるか、選択肢は厳しくなっていった。安見家一族の歴史は無足組の歴史と重なってくるのである。

従来、歴史は為政者中心に語られてきた。しかし歴史は支配者によって作られるものではない。「黒田家譜」は藩主黒田家の支配の歴史であり、藩政の表舞台に出るのは重臣たちで、下積みで吏僚《りりょう》として藩を支えた家臣が登場することは少ない。綱政代（一七〇九年）に重臣たちへの大判振舞いで加増する中で、無足組や足軽には扶持の払いが滞り生活が困窮することもあった[11]。この頃の為政者の視界の中には下級藩士の存在はなかったようだ。ともあれ、三代にわたる生活史の記録は視点の当て方で多色の光を放つ、まさに歴史の宝箱である。

注

（1）「天保分限帳」（福岡地方史研究会編『福岡藩分限帳集成』海鳥社）
（2）「元禄分限帳」（同前）
（3）能美安男校訂『波多野文書　巻四』福岡県立図書館蔵
（4）拙稿「福岡藩無足組の成立と展開」（『福岡地方史研究』第五五号、福岡地方史研究会）
（5）「黒田家譜早鑑」（写）福岡市総合図書館蔵
（6）「筑陽刃傷録」（写）福岡市総合図書館蔵

（7）川添昭二・福岡古文書を読む会校訂『新訂黒田家譜　第五巻』文献出版、三四三〜四八ページ
（8）『福岡県史　通史編　福岡藩　文化（上）』西日本文化協会、一五〇ページ
（9）『新訂黒田家譜　第二巻』六四〜六八ページ
（10）「寛文官祿」（『福岡藩分限帳集成』）
（11）秀村選三編「長野日記」（『近世福岡博多史料』西日本文化協会、一一五〜一八ページ）

福岡藩《ふくおかはん》無足組《むそくぐみ》 安見家《やすみけ》三代記《さんだいき》

■

2008年3月1日　第1刷発行

■

編者　福岡地方史研究会《ふくおかちほうしけんきゅうかい》 古文書《こもんじょ》を読《よ》む会《かい》

発行者　西　俊明

発行所　有限会社海鳥社

〒810-0074 福岡市中央区大手門3丁目6番13号

電話 092(771)0132　FAX 092(771)2546

http://www.kaichosha-f.co.jp

印刷　有限会社九州コンピュータ印刷

製本　日宝綜合製本株式会社

ISBN978-4-87415-663-6

［定価は表紙カバーに表示］

人名索引

1）藩主一族については大殿様・殿様，若殿・侍従・少将で表記されたものは，その時代により該当する藩主名で採録した。大殿様－黒田斉清。若殿様・殿様－斉溥。姫君は父の姓名を付した。

2）文中に姓がなく名前のみの場合，家老クラスは傍注に付した姓と諱・名で，採録した。一例として正大夫－「郡正大夫勇成」は，のち平馬と改名したため「郡平馬勇成」も採録。従って同一人物を複数採録している。その他の家臣の場合，姓がなく名前のみの場合は省いた。奥女中の場合，姓はないが名前で採録した。ただし，安見家一族の場合は，名前のみ記載されることが多く，姓をつけて記載した。同一人物も幼名・通称名・隠居名と複数あるため，諱を付けた。ただし，文中で記載回数が少ない場合は統一した。

3）家臣名の後に妻・母・女と記載された場合，家臣名のみを記載した。

4）寺名は僧侶を指す場合のみ記載した。

5）商人の場合，屋号と名が記載されたものは採録した。

6）早世した子供の場合は省いた。

7）50音順に並べたが，複数ある姓の読み方については『福岡藩分限帳集成』などを参考とした。例：東《ひがし》，千代《ちしろ》，香江《かのえ》，万代《まんだい》，菅《かん》

あ

い

う

え

お

か

き

く

け

こ

そ

た

ち

つ

ぬ

ね

の

は

ひ

ふ

ほ

ま

翻読・校正＝上田順一郎・緒方俊二・古賀壽子・許斐克己・小林誠也・高田茂廣・西村政子・野田世紀・土生博文・平田善積・深町守・安見一彦・山田薫・山田恭・横田武子

翻読＝（故）阿部道了・伊藤麗子・（故）梅野初平・蔵本弘・坂田大・崎野公成・島内嘉市・冨永昭男・中村順子・平川基彦・三嶋秀三郎・安武久吉

原稿化は安見一彦、「あたし野の露」の校正は許斐克己、校訂は横田武子が担当した。

無足組という福岡藩独特の職制に属し、下積みながら堅実に生きた人々の姿に深い共感と敬愛を覚える。歴史は人間の生き方を学ぶ学問であり、時代は変わっても、同じ土地に生きる我々にとって弼は先達的な存在となった。このような埋もれかけた業績を、後輩の我々が世に送り出せたことは望外の喜びである。

これらの貴重な文書を伝え残し、快く刊行を許可して下さった安見家に深く感謝したい。その記録から、藩政、人事、天変地異（特に地震の記録は貴重である）、日常の暮らしに至るまで、多くの事象を学ぶことができた。また、安見家は歌詠みの家系であり、その代表として弼が編集した愛娘お騂の遺稿集を添えた。この会で初めての仮名文字の勉強となったが、時代を切り取る目と豊かな才能、瑞々しい感性は古文書を学ぶ楽しさを改めて教えてくれた。

しかし、十六年という年月は長かった。会員の平均年齢も八十歳に近づく。月二回の勉強会は、特に指導者もなく、互いに教え合い、助け合い、仲間に逢うのを楽しみに出席してきた。今後、この会の存続も次第に厳しくなりつつある。

最後に、長期間この会に惜しみない援助や支援をして下さった福岡県立図書館、貴重な資料の撮影を許可して下さった福岡県地域史研究所、宗像市教育委員会、西田博氏などの支援なしにはこの本は完成できなかった。また、海鳥社の別府大悟氏には三年近く辛抱強くご助言とお世話にあずかった。深く感謝したい。

（土生記）

平成二十年二月

編集後記

高田茂廣氏を代表に福岡地方史研究会の古文書を読む会が発足したのは、平成四年二月のことである。最初に翻読したのが「福岡藩朝鮮通信使記録」（黒田家文書）で、五十冊を十三巻にまとめ、五年近くかかって順次刊行した。幸いなことに、この史料集刊行が認められ、古文書を読む会として福岡県文化賞の奨励賞を受けた。これは、会員たちが定年後、地域史の学習を進め、地道な努力を続けて地方史・日朝交流史に貢献したことが評価されたのである。

その後十年を要して読み進んだのが安見家文書である。日記の初代・安見鼎臣弼の祖父安見正左衛門有定は、隠居後福岡藩の地誌「筑陽記」を書いた。その孫・鼎臣弼も五十歳頃から「黒田家譜早鑑」、「黒田古老物語」などを著す。鼎臣弼の書籍目録を見ると、多くの刊本や史料を集め、書写し、それらを底本としたことが窺われる。しかし、残念なことに「筑陽記」、「黒田家譜早鑑」の原本は今はない。ただ江戸時代に転写され広まったようで、他家旧所蔵の文書が数種残るのみである。

今回、安見家史料のうち、鼎臣弼から孫の東学問所（修猷館）指南助役を勤めた徳泰まで、約百三十数年間の記録を『福岡藩無足組　安見家三代記』として刊行することとなった。出版費用には、「福岡藩朝鮮通信使記録」で贈られた文化賞の副賞と本の売上げ金を充当した。本書は、その後の十年にわたる古文書を読む会の勉強の軌跡である。